Stottern bei Kindern im Vorschulalter

Theorie * Diagnostik * Therapie

HARTMUT SCHULZE
HELGE S. JOHANNSEN

Herausgegeben von der Phoniatrischen Ambulanz
der Universität Ulm, 1986

© Phoniatrische Ambulanz der Universität Ulm, Ulm 1986
Frauensteige 14 a, D- 7900 Ulm / Donau

ISBN 3-9801394-0-9

INHALT

A. THEORIE

I.	Einleitung	18
II.	Befunde aus dem psychosozialen Bereich	19
III.	Befunde aus dem physiologisch-organischen Bereich	27
IV.	Befunde aus dem psycholinguistischen Bereich	46
V.	Stottermodelle	53

B. THERAPIE

I.	Einleitung	65
II.	Indirekte versus direkte Therapie	66
III.	Therapieansätze	85
	1. Direkte Therapieansätze	86
	2. Indirekte Therapieansätze	100
	3. Mischformen	123
IV.	Effektivität der Therapieansätze	149
V.	Zusammenfassung	156

C. DIAGNOSTIK

I.	Differentialdiagnose: Entwicklungsunflüssigkeit oder Stottern	161
II.	Differentialdiagnostik des Stotterns	208

D. LITERATUR 239

VERZEICHNIS DER ABBILDUNGEN[1]

Seite

Abb. 1 Wirkungszusammenhänge zwischen Gesellschaft und Familie (Greitemeyer, 1984) — 21

Abb. 2 Idiographische Betrachtung der Entwicklung des Stotterns (Motsch, 1983) — 54

Abb. 3* Faktorenmodell für die Entstehung und Aufrechterhaltung frühkindlichen Stotterns (nach Myers & Wall, 1982) — 57

Abb. 4* 9-Komponentenmodell der Entwicklung des Stotterns bei Kindern, prozentualer Anteil der Komponenten (nach Riley & Riley, 1983) — 60

Abb. 5* Idealtypische Darstellung eines "Fluency-Shaping-Therapieansatzes" für stotternde Kinder (nach Guitar, 1982) — 88

Abb. 6* Darstellung des ELU-Programms ("Extended Length of Utterance Program") in Auszügen (nach Costello, 1980) — 9o

Abb. 7* Schematische Darstellung eines Basisprogramms für die Behandlung von stotternden Vorschulkindern und seiner Ergänzungsbausteine je nach Indikation und Problemlage beim Kind (nach Costello, 1983) — 93

[1] Die mit * gekennzeichneten Abbildungen wurden von den Autoren aus dem Amerikanischen übersetzt.

Abb. 8*	"Levels of Demand" (nach Stocker, 1980)	1o3
Abb. 9*	Einflußgrößen, die kommunikative Unsicherheit beim Kind bewirken können (nach Prins, 1983)	106
Abb. 10*	Aufbau des Elterntrainingsprogramms für sprechunflüssige Kinder (nach Zwitman, 1978)	120
Abb. 11*	Sprechflüssigkeitshierarchie (nach Culp, 1984)	126
Abb. 12*	Aktivitäten und Spiele in der Sprechaufbau- und Generalisierungsphase des "Preschool Fluency Development Program" (Culp, 1984)	127
Abb. 13*	Schematischer Überblick der Programmschritte des SFTYC ("Systematic Fluency Training for Young Children"; nach Shine, 1984)	132
Abb. 14*	Abgestufte Sprechmusterveränderung im "Systematic Fluency Training for Young Children - Revised Edition" (nach Shine, 1985)	133
Abb. 15*	Zusammenfassung der Therapieansatzpunkte, -ziele und -methoden im 3-Faktoren-Modell (nach Wall & Myers, 1984)	137
Abb. 16*	Behandlungsabfolge im "Komponentenmodell-Therapieansatz" (nach Riley & Riley, 1985)	14o
Abb. 17	Angaben zur Evaluation und Effektivität von Therapieansätzen für stotternde Vorschulkinder	154

Abb. 18	Zusammenfassende Darstellung von Therapieansätzen für stotternde Vorschulkinder mit ihren Therapieschwerpunkten	157
Abb. 19	Differentialdiagnostische Fragestellungen und Entscheidungen bei sprechunflüssigen Kindern	162
Abb. 20	Kontinuitätsannahme der Sprechunflüssigkeitsausprägung und Probleme einer Unterscheidung und Identifizierung	168
Abb. 21*	Richtlinien für die klinische Differenzierung von normalen und pathologischen Sprechunflüssigkeiten (nach van Riper, 1982)	171
Abb. 22*	Kriterien und Richtlinien für die differentialdiagnostische Unterscheidung zwischen normalen Unflüssigkeiten und dem beginnenden Stottern (Adams, 1977)	175
Abb. 23*	Sprechcharakteristika von entwicklungsunflüssigen und stotternden Kindern (nach Johnson, 1980)	181
Abb. 24*	Kontinuum des Sprechflüssigkeitsverhaltens (nach Gregory & Hill, 1980)	183
Abb. 25*	"Danger signs". Kritische Merkmale für die Unterscheidung zwischen "Entwicklungsstottern" und "beginnendem chronischen Stottern" (nach Ainsworth, 1978; Walle, 1977)	185

Abb. 26*	Checkliste zur Einschätzung der Wahrscheinlichkeit eines chronischen Stotterverlaufs bei Kindern (nach Cooper & Cooper, 1985)	188
Abb. 27*	Zusammenfassender Protokollbogen des "Preschool Fluency Baseline Record" am Beispiel eines Kindes (nach Culp, 1984)	193
Abb. 28*	Vergleich der Sprechunflüssigkeitstypen bei normalen und in der Sprechflüssigkeit gestörten Versuchspersonen (nach Culp, 1984)	195
Abb. 29*	Klinische Kriterien für die Behandlung und Beratung beim kindlichen Stottern in Abhängigkeit vom Sprechverhalten des Kindes und von Verhaltens- und Einstellungsmerkmalen der Eltern (nach Conture, 1982)	201
Abb. 30	Quantitative Indizes zur Unterscheidung von normalen und pathologischen Sprechunflüssigkeiten; Kriterien verschiedener Autoren	203
Abb. 31*	Klinischer Beobachtungsbogen beim beginnenden Stottern (nach Emerick et al., 1979)	213
Abb. 32*	Matrix der Stotterverhaltensweisen (nach Wall & Myers, 1984)	215
Abb. 33*	Stuttering Severity Instrument (nach Riley, 1980)	218
Abb. 34*	Beobachtungsbogen für die Begleitsymptomatik des Stotterns (nach Cooper & Cooper, 1985)	220

Abb. 35*   Checkliste zur Identifizierung individuell   224
           geeigneter Sprechhilfen (nach Cooper & Cooper,
           1985)

Abb. 36*   Erforderlicher minimaler Inhalt einer differen-   228
           tialdiagnostischen Untersuchungsbatterie für
           Kinder, die als beginnende Stotterer diagno-
           stiziert worden sind (nach Adams, 1984)

Abb. 37*   "Fluency Assessment Digest and Treatment Plan   231
           -Children's Version" der Cooper Personalized
           Fluency Control Therapy - Revised (Cooper &
           Cooper, 1985)

Abb. 38*   Checkliste zur Erfassung der Einstellungen   232
           von Eltern gegenüber dem Stottern ihrer
           Kinder (nach Cooper & Cooper, 1985)

VORWORT

Für stotternde Kinder im Vorschulalter sind nach Auffassung vieler Diagnostiker und Therapeuten eine unmittelbare Arbeit mit dem Kind und eine direkte Behandlung des Stotterns, wie das bei älteren Kindern, Jugendlichen und Erwachsenen üblich ist, eher ungeeignet oder sogar schädlich. Therapeutische Ansatzpunkte bei den jungen Kindern sind vielmehr ungünstige Umweltbedingungen und psychosoziale Faktoren.

Die Ergebnisse einer schriftlichen Befragung von ca. 380 Stottertherapeuten in der BRD zu einigen strukturellen Merkmalen ihrer Arbeit mit Stotterern, die wir bald veröffentlichen werden, bestätigen die gegenwärtige Praxis. Es zeigt sich der Trend, die Therapie des Stotterns bei Kindern im Vorschulalter über Elternberatung und -training vorzunehmen. Die Betreuungskonzepte verändern sich erst zugunsten einer unmittelbaren Arbeit mit dem Kind, wenn es das Schulalter erreicht hat.

Eine Inhaltsanalyse von 13 deutschsprachigen medizinischen und pädagogischen Fachzeitschriften über 15 Jahrgänge zeigt, daß die Beschäftigung mit theoretischen und therapeutischen Fragen, die das junge stotternde Kind betreffen, fast völlig ausgespart bleibt, besonders in pädiatrischen und logopädischen Zeitschriften. Daraus kann man sicher nicht die Schlußfolgerung ziehen, daß die praktizierten Betreuungsansätze ausreichen, alle theoretischen Fragen geklärt und neue Therapieverfahren überflüssig sind.

Obwohl die spontane Remission beim Stottern im Kindesalter sehr hoch zu veranschlagen ist, begegnen uns im Therapiealltag immer wieder Kinder, die, obwohl sie erst drei oder vier Jahre alt sind, bereits ein schweres chronisches Stottern haben und mit größter Wahrscheinlichkeit dieses nicht aus eigener Kraft oder im Verlaufe ihrer Entwicklung wieder verlieren. Soll man auch hier noch zwei oder drei Jahre mit einer Behandlung warten und dabei zusehen, wie sich das Stottermuster weiter verfestigt und sich ein Störungsbewußtsein herausbildet und manifestiert? Reicht es in solchen Fällen aus, die Eltern und die Erzieher zu beraten und ihnen Verhaltensregeln für den Umgang mit dem Kind zu vermitteln? Ist es ausreichend, bei solchen Kindern die Sprechfreude zu fördern oder sie in eine klientenzentrierte Spieltherapie oder eine psychagogische Therapie zu geben? Welche Alternativen gibt es?

Die Themenschwerpunkte der anglo-amerikanischen Fachzeitschriften zeigen, daß sich die Diskussion zur Forschung, Diagnostik und Therapie in diesen Ländern in den letzten 10 Jahren verstärkt auf die Altersgruppe der sehr jungen Stotterer zentriert hat. Damit wird ein starkes Interesse an ätiologischen Fragestellungen deutlich und die Notwendigkeit eines effektiven präventiven Handelns unterstrichen. Das frühkindliche Stottern und seine Behandlung sind in den letzten Jahren auch zunehmend häufiger Schwerpunkt internationaler Fachtagungen gewesen. Es liegen einige aktuelle Bücher in englischer Sprache zu diesem Thema vor.

In dem vorliegenden Buch werden einige neuere Entwicklungen, Denk- und Handlungsmodelle aus dem anglo-amerikanischen Raum vorgestellt und diskutiert. Wir haben uns dabei von der Vorstellung leiten lassen, daß es für jeden Diagnostiker und Therapeuten wichtig ist, einen Blick über die Grenzen seines eigenen Konzeptes hinaus zu wagen und gegenüber andersartigen Denk- und Handlungsweisen offen zu sein. Dieses bietet die Chance, die eigene therapeutische Alltagspraxis reflektieren zu können und für die eigene Arbeit fruchtbare Anregungen zu erhalten. Entsprechend sehen wir dieses Buch nicht als den Versuch, eine weitere Gesamtdarstellung des Themenkreises Stottern vorzunehmen, sondern eher als eine Art Materialsammlung zu spezifischen Fragen, die das Stottern im Vorschulalter betreffen. Wir wollen damit einen Beitrag dazu leisten, eine unserer Einschätzung nach ins Stocken geratene Diskussion wieder in Gang zu bringen und an den Diskussionsstand im anglo-amerikanischen Raum heranzuführen.

Im ersten Teil "Theorie" werden Forschungsergebnisse zusammengetragen, die aufzeigen sollen, daß sich die Forschungsschwerpunkte zur Ätiologie des Stotterns besonders im anglo-amerikanischen Raum in den letzten 15 Jahren von psychosozialen Fragestellungen zu solchen aus dem physiologischen und psycholinguistischen Bereich verlagert haben. Wir beabsichtigen in diesem Teil keine Vollständigkeit, sondern wollen den Leser hinführen auf die folgenden Teile, in denen es um Therapieansätze und um die Diagnostik bei stotternden Vorschulkindern geht. Auch hier können wir allein schon aus Platzgründen keine vollständige Beleuchtung der aktuellen Szenerie geben, glauben aber, durch unsere Auswahl die wichtigsten Ansätze zur Diagnostik, Differentialdiagnostik und Therapie des Stotterns bei Kindern im Vorschulalter aufzuzeigen.

Einige der dargestellten diagnostischen und therapeutischen Ansätze sowie einige theoretische Konzepte haben unsere eigene Arbeit in der Phoniatrischen Ambulanz der Universität Ulm stark beeinflußt und verändert. Es erscheint uns allerdings als verfrüht, hier schon eigene Erfahrungen oder Ergebnisse aufzuführen. Wir erhoffen uns, daß bald eine breite Diskussion über Therapieerfahrungen mit den "neuen" Ansätzen in Gang kommt.

Wir haben uns zu der vielleicht etwas ungewöhnlichen Reihenfolge in der Darstellung entschlossen, das Kapitel Diagnostik nämlich dem der Therapie folgen zu lassen. Der Leser wird aber sicher die Diskussion zur Diagnostik und Differentialdiagnostik mit größerem Interesse und mehr Verständnis be- und verarbeiten, wenn er über den Einblick in die aufgezeigten therapeutischen Möglichkeiten die Fragen kennt, die durch die Diagnostik beantwortet werden sollen.

Wir haben uns für einen Druck im Eigenverlag entschieden, um die zeitliche Spanne zwischen Fertigstellung des Manuskriptes und dem Erscheinen des Buches möglichst kurz zu halten.

Für die unermüdliche Korrekturarbeit, die kritischen Diskussionen und wertvollen Anregungen danken wir Frau Karin Jasbar und Frau Christiane Johannsen und für das Tippen des Manuskriptes Frau Hannelore Halm sehr herzlich.

Ulm, im April 1986   H.Schulze
                                  H.S.Johannsen

THEORIE DES STOTTERNS BEI KINDERN IM VORSCHULALTER

A. THEORIE

I.	Einleitung	18
II.	Befunde aus dem psychosozialen Bereich	19
II.1	Persönlichkeits-, Einstellungs- und Verhaltensmerkmale der Eltern	19
II.2	Intrapsychische Besonderheiten stotternder Kinder	26
III.	Befunde aus dem physiologisch-organischen Bereich	27
III.1	Cerebrale Dominanz	28
III.1.1	WADA-Technik	28
III.1.2	Dichotisches Hören	29
III.1.3	Tachistoskopie	30
III.1.4	EEG-Untersuchungen	31
III.1.5	Regionale Hirndurchblutung	31
III.1.6	Gemittelte evozierte Potentiale	31
III.1.7	Zusammenfassung der Befunde zur cerebralen Dominanz	32
III.2	Reaktionszeit	33
III.3	Feedbackmechanismen	35
III.4	Periphere Sprechproduktion	38
III.4.1	Atmung	38
III.4.2	Phonation	38
III.4.3	Artikulation	40
III.4.4	Koordination von Respiration, Phonation und Artikulation	41
III.4.5	Zusammenfassung der Befunde zur peripheren Sprechproduktion	43
III.5	Genetische Faktoren	45
IV.	Befunde aus dem psycholinguistischen Bereich	46
IV.1	Unterschiede zwischen erwachsenen und jungen Stotterern	46
IV.2	Sprach- und Sprechentwicklung	47

IV.3	Wortfindung (Semantik)	48
IV.4	Artikulation (Phonetik)	48
IV.5	Komplexität der Äußerungen (Syntax)	49
IV.6	Sprachtests	50
IV.7	Prosodie	51
V.	Stottermodelle	53
V.1	Idiographische Betrachtungsweise von H.J. Motsch	53
V.2	3-Faktoren-Modell von M.J. Wall und F.L. Myers	56
V.3	Komponentenmodell von G.D. Riley und J. Riley	59

A. THEORIE DES STOTTERNS BEI KINDERN IM VORSCHULALTER

A.I EINLEITUNG

Die Darstellung der Forschungsergebnisse zur Ätiologie des Stotterns besonders der letzten 15 Jahre ist wichtig, um die Voraussetzungen für ein Verständnis neuerer und geänderter Therapiekonzepte für Kinder im Vorschulalter zu schaffen. Wir folgen dabei einer Einteilung in Befunde aus dem psychosozialen, dem physiologisch-organischen und dem psycholinguistischen Bereich, weil diese Einteilung ein traditionelles Ordnungssystem darstellt, weil damit aber auch aufgezeigt werden wird, wie sich die Forschungsschwerpunkte zunehmend aus dem einen in die anderen Bereiche verlagert haben. Diese Trendwende ist später auch bei der Darstellung der diagnostischen und therapeutischen Ansätze wiederzuerkennen.

Ob alle in diesem Kapitel dargestellten Befunde wirklich ursächlich an der Entstehung der Redeflußstörung beteiligt sind, läßt sich zum jetzigen Zeitpunkt nicht sicher sagen. In den meisten bisherigen Untersuchungen genügt die Tatsache, daß bestimmte Befunde bei stotternden Kindern im Vorschulalter gefunden werden und bei flüssig sprechenden nicht, um sie als ätiologisch bedeutend und wahrscheinlich nicht als Folge des Stotterns einzuordnen. Es wird sich wohl erst in den nächsten Jahren zeigen, ob die hier dargestellten Forschungsergebnisse tatsächlich Ursache oder Folge oder auch wie das Stottern selbst durch eine ganz andere, noch gar nicht erkannte Besonderheit der betroffenen Kinder bedingt sind.

A.II BEFUNDE AUS DEM PSYCHOSOZIALEN BEREICH

A.II.1 Persönlichkeits-, Einstellungs- und Verhaltensmerkmale der Eltern

Die Bedeutung der Umweltfaktoren und der Einflüsse aus der Umgebung eines Kindes auf dessen Stottern ist in den vergangenen 10 - 15 Jahren im deutschsprachigen Raum sehr in den Mittelpunkt von Konzeptüberlegungen gerückt worden. Dabei wurden insbesondere ungünstige Persönlichkeits-, Einstellungs- und Verhaltensmerkmale der Eltern als Stressoren für die Sprechflüssigkeit und wichtige psychische Funktionen des Kindes hervorgehoben. Als Konsequenz wurden Elternberatungs- und Elterntrainingsansätze mit verschiedenen Zielsetzungen entwickelt, entweder um die Eltern nur zu informieren oder das Verhalten der Eltern im Umgang mit dem Kind zu verändern oder die emotional-affektive Ebene zwischen Eltern und Kind positiv zu beeinflussen. Das Nichteinbeziehen des Kindes wurde zum Dogma "Hände weg vom stotternden Vorschulkind" erhoben, meist unter dem Gedanken, eine frühe Therapie könnte bei dem Kind ein Störungsbewußtsein mit all seinen negativen und unerwünschten Folgen für die Festigung und Weiterentwicklung des Stotterns bewirken.

Es steht außer Zweifel, daß im Einzelfall durch eine individuelle Diagnostik und Eltern-Kind-Interaktionsanalyse ungünstige Umgebungsfaktoren für einige stotternde Vorschulkinder herausgearbeitet werden können. Gibt es aber für die Gesamtgruppe der Eltern stotternder Kinder Charakteristika, die sie von Eltern nichtstotternder Kinder unterscheiden? Diese Frage erscheint besonders deshalb wichtig, weil das Vorhandensein typischer Elternmerkmale explizit oder implizit in den meisten Elternarbeitsansätzen vorausgesetzt wird, weil damit direkt oder indirekt eine Schuldzuweisung an die Eltern erfolgt und weil durch solche

Ansätze in ein möglicherweise intaktes Interaktionsgefüge der betroffenen Familien eingegriffen wird.

Zur Beantwortung der Frage nach Elterncharakteristika haben wir die Fachliteratur der letzten 40 Jahre gesichtet und 50 Arbeiten zu dieser Fragestellung gefunden (s. Schulze, 1984).

Abbildung 1 zeigt auf, daß die familiäre Interaktion durch vielfältige Wirkzusammenhänge und Verzahnungen mit soziologischen Einflußgrößen mitgeprägt wird. Die Einschätzung von Umwelt- und Elternvariablen muß einer empirischen Erfassung solcher Einflußgrößen zugänglich sein. Ältere Arbeiten setzen meist bei den personalen Gegebenheiten an. Die tatsächlich vorfindbaren Kommunikations- und Interaktionsbedingungen werden erst in den letzten 10 Jahren mit Hilfe von Beobachtungsstudien untersucht. Empirische Arbeiten zur Familienstruktur und zu allgemeinen Lebensbedingungen von Stotterern finden sich nur in Ansätzen.

31 Arbeiten (s. Schulze, 1984) haben Persönlichkeits-, Einstellungs- und Verhaltensvariablen der Eltern stotternder Kinder und Jugendlicher untersucht. Da man davon ausgehen muß, daß jede Entwicklungs- und Verhaltensstörung eines Kindes Rückwirkungen auf das Verhalten und Erleben der Bezugspersonen zeigt, könnten Besonderheiten des Elternverhaltens auch als Reaktion auf die Störung interpretiert werden (vgl. dazu Cross, 1979; Lerner & Spanier, 1978; Meyers, 1983; Meyers & Freeman, 1985). Unter einer solch strengen Bewertung bleiben nur 4 der 31 Studien, die Eltern von stotternden Vorschulkindern untersuchten. Danach beschäftigen sich diese Eltern mehr mit der Entwicklung des Kindes, sind mit sich selbst unzufriedener, sind beeinflußbarer, angespannter, lachen weniger, strafen häufiger, sind strenger in der Sauberkeitserziehung (Johnson 1942), sie haben eine höhere Erwartungshaltung bezüglich flüssigen Spre-

ICH-IDENTITÄT
INTRAPSYCHISCHE
STRUKTUR
BISHERIGE SOZIA-
LISATION

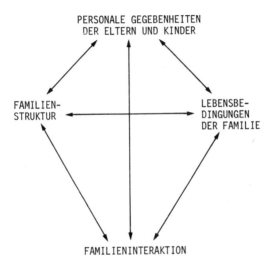

PERSONALE GEGEBENHEITEN
DER ELTERN UND KINDER

GENERATIONS-
GRENZEN
MACHTVERTEILUNG
ROLLENVERTEILUNG
EHEPAARSUB-
SYSTEME
ELTERN-KINDER-
BEZIEHUNGEN
GESCHWISTERBE-
ZIEHUNGEN

FAMILIEN-
STRUKTUR

LEBENSBE-
DINGUNGEN
DER FAMILIE

BILDUNG/AUSBILDUNG
EINKOMMEN
WOHNVERHÄLTNISSE
FREIZEIT
SCHICHTZUGEHÖRIG-
KEIT
ARBEITSBEDINGUNGEN
SCHULE
ÖKONOMISCHE STRUK-
TUREN DES LEBENS-
RAUMES
SOZIALBEZIEHUNGEN
IM WOHNBEZIRK, ZU
VERWANDTEN UND ZU
FREUNDEN

FAMILIENINTERAKTION

INTERAKTIONS-
UND KOMMUNIKA-
TIONSMUSTER

ABB.1 WIRKUNGSZUSAMMENHÄNGE ZWISCHEN GESELLSCHAFT UND FAMILIE
(GREITEMEYER, 1984)

chens, sie sind perfektionistischer und ehrgeiziger (Johnson et al.1959). Quarrington u.a. (1969) fanden eine niedrigere Anspruchsniveausetzung der Mütter für ihr stotterndes Kind, während Goodstein und Dahlstrom (1956) keine signifikanten Unterschiede zwischen beiden Elterngruppen herausarbeiten konnten.

Setzt man sich über die aufgezeigten Fehlermöglichkeiten in der Interpretation, daß die untersuchten Elternvariablen dem Stottern des Kindes genauso folgen wie ihm vorausgehen können, hinweg, so finden sich bei vergleichbaren untersuchten Teilaspekten nahezu genauso viele Arbeiten, die signifikante Unterschiede herausstellen, wie solche, die keine trennenden Merkmale zwischen Eltern stotternder und solchen nichtstotternder Kinder finden. Hinzugefügt werden muß, daß bei vielen Arbeiten Vergleichsgruppen überhaupt fehlen oder nicht mit standardisierten Untersuchungsmethoden gearbeitet wurde.

Eine zweite Gruppe von 7 Arbeiten versucht (s. Schulze, 1984), das elterliche Verhalten und bestimmte Elterneigenschaften aus der Perspektive der stotternden Kinder einzuschätzen. In 6 Arbeiten beschreiben Jugendliche und Erwachsene (z.B. Krause, 1981) mit Eigenschaftslisten retrospektiv ihre Eltern oder das Familienklima. Nur in einer Studie werden bei 20 Kindern zwischen 2,6 und 15,6 Jahren zumindest einige Vorschulkinder untersucht (Wyatt 1958). Sie äußern gegenüber einer Vergleichsgruppe mehr Verlust- und Distanzängste, Furcht vor Ablehnung und mehr Katastrophenangst. Da durch verschiedene Arbeiten belegt ist, wie unreliabel retrospektive Einschätzungen von Beziehungs- und Interaktionsvariablen sind (vgl. dazu Deegener, 1984; Schmidt & Keßler, 1976), muß die Fragwürdigkeit dieser Arbeiten für eine ätiologische Interpretation gesehen werden.

In der dritten Gruppe von 12 Arbeiten (s. Schulze, 1984) handelt es sich um Beobachtungsstudien von Familien- bzw. Interaktionsdyaden und -tryaden. Nur eine einzige dieser Arbeiten ließe, vom Alter der Kinder her gesehen, vielleicht eine ätiologische Interpretation zu. Grimm (1983) geht in ihrer Analyse der kommunikativen Interaktion zwischen Mutter und Kind davon aus, daß der Sprachlernprozeß des Kindes nicht auf die sog. Input-Sprache reduziert ist, sondern daß auch die Sprachvorbilder, hier also die Mutter, wiederum durch die Sprachäußerungen ihres Kindes interaktional beeinflußt werden. Sie untersucht auf dieser Grundlage, ob die mütterlichen Äußerungen zeitlich und inhaltlich an die des Kindes angrenzen und ob diese Beziehung nur thematisch oder auch syntaktisch und/oder lexikalisch vorhanden ist. Sie findet bei der Beobachtung von 4 Interaktionsdyaden von Müttern mit ihren stotternden Kindern eine geringere thematische Kohärenz, einen stärker schematischen Ablauf und mehr kommunikative Initiative der Mütter.

Diese Ergebnisse müssen allerdings hinsichtlich ihrer ätiologischen Bedeutung für das kindliche Stottern relativiert werden, wenn man Untersuchungen von Meyers (1983) sieht. Sie findet bei ihren Mutter-Kind-Interaktionsanalysen, daß die stotternden Kinder umso langsamer sprechen, je mehr Stottersymptome sie aufweisen, und daß ihre Mütter wiederum umso schneller sprechen, je geringer die Sprechgeschwindigkeit ihrer Kinder ist. Das gleiche Verhalten gegenüber den stotternden Kindern zeigen aber auch Mütter flüssig sprechender Kinder, die in den Interaktionen mit ihren eigenen Kindern signifikant langsamer sprechen. So könnte das sprachliche Verhalten der Mütter in beiden Untersuchungen durchaus auch Reaktion auf das kindliche Stottern sein.

Zusammenfassend muß nach diesen Untersuchungsergebnissen den indirekten Therapieansätzen für das kindliche Stottern, die ausschließlich über die Veränderung von Umweltvariablen eine Reduktion des Stotterns herbeiführen wollen, entgegengehalten werden, daß es bis heute keine oder allenfalls nur äußerst vage empirische Untersuchungsergebnisse gibt, die die Wirksamkeit spezifischer Umweltvariablen für die Entstehung und Aufrechterhaltung des Stotterns hätten nachweisen können. In der Fachliteratur (besonders Wendell Johnsons diagnosogene Theorie zur Entstehung des Stotterns; Diskussion s.Kap.B.II, C.I.1) und vor allen Dingen in populärwissenschaftlichen Schriften finden sich zwar immer wieder solche Spekulationen, die häufig aus den jeweiligen theoretischen und philosophischen Grundannahmen abgeleitet werden oder das Ergebnis einer interpretativen Überstrapazierung von klinischen Einzelfällen darstellen. Es gibt bisher jedoch keine experimentell gewonnene Evidenz dafür, daß das Vorhandensein oder Fehlen irgendeiner spezifischen familiären oder umweltmäßigen Variablen oder einer Konstellation solcher Variablen als eine funktionale Bedingung betrachtet werden kann, die der Entwicklung des Stotterns vorausgeht (Schulze, 1984).

Damit ist für Costello (1983) auch ein ethisches Problem angesprochen. Therapeuten müssen sich nämlich fragen, ob sie auf einer dermaßen spekulativen Basis das Recht dazu haben, ohne handfeste individuelle Indikation in das gewachsene Familienleben einzubrechen, um Wertvorstellungen, Regeln und Interaktionsformen zu verändern. Gleichermaßen bedenklich muß natürlich auch die obligatorische Vermittlung eines Konzeptes über das Stottern sein, wonach dieses als Ausdruck oder Nebenprodukt ungünstiger familiärer Konstellationen oder unangemessener elterlicher Verhaltensweisen zu betrachten ist, wenn wir in Wirklichkeit keinerlei empirisch gewonnenes Wissen darüber haben, welche der nahezu unbegrenzt vorstellbaren Faktoren oder Faktorenkonstellationen in der Familie eine Bedeutung für das Stottern des Kindes haben. Da solche allgemeingültigen Erkenntnisse bis heute leider noch nicht vorliegen, haben flächenmäßig ansetzende Elternberatungs- und Elterntrainingsansätze, die ohne vorausgehende differentielle Diagnostik durchgeführt werden, keine rationale Grundlage und sind ethisch äußerst bedenklich. Das soll allerdings nicht bedeuten, daß jegliche Elternarbeit einer Grundlage entbehrt, wohl aber, daß nicht alle Eltern stotternder Kinder in ein solches Elterntrainingsprogramm genommen werden müssen bzw. Beratung brauchen. Die Schwerpunkte einer Betreuung können nur sinnvoll durch eine individuelle Diagnostik und Verhaltensanalyse festgelegt werden.

A.II.2 Intrapsychische Besonderheiten stotternder Kinder

Als zweite Frage zu diesem psychosozialen Faktorenbereich zur Ätiologie des Stotterns bei Vorschulkindern stellt sich die nach intrapsychischen Besonderheiten des Kindes selbst. Trägt es Persönlichkeitsmerkmale in sich, die zur Entstehung des Stotterns beitragen oder sogar allein verantwortlich zu machen sind? 7 Arbeiten, in denen verschiedene Persönlichkeitstests angewandt werden, können solche Unterschiede für Stotterer gegenüber Nichtstotterern und insbesondere solche für stotternde Kinder gegenüber flüssig sprechenden nicht herausarbeiten (Andrews & Harris, 1964; Hedge, 1972; Horlick & Miller, 1960; Lanyon et al., 1978; Molt & Guilford, 1979; Pizzat, 1951; Prins, 1971). Größere Schwierigkeiten in der sozialen Anpassung bei Stotterern als bei Nichtstotterern (Brown & Hull, 1942, Prins, 1972, Wingate, 1962) sind wohl eher Folge als Ursache des Stotterns (Andrews et al., 1983). Daraus muß zwangsläufig folgen, daß, von ganz wenigen Ausnahmen abgesehen, Psychoanalyse oder andere Psychotherapieformen nicht effektiv als Stottertherapien eingesetzt werden können (van Riper, 1971, 1982; Webster, 1977). Interessant in diesem Zusammenhang ist vielleicht, daß schon Sigmund Freud, Urvater der Psychoanalyse, diese Therapieform als ungeeignet für die Behandlung des Stotterns ansah (zit. nach van Riper, 1982).

A.III BEFUNDE AUS DEM PHYSIOLOGISCH-ORGANISCHEN BEREICH

Wenn also weder besondere Persönlichkeits-, Einstellungs- und Verhaltensmerkmale der Eltern stotternder Vorschulkinder noch intrapsychische Besonderheiten als Gruppenmerkmale bei den Kindern selbst belegt sind, die als Verursachungsmomente des Stotterns gelten können, muß logischerweise folgen, andere möglicherweise ätiologisch wirksame Faktoren und daraus ableitbare Therapieansätze für diese Kindergruppe zu sichten. Es sollen im folgenden Forschungsergebnisse überwiegend der letzten 15 Jahre zu Teilaspekten des Stotterns unter zusammenfassenden Gesichtspunkten dargestellt werden, insbesondere wenn diese durch Untersuchungen an Kindern bestätigt werden konnten, um diese dann in die augenblickliche Theoriediskussion der anglo-amerikanischen Länder einzuordnen. Dabei sollen zuerst Untersuchungen zur cerebralen Dominanz, zu anderen neurophysiologischen Fragestellungen wie Reaktionszeit und Feedbackmechanismen, zur Phonation und zur Artikulation dargestellt werden. Welche gesicherten Erkenntnisse zum Stottern erwachsen aus genetischen Studien? Und schließlich sollen psycholinguistische Unterschiede zwischen stotternden und nichtstotternden Vorschulkindern aufgezeigt werden (s.Kap.A.IV).

Organische Faktoren haben in der Ätiologiediskussion des Stotterns immer eine mehr oder weniger große Rolle gespielt. Daß sie in den vergangenen 15 Jahren zusammen mit linguistischen Faktoren mehr in den Vordergrund gerückt sind, liegt zum einen daran, daß, wie dargestellt, die Merkmale der Eltern und Kinder aus dem psychosozialen Bereich an Bedeutung verloren haben, daß zum anderen die Untersuchungsmöglichkeiten physiologisch-organischer Unterscheidungsmerkmale zwischen Stotterern und Nichtstotterern immer differenzierter und genauer geworden sind. Vielleicht hat auch die Entwicklung von Therapieverfahren oder -bausteinen, die in diesem Bereich ansetzen, wiederum die Forschung befruchtet.

A.III.1 Cerebrale Dominanz

Stottern beruhe auf einer unzureichend ausgeprägten cerebralen Dominanz für Sprache, wurde zunächst als Hypothese formuliert (Stier, 1911; Sachs, 1924; Orton, 1927,1929; Travis, 1931), dann mit unterschiedlicher Methodik untersucht (WADA-Test, dichotisches Hören, Tachistoskopie, evozierte Potentiale, regionale Hirndurchblutung, α-Aktivität). Dabei ist allerdings die Betrachtungsweise, die linke Hirnhemisphäre verarbeite linguistische Informationen und die rechte nicht-linguistische, nicht gerechtfertigt. Die rechte Hemisphäre scheint eher ganzheitlich zu arbeiten, die linke eher analytisch-segmental (Whitaker & Whitaker, 1975, 1976, 1977). Die linke Hemisphäre müßte danach stärker aktiviert werden bei der Verarbeitung phonologischer, die rechte bei der semantischer Informationen (Moore, 1985).

A.III.1.1

Jones (1966) initiierte eine umfangreiche Forschung zum Phänomen der unzureichend oder anders verlaufenden Lateralisation sprachlicher Funktionen bei Stotterern. Er selbst untersuchte 4 Stotterer mit der WADA-Technik (Wada & Rasmussen, 1960; Injektion von Sodium-Amytal in die A.carotis interna jeweils einer Seite führt zu einer kurzdauernden Blockierung der Funktionen der zugehörigen Hirnhemisphäre mit Halbseitenlähmung auf der kontralateralen Körperseite und aphasieähnlichen Symptomen, wenn die sprachdominante Hemisphäre betroffen ist). Jones findet bei den 4 Stotterern im Gegensatz zu Normalpersonen aphasieähnliche Symptome auch bei rechtsseitiger Injektion. Das Stottern verschwindet ebenso wie die Besonderheit im WADA-Test nach neurochirurgischer Intervention wegen Tumors in der linken Hemisphäre (1 Pat.) oder Subarachnoidalblutung (3 Pat.). Diese Ergebnisse können von anderen Untersuchern (Andrews et al., 1972; Luessenhop et al., 1973) nicht bestätigt werden. Eine mögliche Interpretation wäre, daß Jones' 4 Patienten zu einer Untergruppe von Stotterern gehören, aber auch, daß die neurologischen Grunderkrankungen dieser Patienten zu einer Neuverteilung der Koordinationsverantwortlichkeit für Sprache und/oder Sprechen geführt hatten.

A.III.1.2 Bei Untersuchungen zum dichotischen Hören werden jeweils zwei unterschiedliche Töne, Geräusche, Unsinnsilben, Wörter bis hin zu Sätzen streng zeit- und reizstärkengleich auf beide Ohren gegeben. Es zeigt sich dabei je nach Stimulusart eine Funktionsasymmetrie mit Bevorzugung eines Ohres und der kontralateralen Hemisphäre. Werden Wörter mit Bedeutungsinhalt als Stimulusmaterial verwendet, so finden verschiedene Untersucher bei Stotterern eine signifikant höhere Zahl mit Linksohrvorteil als bei Nichtstotterern (Curry & Gregory, 1969; Perrin & Eisenson, 1970; Quinn, 1972; Sommers et al., 1975; Übersicht bei Hannley & Dorman, 1982). Davenport (1979) findet Beziehungen zwischen dem Schweregrad des Stotterns und der Ausprägung des Linksohrvorteils. Bei dichotischen Untersuchungen mit Unsinnsilben ist die Leitungsasymmetrie zugunsten des linken Ohres weit weniger stark ausgeprägt oder nur bei einzelnen Stotterern vorhanden (Brady & Berson, 1975; Liebetrau & Daly, 1981), was aus der ganzheitlichen Arbeitsweise der rechten Hemisphäre verständlich wird. Rosenfield und Goodglass (1980) sowie Pinsky und McAdam (1980) stellen heraus, daß Stotterer signifikant weniger Unsinnsilben erkennen als flüssig sprechende Kontrollgruppen, was als Mangel an Phonemerkennung der Stotterer interpretiert wird. Eine größere Zahl von Untersuchern findet allerdings mit der Methode des dichotischen Hörens keine Unterschiede zwischen Stotterern und Nichtstotterern, wenn die beiden Gruppen insgesamt miteinander verglichen werden, wohl aber für einzelne Stotterer (Liebetrau & Daly, 1981; Pinsky & McAdam, 1980; Rosenfield & Goodglass, 1980).

Aus den Ergebnissen der Versuche mit dichotischem Hören ließe sich auch ableiten, daß es aufgrund des Linksohrvorteils und damit der akustischen Informationsverarbeitung in der rechten Hemisphäre durch die folgende Überleitung in die linke Hirnhälfte zu einem inneren Lee-Effekt kommt (Tomatis, 1963). Beweise für eine solche Hypothese fehlen; die nur kurze interhemisphärische Überleitungszeit im Vergleich zu den viel längeren Zeitdauern, die benötigt werden, um mit verzögerter akustischer Rückkopplung Stottern zu evozieren, spricht dagegen.

Die Untersuchungsmethode des dichotischen Hörens wurde auch bei Kindern im Alter von 5, 7 und 9 Jahren angewandt (Cimorell-Strong et al., 1983). 82% der nichtstotternden Kinder haben einen Rechtsohrvorteil, aber nur 55% der stotternden. Diese Befunde werden so interpretiert, daß eine Untergruppe der stotternden Kinder eine gestörte Lateralisation der Sprachfunktionen aufweisen.

A.III.1.3 Bei der Tachistoskopie werden visuelle Reize angeboten, z.B. eine Zahl im Zentrum des Blickfeldes und eine Unsinnsilbe rechts oder links davon, wobei unter experimentell kontrollierten Bedingungen eine Beschränkung der visuellen Informationsvermittlung in jeweils nur eine Hemisphäre erreicht werden kann. Eine bilaterale corticale Projektion wird durch eine sehr kurze Reizzeit, die Ausgleichsbewegungen der Augen unmöglich macht, verhindert (Orgass, 1982). Mit dieser Technik wurde die Informationsverarbeitung visueller sprachlicher Reize in bisher drei Arbeiten bei Stotterern und nichtstotternden Vergleichspersonen untersucht (Moore, 1976; Victor & Johannsen, 1984; Johannsen & Victor, 1986). Trotz unterschiedlicher Methodik finden die Untersucher in ihrer Aussage vergleichbare Ergebnisse. Bei Moore haben 53,5% der Stotterer und 20% der Vergleichspersonen, bei Victor und Johannsen 35,7% der Stotterer und 20,45% der Nichtstotterer eine Rechtshirndominanz. Zumindest ein Teil der Stotterer hat nach diesen Ergebnissen andere sprachliche Dominanzverhältnisse als Nichtstotterer. Wegen nicht vorhandener oder zumindest unzureichender Lesefähigkeiten ist die Tachistoskopie bei kleinen Kindern nicht anwendbar.

A.III.1.4 EEG-Untersuchungen bei Stotterern im Vergleich zu Nichtstotterern haben bisher zu widersprüchlichen Aussagen geführt (Übersicht bei van Riper, 1982). Die vielen Befunde zusammenfassend, kann gesagt werden, daß es keine für alle Stotterer zutreffenden EEG-Veränderungen gibt, sondern daß nur eine kleine Zahl von ihnen als organisch bewertete Veränderungen aufweisen. Untersuchungen der Arbeitsgruppe um Moore (1977,1980,1982,1984) weisen auf interessante Besonderheiten hin. Sie untersuchten Veränderungen der α-Wellen über beiden Hemisphären während linguistischer Aufgaben wie Wiederholen von Zahlenreihen und finden bei Stotterern eine Abnahme dieser Aktivitäten über der rechten Hemisphäre, was einen weiteren Baustein zu der Annahme liefert, daß zumindest eine Untergruppe der Stotterer andere Dominanzverhältnisse in der zentralen Sprach- und/oder Sprechproduktion hat als Nichtstotterer. Diese Befunde können von Boberg et al. (1983), nicht aber von Pinsky und McAdam (1980) bestätigt werden.

A.III.1.5 Unter der durch entsprechende Untersuchungen gesicherten Annahme, daß Körpergewebe während ihrer Aktivitäten stärker durchblutet sind (Lassen et al., 1978), haben Wood u.a. (1980) die intra- und interhemisphärischen Variationen der Hirndurchblutung bei 2 Stotterern gemessen, während diese laut lasen. Bei gestotterten Anteilen ist die regionale Durchblutung des rechten Brocafeldes verstärkt, bei flüssigen Anteilen die des entsprechenden linken Feldes. Auch dieses Ergebnis könnte als Hinweis darauf, daß bei zumindest einzelnen Stotterern beide Broca-Areae miteinander konkurrierende Impulse an die Artikulationsorgane geben, gewertet werden.

A.III.1.6. Ebenfalls auf gegenüber Nichtstotterern veränderte Dominanzverhältnisse für Sprache hinweisende Ergebnisse finden Ponsford et al. (1975) mit der Technik der gemittelten evozierten Potentiale unter Verwendung von Wörtern mit Bedeutungsinhalt als Stimuli. Während Normalpersonen stärkere Besonderheiten in den Potentialen der linken Hemisphäre aufweisen, zeigen Stotterer dieses für die rechte Hirnhälfte. Auch mit den sog. Erwartungswellen (contingent negative variation) werden Unterschiede zwischen Stotterern und Nichtstotterern herausgearbeitet (Zimmermann & Knott, 1974). Diese Autoren decken bei gesprochenen, aber auch bei nur vorgestellten verbalen Aufgaben auf, daß 80% der Nichtstotterer bei Ableitung über dem unteren Frontalhirn eine größere Potentialnegativierung auf der linken Seite zeigen, 78% der Stotterer aber eine solche über der rechten Broca-Region. Bei vom Vertex abgeleiteten Potentialen werden keine Unterschiede gefunden, was als Hinweis gewertet wird, daß die tatsächlichen Unterschiede nicht durch Sprechangst bedingt seien.

A.III.1.7 Die Forschungsergebnisse aus dem Bereich der veränderten cerebralen Dominanz für Sprache bei Stotterern gegenüber flüssig sprechenden Vergleichspersonen zusammenfassend, muß zuerst festgestellt werden, daß die mit Ausnahme der WADA-Technik nicht-invasiven Untersuchungsmethoden bisher nur recht oberflächliche Einblicke in die neuropsychologischen Vorgänge bei der Informationsverarbeitung und der Sprach- und Sprechproduktion gewähren können. Dennoch erhärtet sich die Vermutung, daß eine Teilgruppe der Stotterer Unterschiede in diesen Vorgängen gegenüber Normalpersonen aufweist. Die Ergebnisse bei einem Teil der Stotterer deuten zwar auf eine verstärkte Aktivierung der rechten Hemisphäre bei sprachlichen Aufgaben hin, bedeuten aber logischerweise auch eine verminderte Aktivität der linken Hemisphäre mit ihren analytisch-segmentalen Fähigkeiten. Sind es gerade diese Fähigkeiten, die erforderlich sind, um flüssiges Sprechen zu generieren? Die hier vorgelegten Forschungsergebnisse haben bisher noch nicht zu einer Umsetzung in Therapieansätze beim Stottern geführt.

A.III.2 Zur Reaktionszeit

Es wurden bisher Unterschiede in den Verarbeitungsstrategien beider Hirnhälften zwischen Stotterern und Vergleichspersonen dargestellt. Darüber hinaus liegen Untersuchungen vor, die die Gesamtfähigkeiten des Zentralnervensystems beider Personengruppen vergleichen. Herauszuheben sind hier insbesondere Messungen der Reaktionszeit. Versuchspersonen sollen auf einen optischen oder akustischen Reiz möglichst schnell phonatorisch oder manuell antworten. Die Ergebnisse der Mehrzahl der Untersuchungen zeigen auf, daß die Stimm- (voice initiation time) und auch Fingerreaktionszeiten der Stotterer länger sind als die der Nichtstotterer, gleichgültig ob der Stimulus optisch oder akustisch ist (Adams & Hayden, 1976; Hayden et al., 1982; Horii, 1984; Lewis et al., 1979; Starkweather et al., 1976, 1984; a.A. Reich et al., 1981). Diese Befunde können auch bei stotternden Kindern im Alter von 5 Jahren bestätigt werden (Luper & Cross, 1978; Cross & Luper, 1979, 1983; von anderen Autoren aber nicht: Cullinan & Springer, 1980; Murphy & Baumgartner, 1981).

Einen etwas differenzierteren Untersuchungsansatz wählen Till et al. (1983). Sie untersuchen die Reaktionszeiten von je 13 stotternden und nichtstotternden Kindern im Alter von 8.10 bis 12.6 Jahren zwischen einem 1-kHz-Sinuston und Knopfdruckantwort mit rechtem und linkem Zeigefinger sowie nichtsprachlichen (inspiratorische Stimmgebung, Räuspern und Seufzen durch "uhhh", "mmmm" oder "uhhm") und sprachlichen (/pʌ/ und /pʌpɚ/) laryngealen Antworten. Signifikant langsamer sind die stotternden Kinder beim Räuspern und Seufzen und beim Sprechen des Wortes "upper". Die Autoren interpretieren diese Ergebnisse so, daß Unterschiede zwischen beiden Gruppen erst hervortreten, wenn die motorische Komplexität der phonatorischen Aufgaben einen gewissen Grad erreicht haben. Diese Interpretation erscheint deshalb ganz attraktiv, weil eine Verminderung der Komplexität der motorischen Abläufe bei Respiration, Phonation und Artikulation zu einer Abnahme der Stottersymptomatik führt (z.B. Hanley, 1984; Riley & Riley, 1985; Shine, 1985), was ja auch in manchen therapeutischen Ansätzen angewendet wird (s.Kap.B.III).

Wall und Myers (1984) hingegen sehen in den meist verlängerten Reaktionszeiten einen Hinweis auf ein schlechter integriertes Zentralnervensystem bei Stotterern. Ob eine der beiden Erklärungen zutrifft, bleibt zum jetzigen Zeitpunkt völlig offen.

A.III.3 Feedbackmechanismen

Nachdem Lee (1950) entdeckt hatte, daß die verzögerte akustische Rückkopplung von Sprache (VAR) bei Normalsprechern zu Stottern oder zumindest stotterähnlichen Symptomen führt, folgte eine Vielzahl von Untersuchungen und theoretischen Überlegungen, ob das akustische oder auch taktile und propriozeptive Rückkopplungssystem bei Stotterern gestört sei. Diese These, daß ein gestörtes oder verändertes akustisches Feedback beim Stottern eine Rolle spiele, wird, wenn auch nicht bewiesen, so doch gestützt durch eine Reihe von Arbeiten, die zeigen können, daß Stotterer unter VAR mit individuell gewählter Verzögerungszeit weniger Symptome haben (Übersichten bei Bloodstein, 1981; v. Riper, 1982). Untersuchungen bei 5 bis 8jährigen Kindern (Mackay, 1968; Siegel et al., 1980) zeigen, daß VAR bei jüngeren Kindern zu stärkeren Unterbrechungen des Redeflusses führen als bei älteren.

Auch die Reduktion des Stotterns durch Unterbrechung der akustischen Rückkopplung mit maskierendem Rauschen ausreichender Lautstärke spricht für die These, das akustische Feedback habe eine ätiologische Bedeutung beim Stottern (z.B. Conture, 1974; Altrows & Bryden, 1977).

Daraus entwickelte van Riper (1971, 1982) seine Theorie, die Fiedler und Standop (1978) dann noch weiter ausformulierten, daß nämlich konkurrierende Feedbackkreise mit ihren Auswirkungen auf die Koordination der Output-Signale für die Artikulationsmuskulatur das Entwicklungsstottern bedingen. Ein Kind muß während des Sprach- und Sprecherwerbs seine eigenen Sprechleistungen auditiv kontrollieren, um eigene Fehler im Vergleich zu den Modellvorgaben der Sprechvorbilder korrigieren zu können. Mit zunehmend richtigen Sprechleistungen kann und muß der akustische Sinneskanal freigemacht werden für die akustischen Informationen aus der Umwelt und den Inhalt der eigenen

Aussagen. Das für die Überwachung einer korrekten Artikulation erforderliche Feedback wird von kinästhetisch-taktil-propriozeptiven Kanälen übernommen. Da der Übergang vom akustischen auf die anderen Feedbacksysteme nicht plötzlich erfolgt, kommt es während der Übergangszeit zu Interferenzen der Rückmeldesignale, was Fehler in den Zeitabläufen der Befehle für die an der Atmung, der Phonation und der Artikulation beteiligten Muskelsysteme bewirken muß. Die Folge ist unflüssiges Sprechen. Geben Eltern oder andere Bezugspersonen während dieser Zeit wohlgemeinte Tips ("Sprich langsam", "Denk doch erst 'mal nach", "Hol' erst 'mal Luft" etc. etc.), so wird das Kind das als Hinweis verstehen, etwas fehlerhaft gesprochen zu haben, und sich selbst wieder zuhören, also auf sein akustisches Feedback zurückschalten. Erfolgen solche Hinweise häufiger, wird das Kind an einem eigentlich notwendigen Entwicklungsschritt gehindert, eine Automatik in der Umsetzung von Ideen in Sprache, ohne auf das Sprechen zu achten, nicht erreichen und in der eigentlich zeitlich auf Monate bis zu maximal ein bis zwei Jahren begrenzten Übergangszeit miteinander konkurrierender Feedbacksysteme und damit im Stottern verharren.

Aus diesen sicher sehr einsichtigen Vorstellungen der Verursachung des Stotterns wurde abgeleitet, daß Interventionen beim Kinde selbst, sofern es noch kein Störungsbewußtsein hat, die Gefahr in sich tragen, daß es in seiner akustischen Eigenkontrolle bleibt. Ansatzpunkt für Beratung oder Training können nur die Bezugspersonen, meist die Eltern sein, was in den meisten der in der BRD verwandten Beratungspapiere zum Ausdruck kommt. Die Sprechstörung selbst wird bei der Behandlung schwerpunktmäßig ausgeklammert (Fiedler & Standop, 1978, S.182).

Dabei gibt es bisher keine eindeutigen Beweise, ob es solche für die Kontrolle des Sprechvorganges wichtigen Feedbacksysteme überhaupt gibt oder ob sie vielleicht nur während der Zeit der Sprach- und Sprechentwicklung wirksam sind. Für den reifen

Sprecher wird die Notwendigkeit solcher Systeme angezweifelt (Borden, 1979; Borden & Harris, 1980; Siegel et al., 1984), zumal Veränderungen in allen Feedbackbereichen mit Ausnahme der verzögerten akustischen Rückkopplung nicht zu unflüssigem Sprechen führen und zum anderen diese Rückmeldungen aus der Peripherie für Veränderungen oder Korrekturen des Outputs viel zu langsam wären. Die genannten Autoren formulieren deshalb auch die Möglichkeit eines zentralen Feedbacks, das durch Vergleich mit gespeicherten Mustern die Bewegungsimpulse sofort nach Verlassen des Cortex kontrolliert.

A.III.4 Periphere Sprechproduktion

Obwohl viele der in diesem Kapitel dargestellten Befunde an Erwachsenen erhoben wurden, erscheint uns eine kurze Darstellung von Besonderheiten der Atmung, der Phonation und der Artikulation/Koartikulation bei Stotterern wichtig, weil sie zumindest teilweise therapeutische Konsequenzen haben (K.B.III).

A.III.4.1 Atmung: Die Variationen in der Sprechatmung sind schon bei flüssig sprechenden Kindern unter 7 Jahren so groß, daß Abweichungen bei stotternden Kindern nur schwer aus dieser physiologischen Bandbreite herauszuarbeiten sind (Wall & Myers, 1984). Aus der Tatsache, daß die Ruheatmung von älteren Stotterern keine Normabweichungen aufweist, schließen diese Autoren, daß abnorme Atmungsmuster Teil der Stottersymptomatologie sind, daß sie aber nicht das Stottern bedingen.

A.III.4.2 Phonation: Untersuchungen zur Rolle des Kehlkopfes beim Stottern gewinnen an Bedeutung, seit Untersuchungsmöglichkeiten mit hoher Aufzeichnungsgenauigkeit oder -geschwindigkeit gegeben sind. Dabei sind zwei Aspekte der laryngealen Aktivität zu betrachten, die Stimmlippenschwingungen während der Phonation und die schnelle und präzise Einstellung der Stimmlippen durch Ad- und Abduktoren zur Produktion von stimmhaften und stimmlosen Lauten während des fortlaufenden Sprechens. Dabei scheint der zweite Aspekt, das aufeinander abgestimmte Zusammenwirken der Kehlkopfmuskulatur, die wichtigere Rolle beim Stottern zu spielen (Conture et al., 1985). Diese Autoren untersuchen das Stimmlippenverhalten mittels eines nasal eingeführten Fiberlaryngoskops und ordnen bestimmten Stottersymptomen (Repititionen, Prolongationen) ein bestimmtes Kehlkopfverhalten zu. Sie leiten daraus die Hypothese ab, daß es zu einer gegenseitigen Beeinflussung der laryngealen, respiratorischen und artikulatorischen Systeme kommt und Fehler darin das inkorrekte Zusammenspiel von Ad- und Abduktoren im Kehlkopf bewirken ("Konflikt der Kräfte von Ad- und Abduktoren").

Solche Untersuchungen lassen sich verständlicherweise bei Vorschulkindern nicht oder nur mit großen Einschränkungen durchführen. Mit der Technik der Elektroglottographie kann Conture (Adams et al., 1985) aber auch bei kleinen Kindern eine deutlich erhöhte Spannung in der Larynxmuskulatur und Abweichungen in der Stellung der Stimmlippen gegenüber nichtstotternden Vergleichskindern nachweisen.

Zwei weitere Untersuchungsmethoden zu den Vorgängen im Kehlkopf während des Stotterns bzw. während flüssig gesprochener Äußerungsanteile von Stotterern lieferten in den letzten 15 Jahren hervorzuhebende Ergebnisse: Untersuchungen zur Voice-onset-time und zur Elektromyographie.

Unter Voice-onset-time (VOT) wird der Zeitbereich zwischen Lösen des Verschlusses eines Konsonanten und dem Stimmbeginn des nachfolgenden Vokals einer gesprochenen Konsonant-Vokal-Verbindung verstanden. Beim Vergleich der VOT von Stotterern und Normalsprechern wird in drei Untersuchungen (Agnello & Wingate, 1972; Hillman & Gilbert, 1977; Zimmermann, 1980) für Stotterer eine längere VOT gefunden. In einer weiteren Untersuchung bestätigt sich dieser Befund nur bei 33% der Stotterer (Metz et al., 1979), während Watson und Alfonso (1982) keine signifikanten Unterschiede zwischen beiden Gruppen sehen. Geringfügig, aber nicht signifikant verlängert waren die VOTs bei erwachsenen Stotterern gegenüber Nichtstotterern in Untersuchungen von Healey und Gutkin (1984). Verlängerte VOTs finden Wendell (1973) und Agnello u.a. (1974) auch bei stotternden Kindern. Ob die Ursache für die überwiegend gefundene längere VOT bei Stotterern in Anomalitäten der Atmung, des Kehlkopfes, von beiden oder deren Koordination zu sehen ist, ist noch unklar (Adams et al., 1985).

Elektromyographie-Ableitungen (EMG) der inneren Kehlkopfmuskulatur während des Sprechens bei Stotterern decken auf, daß neben einer höheren Muskelaktivität insbesondere gleichzeitige Kontraktionen von Abduktor (M.cricoarytaenoideus posterior) und Adduktoren (besonders M.thyreoarytaenoideus, M.cricoarytaenoideus lateralis und M.arytaenoideus transversus) auftreten, eine Störung in der Koordination dieser funktionellen Antagonisten, was als physiologischer Block bezeichnet wird (Freeman, 1977; Freeman & Ushijima, 1978).

Shapiro (1980) und Shapiro und DeCicco (1982) finden solche Aktivitätsbesonderheiten auch bei einigen sprachlichen Äußerungen von Stotterern, die von geübten Hörern als flüssig bewertet werden, nicht aber bei Nichtstotterern bei deren Unflüssigkeiten oder imitiertem Stottern. Solche Untersuchungen verbieten sich natürlich bei Kindern im Alter des Stotterbeginns, so daß die Frage ätiologischer Relevanz dieser Befunde nicht beantwortet werden kann.

A.III.4.3 Artikulation: Die schon im Larynxbereich der Stotterer gefundene Koordinationsstörung mit gleichzeitigen Innervationsmustern in antagonistisch arbeitenden Muskelsystemen finden Shapiro (1980) und Shapiro und DeCicco (1982) auch im Artikulationsbereich, und zwar auch bei flüssigen Äußerungen dieser Personen, und bestätigen damit frühere Befunde von Fiebiger (1977), Ford und Luper (1975) und Platt und Basili (1973). Die gleichzeitige Innervation von Ab- und Adduktoren sowohl im Larynx als auch im Artikulationsbereich könnte die Abweichungen im subglottischen (Ford & Luper, 1975; Peters & Boves, 1986) und intraoralen Druck (Hutchinson, 1975; Hutchinson & Navarre, 1977; Levis, 1975) während des Stotterns bedingen.

Mit sehr aufwendiger kineradiographischer Untersuchungstechnik deckt Zimmermann (1980) ebenfalls Artikulationsbesonderheiten bei flüssigen Konsonant-Vokal-Äußerungen von Stotterern auf: längere Zeitdauer zwischen Beginn der Artikulationsbewegung, Erreichen der größten Bewegungsgeschwindigkeit und Stimmeinsatz; längeres Verharren von Lippen und Kiefer bei der Vokalproduktion; größere Asynchronizität von Lippen- und Kieferbewegung. Auch Starkweather und Myers (1979) finden langsamere Übergänge vor und nach dem Frikativ /s/ in Ausschnitten flüssiger Sprache stotternder Versuchspersonen, ebenso wie auch Hanley (1981) in einer Studie bei Kindern.

Stromsta (1965) unterscheidet durch spektographische Untersuchung von Formantübergängen, der Koartikulation, zwischen Kindern, die zu chronischen Stotterern werden, und solchen, die zu flüssigem Sprechen zurückfinden. Unterscheidungsmerkmal sind dabei zwei charakteristische Muster, nämlich auffällige Übergänge von Konsonanten zu Vokalen in den untersuchten Silbenwiederholungen und abrupte phonatorische Unterbrechungen. Trotz der Wichtigkeit einer solchen Vorhersage in frühem Alter stotternder Kinder wurde eine derartige Längsschnittuntersuchung bis heute nicht wiederholt.

A.III.4.4 <u>Koordination von Respiration, Phonation und Artikulation</u>: Nur die zeitgenaue Abstimmung der an der Stimm- und Sprechproduktion beteiligten Einzelvorgänge der Atmung, der Stimmgebung und der Artikulation und Koartikulation garantieren ein fließendes, nicht unterbrochenes Sprechen. Beim Stottern ist dieser Synergismus gestört (Adams, 1974, 1975, 1978; Perkins, 1981). Diese These wird unterstützt durch Untersuchungsergebnisse von Zebrowski et al. (1985), die bei stotternden und nichtstotternden Vorschulkindern akustische Phänomene wie Dauer der Vokal-Konsonant- und Konsonant-Vokal-Übergänge, der Vokale selbst, der Sprechpausen und der Einatmung maßen und allein Unterschiede in der Beziehung zwischen Sprechpausen und Inspirationsdauer finden, bei den nichtstotternden Kindern mit inverser Korrelation und bei den stotternden ohne jede Korrelation. Die Autoren sehen darin einen Hinweis auf eine fehlerhafte zeitliche Abstimmung in den laryngealen und supralaryngealen Abläufen, die nur in bestimmten zeitlichen Grenzen eine optimal fließende, fortlaufende und flüssige Sprechproduktion ermöglicht.

Wingate (1966) erklärt das Adaptationsphänomen bei Stotterern (Abnahme der Stottersymptome bei Wiederholung der Sprechaufgabe) zumindest zum Teil durch einen Übungseffekt bei der Koordination der bei der Sprechatmung, der Phonation und der Artikulation erforderlichen motorischen Abläufe. Yoshioka und Loefquist (1981) untersuchen glottographisch das Stimmverhalten beim Sprechen von mit stimmlosen und stimmhaften Lauten beginnenden Wörtern, die einem optischen Reiz möglichst schnell folgen sollen, und interpretieren ihre Ergebnisse ebenfalls als Ausdruck einer "Störung der präzisen zeitlichen Kontrolle der Abduktions- und Adduktionsbewegungen der Glottis im Verhältnis zu supraglottischer Artikulation und zur Respiration".

Werden die Anforderungen an das Gesamtsystem vermindert, z.B. durch Verringerung der Lautstärke bis hin zum Flüstern, so resultiert flüssiges Sprechen oder zumindest eine deutliche Abnahme des Stotterns in der Auftretenshäufigkeit und der Schwere der Symptomatik (Commodore & Cooper, 1978; Perkins et al., 1976). Diese Untersuchungsbefunde gehen ja auch schon in einige Therapieansätze ein (Cooper & Cooper, 1985; Riley & Riley, 1985; Shine, 1984, 1985; s.a. Kap.B.III).

Auch Zimmermann geht in seinem von ihm selbst als vorläufig bezeichneten Modell (1980, 1985) davon aus, Stottern sei durch Veränderungen der reflektorischen wechselseitigen Beeinflussung der respiratorischen, phonatorischen und artikulatorischen Strukturen bzw. Abläufe verursacht und diese Veränderungen könnten durch gelernte, psychodynamische oder organische Variablen bedingt sein. Er postuliert, daß stark veränderliche Bewegungs- und Zeitabläufe in der Artikulation die Erregungsschwelle der Motoneurone in den verschiedenen Stammganglien über periphere afferente Bahnen verändern. Diese Schwellenänderungen könnten es erschweren, reflektorische Interaktionen im Gehirn für Respiration, Phonation und Artikulation aufeinander abzustimmen, woraus die oszillatorischen (klonischen) und tonischen Bewegungsmuster, die zum Stottern gehören, resultieren.

Es erscheint wahrscheinlich, daß bisher im Bereich der peripheren Sprechproduktion nur Einzelbefunde gesammelt werden konnten. Erst zukünftige Forschung wird zeigen können, ob Fehler in der zentralen Steuerung der peripheren motorischen Abläufe und deren Koordination gefunden und als ursächlich beim Stottern wirksam identifiziert werden können.

A.III.4.5 Zusammenfassung der Befunde zur peripheren Sprechproduktion

Obwohl bisher aus dem Bereich der peripheren Sprechproduktion nur Einzelbefunde vorliegen, so lassen sich doch schon folgende Verallgemeinerungen herausstellen (Adams, 1985):
1. Beim Stottern scheint nicht eines der drei Systeme Atmung, Phonation, Artikulation allein, sondern zwei oder alle drei beteiligt zu sein. Ein Stottersymptom kann in einem der Systeme beginnen, zieht dann aber meist Folgen in den anderen nach sich.
2. Der Kehlkopf scheint schon sehr früh an der Entwicklung des Stotterns beteiligt zu sein.
3. Der typischste Larynxbefund (bei erwachsenen Stotterern) ist die gleichzeitige Kontraktion der antagonistisch arbeitenden Ab- und Adduktoren. Dieses Phänomen tritt auch im Artikulationsbereich auf.

4. Das zeitliche Zusammenspiel der Abläufe innerhalb eines Systems und der einander beeinflussenden Abläufe in allen drei Systemen ist gestört.

5. Stottersymptomen, die bei oberflächlicher Betrachtung ähnlich erscheinen, können unterschiedliche physiologische oder aerodynamische Phänomene zugrunde liegen.

Die in diesem Kapitel zur peripheren Sprechproduktion dargestellten Befunde machen deutlich, daß es in den Bereichen der Phonation und der Artikulation Unterschiede zwischen Stotterern und Nichtstotterern gibt. Es bleibt aber offen, ob solche Befunde ursächlich bei der Entstehung des Stotterns gesehen werden dürfen oder ob sie nur anzeigen, daß die komplexen motorischen Abläufe bei dem Zusammenspiel von Atmung, Stimmgebung und Sprechen besonders störanfällig sind gegenüber dem, was Stottern insgesamt ausmacht. Auch erst zukünftige Forschung wird zeigen können, ob die hier dargestellten Befunde durch Besonderheiten in Anatomie oder Physiologie des Kehlkopfes oder der Artikulationsmuskulatur bedingt sind oder auf Fehlern in der zentralen Steuerung beruhen (Starkweather, 1982).

A.III.5 Genetische Faktoren

Gehäuftes Auftreten von Stottern in Familien ist durch genetische Studien gesichert (Kidd, 1980,1985). Weibliche Stotterer haben häufiger zwei stotternde Elternteile als männliche, Söhne stotternder Mütter stottern eher als Töchter. Daraus wird gefolgert, daß Mädchen ein Mehr des Erbmerkmals "Stottern" benötigen, um zu Stotterern zu werden; Jungen sind empfänglicher. Es gibt allerdings auch andere Erklärungen des Überwiegens des männlichen Geschlechts bei Stotterern, die dafür linguistische (v. Riper, 1971; Andrews et al., 1983) oder physiologisch-organische Ursachen (= instabileres neuro-muskuläres Koordinationssystem; v. Riper, 1971,1982) sehen.

Studien aus der Zwillingsforschung geben weitere Hinweise, die einen genetischen Faktor beim Stottern vermuten lassen (Howie, 1981). Sie findet bei 16 monozygotischen und 13 dizygotischen Zwillingspaaren mit mindestens einem stotternden Zwilling, daß der zweite dizygotische Zwilling ein 32%-iges Risiko zu stottern trägt, der zweite monozygotische Zwilling ein solches von 77%. Geschwister eines Stotterers stottern nur mit einem Risiko von 20%.

Deutlich wird in den aufgeführten Arbeiten, daß Erbmerkmale nur eine Komponente darstellen und andere Faktoren hinzukommen müssen, um zur Manifestation der Redeflußstörung zu führen.

A.IV BEFUNDE AUS DEM PSYCHOLINGUISTISCHEN BEREICH

Betrachtet man Stottern als Kommunikationsstörung, so erscheint es naheliegend, die kommunikativen Fähigkeiten von stotternden und im Vergleich auch von nichtstotternden Vorschulkindern zu untersuchen. Die bisher vorliegenden Ergebnisse können erst einen ersten Einblick in Unterschiede zwischen beiden Gruppen liefern, wenn man Kommunikation als komplexes Wechselspiel von verbalen und nichtverbalen Anteilen in der jeweiligen Kommunikationssituation sieht. Aber auch bei Beschränkung auf die verbalen Äußerungen ergeben sich Schwierigkeiten. Wird allein die mittlere Äußerungslänge betrachtet, so wird übersehen, daß eine Verkürzung auch einen höheren Grad an Komplexität darstellen kann (Eisenson, 1984). Außerdem fehlen noch verläßliche Zeitangaben zum Auftreten komplexer Satzmuster in der normalen Sprachentwicklung - für die deutsche Sprache noch viel mehr als für die englische. Trotz dieser Einschränkungen gibt es in den letzten Jahren immer mehr wertvolle Einzelbeiträge, die den Zusammenhang zwischen Sprach- und Sprechentwicklung und der Entwicklung zu flüssigem oder unflüssigem Sprechen herausarbeiten.

A.IV.1 Unterschiede zwischen erwachsenen und jungen Stotterern

Der Beginn des Interesses für linguistische Besonderheiten der Sprache von Stotterern geht besonders auf Brown (1937, 1938, 1945) zurück, der erwachsene Stotterer in Leseaufgaben untersuchte. Er findet, daß Stottersymptome in dieser besonderen Aufgabenstellung häufiger bei bedeutungstragenden Wörtern als bei Funktionswörtern auftreten, häufiger bei mit Konsonanten beginnenden Wörtern, eher bei Wörtern am Beginn einer Äußerung oder in der Nähe davon und auch eher bei Wörtern mit 5 oder mehr Phonemen und dann eher auf dem Anfangslaut oder der

Anfangssilbe eines Wortes als innerhalb des Wortes. Diese Untersuchungsergebnisse haben zwar die Forschungen der nachfolgenden Jahrzehnte ganz maßgeblich beeinflußt, dürfen aber nur auf ältere stotternde Kinder übertragen werden, nicht jedoch auf Vorschulkinder, da sie auch Ergebnis der weiteren Entwicklung des Stottern sein können (Williams et al., 1969). Diese Autoren finden nämlich, daß Kinder im Kindergartenalter eher bei Wörtern mit Vokalbeginn stottern. Eine Erklärung dafür könnte allerdings darin zu finden sein, daß kleinere Kinder ihre Äußerungen häufiger durch "und" verbinden, so daß an dem schwierigen Ort der Äußerungsplanung und ihrer Enkodierung sowie des Starts der komplexen motorischen Abläufe von Exspiration, Phonation und Artikulation, an dem gehäuft gestottert wird, ein mit einem Vokal beginnendes Wort gebraucht wird. Auch der Unterschied zu den Erwachsenen, daß die Vorschulkinder häufiger bei den Funktionswörtern, insbesondere bei Konjunktionen und Pronomen, stottern (Bloodstein, 1974; Bloodstein & Gantwerk, 1967; Bloodstein & Grossman, 1981; Silverman, 1974), wird mit deren häufigem Auftreten am Äußerungsbeginn bei jüngeren Kindern erklärt. Daraus leitet sich vielleicht auch ab, daß stotternde Kinder im Vorschulalter in der Regel noch keine Wort- oder Phonemängste haben (Riley & Riley, 1983).

A.IV.2 Sprach- und Sprechentwicklung

Eine erste Aussage über die Beziehung von Stottern bei jüngeren Kindern und deren verzögerter Sprach- und Sprechentwicklung macht wohl Berry (1938), die später von Berry und Eisenson (1956), Bluemel (1957), Bloodstein (1975) und anderen bestätigt wird. Überzeugende Daten dazu liefern dann Andrews und Harris (1964) und Morley (1967), die in einer Quer- und Längsschnittstudie bei Kindern aus Newcastle-upon-Tyne aufzeigen können, daß schon erste sprachliche Äußerungen bei später stotternden Kindern um etwa 4 Monate verzögert sind gegenüber flüssig sprechenden. Nicht bestätigt wird dieser Befund von Johnson (1942, 1955) durch seine Untersuchungen, die in der IOWA-Studie zusammengefaßt werden, aus der Johnson dann seine diagnosogene Theorie der Entstehung des Stotterns entwickelt, daß sich nämlich bis zum Zeitpunkt der Diagnose "Stottern" durch die Eltern das betreffende Kind nicht von anderen und flüssig sprechenden Kindern unterscheidet und daß alle später zu findenden Unterschiede Folge dieser Diagnosestellung seien (s. Kap.B.II, C.I.1).

Die in einer direkten Beziehung zum Stottern stehende verzögerte Sprachentwicklung sieht auch van Riper (1971, 1982) in seinem Track II der Entwicklung des Stotterns. Die diesem Entwicklungsweg zugerechneten Kinder sprachen alle erst in einem Alter von 3 bis 6 Jahren in zusammenhängenden Äußerungen oder ganzen Sätzen.

A.IV.3 Wortfindung (Semantik)

Johnson und Myklebust (1969) stellen innerhalb der Gruppe der Kinder mit Sprachentwicklungsverzögerung, die im expressiven Sprachschenkel Schwierigkeiten haben, neben den Subgruppen mit Störungen in der akustisch-motorischen Integration (orale oder artikulatorische Apraxie) sowie in Formulierung und Syntax eine Untergruppe mit Wortfindungsschwierigkeiten heraus, die bei Verzögerungen im spontanen Zugriff auf das Lexikon Stottersymptome entwickeln. Andere Autoren (s.Kap.A.IV.6) können Wortfindungsschwierigkeiten und Wortschatzeinschränkungen auch mit entsprechenden Tests bei stotternden Vorschulkindern nachweisen.

A.IV.4 Artikulation (Phonetik)

West (1958) stellt heraus, daß Lautbildungsfehler bei stotternden

Kindern länger andauern als bei nichtstotternden. Diese Beobachtung wird dann auch wieder von Andrews und Harris (1964) und Morley (1967) in ihrer groß angelegten Untersuchung bestätigt, daß nämlich bei einer größeren Zahl der stotternden Vorschulkinder Artikulationsstörungen festzustellen sind als bei den nichtstotternden Kindern. Williams und Silverman (1968) vergleichen je 115 Stotterer und Nichtstotterer im Kindergarten- und Grundschulalter und finden bei 23,5% der stotternden, aber nur bei 8,7% der nichtstotternden Kinder Fehlartikulationen. In jüngerer Zeit werden diese Befunde auch von Bloodstein (1975), Blood und Seider (1981) und Wall und Myers (1984) bestätigt.

A.IV.5 Komplexität der Äußerungen (Syntax)

Aus der Beobachtung, daß Stottern nicht bei Kindern zu beobachten ist, die sich noch auf Einwortäußerungen beschränken, sondern in den darauf folgenden Monaten, wenn Phrasen und kurze Sätze hinzukommen, die später in Kommunikationssituationen mit einer gewissen Automatik benutzt werden können, leitete West (1958) ab, daß Stottern auf einer fehlerhaften Speicherung der Neurogramme für einen automatischen Zugriff und Gebrauch beruhe.

Nach Untersuchungen von Silverman und Williams (1967) unterscheiden sich stotternde Vorschulkinder von nichtstotternden dadurch, daß ihre Äußerungen kürzer sind und insbesondere eine geringere Komplexität aufweisen. Nichtstotternde Kinder verwenden auch signifikant häufiger Sätze, die mehrere Aussagen nebeneinander beinhalten, als stotternde (Pratt, 1973/74). Bei einer Vergleichsuntersuchung zwischen flüssig sprechenden und deutlich unflüssigen, aber nicht als Stotterer identifizierten Vorschulkindern, in der die Äußerungen mit der Transformationsgrammatik analysiert werden, findet Muma (1971) mehr generalisierte (double-base) Transformationen bei den flüssig sprechenden Kindern. Da schon in der normalen Sprachentwicklung vorübergehend Unflüssigkeiten beim Erwerb neuer semantisch-syntaktischer Strukturen auftreten, bis durch Übung diese neuen Muster eingeschliffen sind (Colburn & Mysak, 1982; Gordon, 1985), könnte zum einen die syntaktisch-einfachere Sprache der stotternden Vorschulkinder, aber auch ihr Stottern selbst in Schwierigkeiten im Syntaxerwerb begründet sein.

Brookshire und White (1977) untersuchen zwei 4jährige Stotterer nach einer 6monatigen Elterntherapie. Beide Kinder wiesen Defizite in ihren sprachlichen Fähigkeiten auf. Nach einer Therapie über 6 Monate, in der an den grammatikalischen Auffälligkeiten gearbeitet wurde, sind beide Kinder flüssig und haben ihre Testergebnisse deutlich verbessert. Bei einer größeren Gruppe von 11 stotternden Kindern und einer Vergleichsgruppe können auch Stocker und Parker (1977) die Parallelität von Ausgleich eines vorher bestandenen Defizits im Gedächtnis für bedeutungsvolle linguistische Informationen und zunehmend flüssigem Sprechen nach einer Therapie mit der Stocker Probe Technique (s.Kap.B.III.2.1.1) nachweisen.

In den dargestellten Befunden werden Hinweise auf insgesamt geringere linguistische Fähigkeiten stotternder Vorschulkinder gesehen und ein Beweis gegen die Vorstellung, der Gebrauch einfacherer linguistischer Strukturen wie z.B. weniger komplexere und kürzerer Sätze könnte bereits Ausdruck eines Vermeidensverhaltens sein.

A.IV.6 Sprachtests

Hinweise auf eine geringere linguistische Kompetenz bei stotternden Vorschulkindern werden auch durch Vergleichsuntersuchungen mit flüssig sprechenden gleichaltrigen Kindern unter Anwendung von hochstrukturierten und/oder standardisierten

Tests gegeben. Pratt (1973/74) sieht ein vergleichweise schlechteres Abschneiden der stotternden Kinder in der expressiven Sprache bei Tests zum Wortschatz, zur Phonologie und zur Syntax, aber auch im rezeptiven Bereich. Auch Murray und Reed (1977) sowie Kline und Starkweather (1979) finden in den von ihnen verwandten Tests bzw. Subtests niedrigere Punktwerte in den genannten Bereichen bei den stotternden Kindern. Westby (1975) zählt signifikant mehr grammatikalische Fehler bei den stotternden Vorschulkindern und auch geringere Testwerte in der Informationserfassung.

A.IV.7 Prosodie

Auf eine nonverbale kommunikative oder auch paralinguistische Besonderheit weist ebenfalls bereits Brown (1938) hin. Stottern tritt eher bei betonten als bei unbetonten Silben auf. Wingate (1976, 1977, 1979, 1984) hat diese Beobachtung in den Mittelpunkt seiner Überlegungen gestellt und sieht Stottern in einem Defekt des prosodischen Überganges zu betonten Silben. Er erklärt auch das häufigere Auftreten von Stottern bei sinntragenden Wörtern dadurch, daß diese betonte Wörter innerhalb des Satzverbandes seien. Bucher et al. (1984) beschreiben bei praeadoleszenten Stotterern (genaue Altersangaben fehlen) neben Besonderheiten in der Betonung einen unregelmäßigen Rhythmus, gleichförmige Sprechlautstärke und verlangsamtes Sprechtempo als Ausdruck verminderter nonverbaler sozial-kommunikativer Fähigkeiten. Eine deutlich eingeschränkte Prosodie bei flüssigen Äußerungen von (erwachsenen) Stotterern findet auch Cristopher (1978).

Die in diesem Kapitel vielfach gegebenen Hinweise auf unser immer noch recht bescheidenes Wissen zur Ätiologie des Stotterns und hier insbesondere bei der uns interessierenden Gruppe der Kinder im Vorschulalter sollten uns aber nicht daran hindern, eine so differentielle Diagnostik wie nur möglich zu betreiben, um gerade die bei dem jeweiligen Kind wirksamen und sein Stottern generierenden Faktoren herauszufinden. In vielen Fällen ist nämlich durchaus schon der Zusammenhang zwischen Einzelfaktoren und dem Stottern des Kindes aufdeckbar. Solche Einzelfaktoren lassen sich zum Teil ja auch gezielt therapeutisch beeinflussen, was in diesem Kapitel schon anklang und bei den später dargestellten Ansätzen zur Differentialdiagnose und Therapie auch noch deutlich werden wird.

A.V STOTTERMODELLE

Es sind immer wieder Versuche unternommen worden, möglichst viele der vorliegenden Forschungsergebnisse in theoretischen Modellvorstellungen über die Ätiologie und die Entwicklung des Stotterns zu subsumieren. Wir wollen hier keinen geschichtlichen Überblick über die bisherige Entwicklung solcher Modelle geben (vgl. dazu Rieber & Wollock, 1977; van Riper, 1982), sondern ein Modell aus dem deutschsprachigen Raum stellvertretend für viele andere neben solche aus der anglo-amerikanischen Literatur stellen, um insbesondere Unterschiede in den Konsequenzen herauszustellen, die sich aus diesen Modellen ergeben.

A.V.1 Idiographische Betrachtungsweise von H.J.Motsch

Heidemann-Tagmann und Motsch zeigen in ihrem Beitrag "Stottern im Kindes- und Erwachsenenalter" (1984) wohl am deutlichsten den augenblicklichen Stand der Diskussion im deutschsprachigen Raum, wie differenziert auf der einen Seite Modellvorstellungen entwickelt, auf der anderen Seite aber die sich eigentlich zwangsläufig ergebenden therapeutischen Konsequenzen negiert werden. Die von Motsch schon 1983 dargestellte idiographische Betrachtungsweise des Stotterns wird in Abbildung 2 aufgezeigt.

Bestimmte Dispositionen (=organisch-konstitutionelle, psychische und/oder soziale Faktoren) können zu Grundauffälligkeiten führen, die bei zusätzlichen ungünstigen Interaktionen zwischen dem Kind und seinen Bezugspersonen die Entwicklung von Stottern begünstigen. Ansatzpunkte für eine therapeutische Beeinflussung dieses Bedingungsgefüges bieten sich diesen Autoren in erster Linie bei den Eltern: "Eine eingehende Beratung (der Eltern) ist hier bei weitem weniger aufwendig als die spätere Therapie eines stotternden Kindes". Für die Kinder, deren Stot-

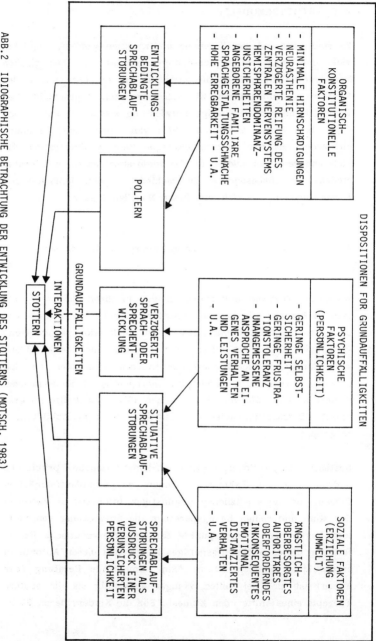

ABB. 2 IDIOGRAPHISCHE BETRACHTUNG DER ENTWICKLUNG DES STOTTERNS (MOTSCH, 1983)

tern sich aus der Grundauffälligkeit "verzögerte Sprach- oder Sprechentwicklung" entwickelt hat, geben die genannten Autoren an, daß es besonders nötig sei, daß die Sprechfreude, die Motivation, Sprache als Kommunikationsmittel einzusetzen, mit allen Mitteln erhalten und gefördert werde.

Während die Diskrepanz zwischen Theoriediskussion und Erarbeitung von Therapieansätzen für stotternde Vorschulkinder in der deutschen Stotterszene offensichtlich ist, ist die Diskussion der Verbindung von Stottermodellen mit daraus erwachsender Diagnostik und insbesondere auch Therapie im anglo-amerikanischen Bereich viel konsequenter weitergeführt worden. Als Beispiele dafür sollen das 3-Faktoren-Modell von Myers und Wall (1982) und das Komponentenmodell von Riley und Riley (1979, 1983, 1984,1985) dargestellt werden; die daraus folgenden diagnostischen und therapeutischen Konsequenzen werden später aufgezeigt (s.Kap. III. 3).

A.V.2 3-Faktoren-Modell von F.L.Myers und M.J.Wall

Abbildung 3 zeigt eine theoretische Modellvorstellung über Faktoren, die für die Entwicklung des frühkindlichen Stotterns von Bedeutung sind. Dieses von Myers und Wall (1982) vorgestellte Modell beinhaltet die Auffassung, daß der beobachtbaren Stottersymptomatik ausgesprochen komplexe Phänomene unterschiedlicher Natur zugrunde liegen. Es wird davon ausgegangen, daß das frühkindliche Stottern von drei Faktorenbündeln beeinflußt wird: Psychosoziale Faktoren, physiologische Faktoren, psycholinguistische Faktoren, eine Einteilung, der wir selbst in der Darstellung der Befunde bei stotternden Vorschulkindern (siehe vorhergehendes Kapitel) gefolgt sind.

Weil es sich beim Stottern nicht um eine homogene Störung handelt, müssen von Kind zu Kind individuelle Unterschiede angenommen werden; nicht alle Faktoren müssen bei allen Kindern eine bedeutsame Rolle spielen, einzelne Faktoren können bei verschiedenen Kindern in völlig unterschiedlichem Ausmaß auftreten. Darüber hinaus muß davon ausgegangen werden, daß sich die Bedeutung einer Variablen im zeitlichen Verlauf verändern kann. Zudem können sich die drei Faktorenbündel mit ihren Variablen gegenseitig beeinflussen und verändern.

Dieses Faktorenmodell steht neben einer ganzen Reihe ähnlicher oder anderer integrativer Modellvorstellungen zum Stottern (z.B.Bloodstein, 1975; Guitar & Peters, 1980; Wendlandt, 1980; Cooper, 1984; Deuse, 1984; Gregory, 1984; Hanley, 1984; Stournaras, 1985), es erscheint uns aber deshalb attraktiv, weil neuere empirische Forschungsergebnisse berücksichtigt werden. Außerdem ermöglicht es eine grobe Orientierung für das diagnostische Vorgehen, um die entscheidende Frage beim Stottern im Vorschulalter rational bearbeiten zu können, ob nämlich die Sprechunflüssigkeiten eines Vorschulkindes normale Entwicklungslungsunflüssigkeiten sind oder aber Merkmale beinhalten,

Theorie 57

PSYCHOLINGUISTISCHE FAKTOREN PSYCHOSOZIALE FAKTOREN

- PHONOLOGIE
- SPRACHMELODIE
- SYNTAX
- SEMANTIK/ KOGNITION
- BEDEUTUNGSGEHALT DER ÄUßERUNG
- SPRECHABSICHT

- ELTERN
- ANDERE ERWACHSENE
- GLEICHALTRIGE
- SOZIALE BEDEUTUNG DES SPRECHENS

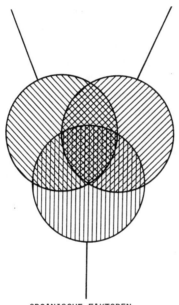

ORGANISCHE FAKTOREN

- STIMMEINSATZ, - BEENDIGUNG (VOT U. VTT)
- VERKRAMPFUNG: KEHLKOPF U. ANSATZROHR
- SENSOMOTORISCHE KOORDINATION
- KOARTIKULATION
- AUTONOMES NERVENSYSTEM
- ATMUNG
- VERERBUNG

ABB.3 FAKTORENMODELL FÜR DIE ENTSTEHUNG UND AUFRECHTERHALTUNG FRÜHKINDLICHEN STOTTERNS (NACH MYERS & WALL, 1982) die die Wahrscheinlichkeit einer Ausbildung eines chronischen Stotterns erhöhen oder schon als Ausdruck eines chronischen Verlaufs betrachtet werden müssen. Diese überaus wichtige Frage darf nicht allein aufgrund der quantitativen und qualitativen Einschätzung der Sprechunflüssigkeitscharakteristika beantwortet werden, es muß auch eine differenzierte Einschätzung der unter die drei Makrofaktoren subsumierten Variablen erfolgen. Ziel ist dabei, ein individuelles Faktorenprofil zu erstellen, aufgrund dessen die Differentialdiagnose zwischen Entwicklungsunflüssigkeiten und bereits Hinweisen für einen chronischen Verlauf gestellt werden kann und entsprechend differentiell und individuell ausgelegte Therapiemaßnahmen eingeleitet werden können.

A.V.3 Komponentenmodell von G.D.Riley und J.Riley

Noch deutlicher sprechen Riley und Riley (1979, 1984) aus, daß auf dem augenblicklichen Wissensstand über die Ätiologie des Stotterns die Suche nach Subgruppen hinsichtlich der Verursachung oder des Verlaufs nicht sinnvoll ist. Sie entwickelten deshalb ihr Komponentenmodell zur Diagnose und Therapie für stotternde Kinder auf dem Boden langjähriger Erfahrungen und empirischer Forschungsergebnisse (Abb.4). Dieses Modell enthält auch die von den Autoren als traditionell bezeichneten Komponenten, wobei intra- und interpersonelle unterschieden werden. Diesen traditionellen werden neurologische Komponenten zur Seite gestellt, die in der phoniatrisch-logopädischen Praxis bekannt sind: auditive Wahrnehmungsstörungen, Satzbildungsprobleme, Störungen der Mundmotorik einschließlich Artikulationsstörungen und Aufmerksamkeitsstörungen. Den in der Abbildung 4 wiedergegebenen Prozentangaben der Auftretenshäufigkeit der Einzelkomponenten liegen Untersuchungsergebnisse von 54 Kindern zugrunde, von denen 4 Probleme in allen 4 neurologischen Komponenten hatten, 5 Kinder in drei Komponenten, 23 Kinder in zwei Komponenten, 21 Kinder in einer Komponente, und nur ein Kind war allein nach den neurologischen Kriterien unauffällig. Diese neurologischen Besonderheiten müssen dem oberflächlichen Untersucher nicht ins Auge stechen, sind aber nach dem von den Autoren vorgegebenen subtilen Untersuchungsvorgehen eindeutig zu identifizieren, d.h. sie stellen keine Mikrobefunde dar. Neben den Umfeld- und Selbsteinschätzungsproblemen gehen sie schwerpunktmäßig in die propagierte multivariate Therapiekonzeption ein (s. Kap.B.III.3.4).

Wichtig erscheint uns, besonders herauszustellen, daß dieses Komponentenmodell von Riley und Riley kein Verursachungsmodell darstellt, sondern sich an den Besonderheiten der stotternden Kinder orientiert. Diese Auffälligkeiten stellen kein trennendes Merkmal zu Kindern dar, die nicht stottern, bieten aber Ansatz-

60 Theorie

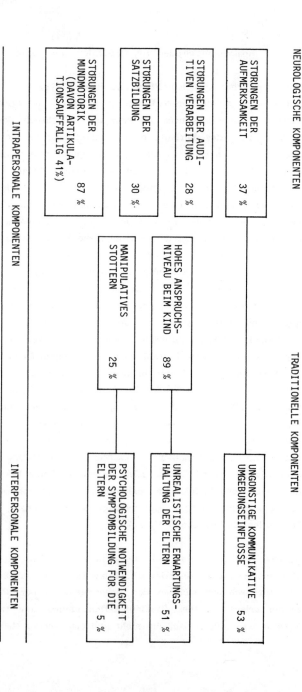

ABB. 4 9-KOMPONENTENMODELL DER ENTWICKLUNG DES STOTTERNS BEI KINDERN, PROZENTUALER ANTEIL DER KOMPONENTEN (NACH RILEY & RILEY, 1983)

punkte für eine gezielte Therapie (siehe dort), die um Bausteine zu flüssigem Sprechen erweitert werden kann, wenn die ersten Therapieschritte an den neurologischen und den übrigen Komponenten zu keinem Erfolg geführt haben.

THERAPIE DES STOTTERNS BEI KINDERN IM VORSCHULALTER

B. THERAPIE

I.	Einleitung	65
II.	"Indirekte" versus "Direkte" Therapie stotternder Kinder im Vorschulalter	66
III.	Therapieansätze für stotternde Vorschulkinder	85
III.1	Direkte Therapieansätze	86
III.1.1	Interventionspunkt: Flüssiges Sprechen	87
III.1.2	Interventionspunkt: Sprechmuster	94
III.1.3	Interventionspunkt: Stottersymptomatik	98
III.2	Indirekte Therapieansätze	100
III.2.1	Indirekte Therapieansätze bei unmittelbarer Behandlung des Kindes	100
III.2.1.1	Interventionspunkt: Sprache und Kommunikationsverhalten	100
III.2.1.2	Interventionspunkt: Einstellungen und Gefühle	107
III.2.1.3	Interventionspunkt: andere nicht-sprachliche Verhaltensklassen	109
III.2.2	Indirekte Therapieansätze ohne unmittelbare Behandlung des Kindes	115
III.3	Mischformen: Komplexe, multimodale Therapieansätze für stotternde Vorschulkinder	123
III.3.1	"Preschool Fluency Development Program" von Delva M. Culp	124
III.3.2	"Systematic Fluency Training for Young Children - Revised Edition" von R. Shine	131
III.3.3	"Clinical Management of Childhood Stuttering" nach Meryl J. Wall und Florance L. Myers	135
III.3.4	"Component Model for Treating Stuttering in Children" von Glyndon D. Riley und Jeanna Riley	138
III.3.5	"Personalized Fluency Control Therapy - Revised (PFC-R)" von Eugene B. Cooper und Crystal S. Cooper	142
IV.	Effektivität der Behandlungsansätze für stotternde Vorschulkinder	149
V.	Zusammenfassung	156

B. THERAPIE DES STOTTERNS BEI KINDERN IM VORSCHUL-ALTER

B.I EINLEITUNG

Die Diskussion um Interventionsprinzipien bei stotternden Vorschulkindern ist eng an die allgemeinen Zielsetzungen von Prävention und Frühbehandlung von Kommunikationsstörungen gebunden: Herabsetzung von Prävalenz- und Inzidenzraten (vgl. dazu Caplan, 1964; Uchtenhagen, 1980; Marge, 1984). Dies stellt keineswegs eine neue Akzentsetzung in der Behandlung des Stotterns dar, sondern durchzieht als Forderung die gesamte dokumentierte Geschichte der Sprachtherapie und Sprachheilpädagogik (vgl. dazu Fletcher, 1928; Godfring, 1906; Marge, 1984; Murphy, 1962; Rothe, 1929). Die Bedeutung eines präventiven Handelns kommt heute auch dadurch zum Ausdruck, daß z.B. die American Speech and Hearing Association einen ständigen Ausschuß eingerichtet hat, der sich mit Fragen der Prävention von Sprech-, Sprach- und Hörstörungen beschäftigt und die Aufgaben und präventiven Interventionsprinzipien sowie deren gesundheitspolitische Notwendigkeit und Effektivität beschrieben und herausgestellt hat (ASHA, 1982; Marge, 1984). Die proklamatorischen Zielsetzungen sind dabei unstrittig. Die möglichen Ansatzpunkte eines präventiven Handelns, die Interventionsprinzipien und -methoden beim Störungsbild Stottern wurden jedoch in der Vergangenheit und werden auch heute noch kontrovers diskutiert (vgl. dazu Cooper, 1979; Luper & Mulder, 1964, S. 63ff.), dieses auf dem Hintergrund der unterschiedlichsten theoretischen Vorstellungen über das Störungsbild, seiner Entstehung, Aufrechterhaltung und seines Verlaufs (s.Kap.A; Curlee & Perkins, 1985; van Riper, 1982).

Für die Behandlung von chronisch stotternden Schulkindern, Jugendlichen und Erwachsenen sind analog zu den theoretischen

Konzepten eine Vielzahl von Behandlungsansätzen entwickelt worden (aktuelle Übersichtsarbeiten: Chapman, 1984; Curlee & Perkins, 1985; Daly, 1985; Gregory, 1979; Ingham, 1984; Peins, 1984; Perkins, 1984; van Riper, 1973; Wittling & Both, 1980), die heute zumeist in der Form von komplexen, mehrdimensional angelegten und methodenkombinierten Therapiepaketen die therapeutische Landschaft kennzeichnen (Bleasing, 1982; Cooper & Cooper, 1985; Starkweather, 1980; Stournaras, 1985; van Riper, 1982; Wendlandt, 1975, 1979; Leith, 1984). Die mit ihnen verbundene integrative Sichtweise des Stotterphänomens und idiographische Würdigung der stotternden Person erfordern ein hohes Maß an therapeutischer Flexibilität und dürften sich gegenüber einer starren, an einzelnen theoretischen Schulen oder Einzelmethoden festgemachten Orientierung weitgehend durchsetzen (vgl. dazu Motsch, 1983). Auch bei der Behandlung von Stotterern dieser höheren Altersgruppen stehen natürlich noch viele Fragen unbeantwortet im Raum, etwa das Problem der Eingangsdiagnostik und Indikationsstellung zu bestimmten Treatments (Costello & Ingham, 1985), Probleme, die sich mit einzelnen Therapiemethoden und der Generalisierung der Behandlungseffekte auf Alltagssituationen ergeben (Boberg, 1981), und das Problem einer angemessenen Effektivitätskontrolle zur Bewertung der Effizienz von Behandlungsansätzen (Ingham & Costello, 1984).

B.II "INDIREKTE" VERSUS "DIREKTE" THERAPIE STOTTERNDER KINDER IM VORSCHULALTER

Die Diskussion um die Behandlung von sehr jungen stotternden Kindern weist gegenüber der Therapiediskussion bei stotternden Schulkindern, Jugendlichen und Erwachsenen einige Besonderheiten auf:

1. Sprechunflüssigkeiten und Stottern bestehen bei sehr jungen

Kindern etwa 4mal häufiger als bei Erwachsenen. Das mittlere Auftretensalter liegt bei ca. 4 Jahren, sehr wahrscheinlich jedoch früher (Yairi, 1983; Yairi & Lewis, 1984). Die spontane Remissionsquote ist bei sehr jungen Kindern sehr hoch. Ca. 80% geben ihre Sprechunflüssigkeiten und das Stottern spontan innerhalb eines Zeitraumes von 6 Monaten bis zu einem Jahr wieder auf (Starkweather, 1982). Die hohe spontane Remissionsquote, die auch aus klinischer Perspektive sehr häufig beobachtet werden kann, hat bei stotternden Kindern im Vorschulalter vielfach zu einer abwartenden Haltung der Therapeuten und Berater geführt, sozusagen aus einem allgemeinen Wissen und Verständnis des Problems heraus und ohne eingehende Begutachtung, Diagnostik oder Differentialdiagnostik. Demzufolge werden die ca. 20% der stotternden Kinder, bei denen keine spontane Remission stattfindet, unbehandelt bleiben bzw. zu spät therapeutisch versorgt, so daß sich bei diesen Kindern die Wahrscheinlichkeit einer Weiterentwicklung und Verfestigung des Stotterns in Richtung Chronizität erheblich erhöhen dürfte.

2. Einen starken Einfluß auf die Art und Weise der Betreuung und therapeutischen Versorgung von stotternden Vorschulkindern hat die populäre und weitverbreitete Vorstellung gehabt, wonach das Stottern dadurch verursacht werden könnte, daß auftretende Sprechunflüssigkeiten beim Kind durch Aufmerksamkeitszuwendung verstärkt werden (vgl. dazu die Diskussion bei Cooper, 1979; van Riper, 1977) und sich durch therapeutische Intervention beim Kind ein für die weitere Prognose ungünstiges Störungsbewußtsein herausbilden könnte (vgl. dazu Bloodstein, 1960; Suhrweier, 1971). Derartige Befürchtungen bilden den Legitimationshintergrund für den grundsätzlichen Verzicht vieler Therapeuten, ein stotterndes Vorschulkind in ein explizites therapeutisches Setting einzubinden.

3. Ein zusätzlicher Begründungshorizont für die weitgehend praktizierte therapeutische Abstinenz gegenüber stotternden Vorschulkindern stellt die zeitweilig dominierende Betonung psychosozialer Ursachen- und Bedingungsfaktoren in der Theoriediskussion dar bzw. deren vulgärpsychologische Umsetzung in Behandlungs- und Beratungskonzepte (vgl. dazu Kap.A.II; Myers, 1983; Schulze, 1984). Besonders das Herausstellen der Bedeutung der Verhaltensweisen, Einstellungen und Gefühle der Eltern für die Entstehung und Aufrechterhaltung des Stotterns ihrer Kinder hat nachhaltigen Einfluß auf die Betreuungskonzepte gehabt. Elternberatungs-, Elternbildungs- und Elterntrainingsansätze verschiedenster therapeutischer Schulen und didaktischer Ausrichtungen haben sich aus solchen theoretischen Konzepten heraus entwickelt und stellen das Herzstück vieler Betreuungskonzepte für stotternde Vorschulkinder dar. Das bedeutet gleichzeitig, daß die gesamte Verantwortung für die Lösung des Problems und die Entwicklung und Realisierung von Problemlösungsskills auf die Eltern der stotternden Vorschulkinder verlagert wird und der Therapeut sich damit in eine geradezu paradiesische Position hineinmanövrieren kann, wie van Riper zynisch anmerkt: Entwickelt sich das Kind schlecht, liegt die Schuld bei den Eltern. Entwickelt sich das Kind gut, kann der Therapeut den Erfolg seiner Elternarbeit zuschreiben (van Riper, 1973, S. 399).

4. Ein weiterer Grund für eine eher zurückhaltende Einstellung gegenüber einer unmittelbaren therapeutischen Arbeit mit stotternden Vorschulkindern mag auch in der Tatsache zu suchen sein, daß die experimentelle und klinische Erforschung des frühkindlichen Stotterns jahrzehntelang fast völlig vernachlässigt worden ist, dies zugunsten der Erforschung des Stotterns bei Jugendlichen und Erwachsenen, so daß Denkanstöße, praktische Anregungen und Arbeitshypothesen, die die einmal etablierte Betreuungspraxis hätten befruchten können (vgl. dazu Johnson, 1980; Starkweather, 1980), fast völlig ausgeblieben sind.

Einer der angesehensten und erfahrensten Stottertherapeuten und Kenner der Materie, Charles van Riper, hat gegen Ende seiner jahrzehntelangen theoretischen und therapeutischen Beschäftigung mit dem Stottern seine eigene Schwerpunktsetzung auf die Arbeit mit stotternden Erwachsenen resumierend als bedauerlichen Irrtum bezeichnet, zumindest insofern, als er dadurch eine systematische, auf Prophylaxe ausgerichtete Arbeit mit den jungen, noch nicht voll entwickelten stotternden Kindern vernachlässigt und der Ausbildung von Stottertherapeuten für die spezifischen Anforderungen einer Arbeit mit stotternden Kindern zu wenig Aufmerksamkeit geschenkt habe (van Riper, 1977).

Aus diesen und möglicherweise noch anderen Gründen hat sich unter Therapeuten und klinischen Forschern die Überzeugung herausgebildet, daß das Stottern bei Vorschulkindern in anderer Weise zu behandeln sei als bei Schulkindern, Jugendlichen oder Erwachsenen, nämlich "indirekt". Der Begriff "indirekt" wird dabei mit zwei unterschiedlichen Bedeutungen benutzt:

1. Verzicht auf die Herstellung eines expliziten therapeutischen Settings für das Kind (Adams, 1984), d.h. Therapeut und Kind entwickeln keine unmittelbare Therapeut-Kind-Beziehung; der Therapeut arbeitet ausschließlich mit den für eine Problemlösung wichtigen Bezugspersonen des Kindes, sozusagen "behind-the-scenes" (Luper & Mulder, 1964), nachdem er das Kind in einer kurzen diagnostischen Phase begutachtet hat oder auch ohne das Kind je gesehen oder seine Sprechweise je gehört zu haben. Die Globalzielsetzung besteht darin, an Einstellungs-, Erlebens- und Verhaltensweisen der Eltern oder anderer wichtiger Bezugspersonen therapeutisch oder beratend anzusetzen bzw. bestimmte Interaktionsvariablen in der Kommunikation solcher Personen mit dem stotternden Kind systematisch zu verändern, um so einen

Einfluß auf die Sprechflüssigkeit und das Stottern auszuüben. Diesem Betreuungsmodell sind die verschiedenartigsten Beratungskonzepte, Mediatoren- und Elterntrainingsansätze sowie die Ansätze zuzuordnen, die eine psychotherapeutische Einflußnahme auf die Eltern selbst oder andere wichtige Bezugspersonen (z.B. Geschwister) für notwendig halten. Eine zusammenfassende Darstellung solcher Interventionsansätze beim Stottern findet sich bei Bopp und Schulze (1975, S. 93 ff.).

2. Von dieser Bedeutung abweichend, werden auch solche Behandlungskonzepte als "indirekt" bezeichnet, die für das Kind zwar ein explizites therapeutisches Setting vorsehen, der spezifische Ansatzpunkt der Interventionen jedoch nicht auf der Sprechflüssigkeitsebene (Sprechmuster, Stotterereignis selbst, flüssiges Sprechen) liegt, sondern darin besteht, die für die Entwicklung und Stabilisierung von Sprechflüssigkeit bedeutsamen psychischen, physiologischen und linguistischen Voraussetzungen auf seiten des Kindes zu schaffen bzw. zu verbessern (z.B. seine Sprache, Motorik, Aufmerksamkeit, sein Selbstkonzept, seine Einstellungen gegenüber Leistung, Kommunikation etc.), dieses natürlich mit dem Ziel einer Reduktion der Sprechunflüssigkeiten. Es wird zwar mit dem Kind therapeutisch gearbeitet, jedoch nicht gezielt an seinem Sprechmuster oder Stotterverhalten. Zu dieser Gruppe der "indirekten" Ansätze zählen die, die sich psychotherapeutischer Interventionsprinzipien bedienen (z.B. zur Veränderung von Selbstbild, Selbstunsicherheit und ungünstigen kognitiv-affektiven Einstellungen und Verarbeitungsformen beim Kind), die linguistisch orientierten Therapieansätze (z.B. zur Erhöhung der linguistischen und kommunikativen Kompetenz), ferner die Ansätze, die eine Modifikation physiologischer Parameter vornehmen, z.B. die Verbesserung der Mundmotorik (vgl. dazu die Übersichtsartikel von Adams, 1984; Daly, 1985; Guitar, 1984; Rustin & Cook, 1983; Starkweather, 1980).

Der zuletzt genannten zweiten Gruppe der "indirekten" Therapieansätze liegt heute häufig bereits ein multivariates Verständnis des frühkindlichen Stotterns und seiner Weiterentwicklung zugrunde, d.h., daß eindimensionale ätiologische Konzepte, wie sie z.B. in der "diagnosogenen" oder "semantogenen" Theorie (Johnson, 1946) über die Bedeutung der Eltern für die Entstehung des Stotterns enthalten sind, als überwunden gelten können. Stattdessen werden Konzepte favorisiert, die der Komplexität der Störung eher gerecht werden und ein indikationsgeleitetes Denken und Handeln ermöglichen.

Der Kerngedanke einer solchen Sichtweise besteht darin, daß die Entstehung, Aufrechterhaltung und der Verlauf des Stotterns in Abhängigkeit von multiplen, koexistierenden und miteinander interagierenden Faktoren physiologischer und psychologischer Natur zu begreifen sind (Cooper, 1984; Hanley, 1984). Jeder einzelne Faktor kann für sich gesehen, wenn er unabhängig untersucht würde, im Normbereich liegen, die Konstellation der einzelnen Faktoren kann zu einem bestimmten Zeitpunkt zu Sprechunflüssigkeiten führen. Es sind dabei unendlich viele Faktorenkonstellationen denkbar. Die Konsequenz heißt: Stottern ist nur idiographisch faßbar. Die gegenwärtig aktuellen multivariaten Modellvorstellungen (Faktoren-, Komponentenmodelle) wurden in Kapitel A.V diskutiert. Einer solchen dynamischen Konzeption entsprechend, verstehen sich die angeführten Interventionsebenen (linguistisch, psychosozial, physiologisch) nicht als obligatorisch bedeutsam für jedes Kind, sondern es müssen diesem Verständnis nach für jedes Kind im Sinne einer Profildarstellung diejenigen Faktoren und Komponenten bzw. deren Konstellation zueinander herausgearbeitet werden, die bei einem Kind für die Entstehung, Aufrechterhaltung und Weiterentwicklung des Stotterns individuell bedeutsam sind und für eine Prognose des weiteren Verlaufs herangezogen werden können.

Diese Sichtweise des Problems "Stottern" bei Kindern im Vorschulalter macht eine umfangreiche Diagnostik in den als hypothetisch bedeutsam angenommenen Faktorenbündeln bzw. Komponentenbereichen notwendig, ferner die Entwicklung von Indikationsregeln, um eine Umsetzung der diagnostischen Ergebnisse in therapeutisches Handeln rational vornehmen zu können. Solche Indikationsregeln beziehen sich sowohl auf die Fragestellungen im Rahmen der Differentialdiagnose (Entwicklungsunflüssigkeit oder chronifizierte Form des Stotterns) als auch auf die Notwendigkeit einer Steuerung der Behandlungsmethoden zwischen und innerhalb von therapeutischen Teilbereichen. Auf der Basis einer umfassenden indikationsgeleiteten Diagnostik kann so für das Kind und seine Bezugspersonen ein individuelles und an der Problemlösung orientiertes Behandlungsprogramm bereitgestellt werden (Cooper & Cooper, 1985; Riley & Riley, 1985; Wall & Myers, 1984). Die grundlegenden diagnostischen Fragestellungen, diagnostischen Methoden und die ersten vorliegenden Indikationsmodelle für die therapeutische Arbeit mit stotternden Vorschulkindern sowie die methodischen und praktischen Schwierigkeiten mit solchen Diagnostika werden in Kapitel C dargestellt.

Bei den Behandlungsansätzen, bei denen mit dem stotternden Kind unmittelbar therapeutisch gearbeitet wird, wird in den meisten Fällen eine Zusammenarbeit mit den Eltern oder Erziehern angestrebt. Dieses geschieht im Prozeß der Diagnostik, Diagnosevermittlung und Therapieplanung mit dem Ziel, wichtige Informationen über das Kind zu erhalten, gemeinsam Arbeitshypothesen über das dem Stottern zugrundeliegende Bedingungsgefüge zu erstellen und Informationen über die notwendigen therapeutischen Maßnahmen zu vermitteln (vgl. dazu z.B. Cooper, 1984, S. 6 ff.). Darüber hinaus können die Eltern oder Erzieher im Therapieprozeß selbst wichtige Funktionen erfüllen, etwa in organisatorischer Hinsicht, bei der Motivierung des Kindes und/oder als Kotherapeuten, wenn zusätzliche häusliche Übungen vorgesehen sind oder ihre Mithilfe in der Transfer-

und Maintenance-(Aufrechterhaltungs-)Phase der Therapie unabdingbar ist. Die Einbeziehung von Eltern oder Erziehern mit solchen Zielsetzungen ist grundsätzlich sinnvoll, also auch, wenn sich aufgrund der Diagnostik die Eltern-Kind-Beziehung als nicht gestört bzw. für das Stotterproblem des Kindes als nicht zentral erweisen sollte.

Neben den beiden Grundformen einer indirekten Intervention bei stotternden Vorschulkindern stehen die sogenannten direkten Therapieansätze. Guitar (1984) bezeichnet Therapieansätze dann als "direkt", wenn sie eine Modifikation des Sprechmusters insgesamt vornehmen (z.B. durch Veränderung der Atmung etc.), ferner solche, die eine Modifikation des Stotterverhaltens selbst zum Ziel haben (z.B. durch kontingente "Bestrafung" oder durch die Anwendung von Techniken wie "Cancellation" und "Pull-outs"; vgl. Luper & Mulder, 1964, S. 125 ff.; van Riper, 1973, S. 319 ff.), und solche Ansätze, die auf eine systematische Ausweitung der flüssig gesprochenen Anteile abzielen, z.B., indem im Sinne eines "fluency-shapings" flüssig gesprochene Zeitintervalle kontingent "belohnt" werden. Die in diesem Sinne "direkten" Therapieansätze werden im allgemeinen in einer unmittelbaren Arbeit am Kind realisiert, wobei das Kind nach einer Konfrontation mit dem Problemverhalten, seinem Stottern, über ein Wahrnehmungstraining mit den einzelnen Bestandteilen des jeweiligen Zielverhaltens (z.B. weicher Stimmeinsatz oder flüssiges Sprechen auf Ein-Wort-Ebene) in kindgerechter Weise vertraut gemacht wird. Solche direkten Therapiemethoden stellen Interventionsprinzipien dar, die traditionellerweise nur in der Arbeit mit älteren Stotterern zur Anwendung kommen, entweder als Einzeltechnik oder als Baustein in einem umfassenderen Behandlungskonzept. Die Anwendung direkter Therapiemethoden bei stotternden Vorschulkindern, die mit dem Beginn der 70er Jahre in den USA zunächst vereinzelt praktiziert wurden (z.B. Martin et al., 1972; Ryan, 1971; Shaw & Shrum, 1972; vgl. auch die zusammenfassende Darstellung bei Bopp & Schulze, 1975, S. 55 ff.), stellt den Kernpunkt der Kontroverse um eine angemessene therapeutische Versorgung stotternder Vorschulkinder dar. Während sich das therapeutische Selbstverständnis, allein über die Beratung und die Arbeit mit den Eltern und Bezugspersonen eine entscheidende Hilfestellung für das Kind bereitstellen zu können, zugunsten einer Bereitschaft verändert hat, in bestimmten Fällen eine Therapie des Kindes in wichtigen Problembereichen jenseits des Sprech- und Stotterverhaltens anzubieten, ist die direkte Arbeit am Sprechmuster oder Stotterverhalten der Vorschulkinder nach wie vor für viele Sprachtherapeuten völlig unvorstellbar und abwegig. Auf einige mögliche Hintergründe für diese grundsätzlich ablehnende Haltung oder bestehende Berührungsängste auf seiten der Therapeuten haben wir bereits verwiesen. Auf der anderen Seite zeigt die Entwicklung der letzten 10 Jahre einen deutlichen Trend an, wonach mehr und mehr auch schon mit den sehr jungen stotternden Kindern in einem therapeutischen Setting gearbeitet wird; zumindest zeigt sich das ganz deutlich in den anglo-amerikanischen Ländern. In den osteuropäischen Ländern, z.B. der UdSSR, ist dies schon seit Jahrzehnten die Methode der Wahl (vgl. Becker et al., 1977; Becker & Elstner, 1980).

Die Erschließung eines erweiterten therapeutischen Handlungsspielraums und die dafür notwendigen konzeptionellen Umdenkprozesse und Veränderungen der Einstellungen vieler Therapeuten werden in einer Fülle von gerade erst erschienenen Veröffentlichungen zur Frage der Therapie stotternder Vorschulkinder deutlich, die in folgenden Readern und Monographien enthalten sind: Conture, 1982; Costello, 1984; Curlee & Perkins, 1985; Gregory, 1979; Ingham, 1984; Luper, 1982; Peins, 1984; Perkins, 1984; Prins & Ingham, 1983; Shames & Florance, 1980; Speech Foundation, 1984; Wall & Myers, 1984.

Die Befürworter von direkten Behandlungsansätzen und einer

unmittelbaren therapeutischen Arbeit mit dem stotternden Vorschulkind haben den o.g. grundsätzlichen Vorbehalten einer solchen Vorgehensweise gegenüber und der "Hände-weg-vom-Kind-Politik" einige allgemeine Argumente entgegengehalten, die im Folgenden zusammengefaßt werden:

1. Ergebnisse der Remissionsstudien und der Forschungsarbeiten über die Bedeutung von Umwelt- bzw. Elternvariablen, Stand der empirischen Forschung über das Stottern bei Kindern (Cooper, 1979; Costello, 1983; Culp, 1984; Glasner, 1949; Myers & Wall, 1984; Riley & Riley, 1982):

Die Ergebnisse über die spontane Remission des Stotterns bei Kindern belegen, daß viele Eltern dieser Kinder Verhaltensweisen gezeigt hatten (z.B. Ermahnungen, Ratschläge und Modellvorgaben), von denen traditionellerweise angenommen wird, daß sie das Stottern verursachen könnten oder ganz wesentlich zur Aufrechterhaltung beitragen. Wenn zumindest ein großer Teil der stotternden Kinder - die Schätzungen liegen zwischen 70 und 80 % - unabhängig von einer Therapie spontan flüssig werden, obwohl sie derartigen Verhaltensweisen ihrer Eltern ausgesetzt waren, dann kann die Bedeutung von Elternvariablen für die Entstehung und Aufrechterhaltung des Stotterns nicht so zentral sein, wie das früher behauptet worden ist. Es spricht stattdessen eher vieles dafür, daß Eltern mit ihren intuitiven Hilfestellungen für das Kind sehr hilfreich sind, also möglicherweise die hohen Remissionsquoten durch die positiven Einflüsse der Eltern zustande kommen. Zudem sind die von den Eltern hervorgebrachten Verhaltensweisen als solche weniger entscheidend, sondern ausschlaggebend ist, wie diese vom Kind kognitiv-affektiv perzipiert werden (z.B. als Ausdruck von Kritik oder als wohlwollende Unterstützung; Hanley, 1984). Insofern stellt die alleinige und ohne spezifische Indikation begründete Konzentration auf Umwelt- und Elternvariablen sehr häufig eine therapeutische Sackgasse dar. Auf die bislang völlig unzureichende wissenschaftliche Absicherung der Annahmen über die Bedeutung von Elternvariablen und die ethische Problematik einer Fokussierung der Behandlung auf die Eltern und die Familie des Kindes wurde bereits in Kapitel A.I verwiesen.

Ein anderer Gesichtspunkt, der ebenfalls für eine eher zurückhaltende Handhabung eines indirekten Vorgehens unter Ausschluß des Kindes und alleiniger Konzentration auf die Eltern und Gesamtfamilie spricht, betrifft die Frage, wie effektiv wir nach unserem momentanen Wissen die Eltern- und Mediatorenansätze oder familientherapeutischen Ansätze veranschlagen können, wenn die Aufgabe gestellt ist, individuell bestehende, stotterrelevante familiäre Gesamtkonstellationen bzw. einzelne Aspekte des Verhaltens, Denkens und Erlebens von Eltern, anderen Familienmitgliedern oder sonstigen wichtigen Bezugspersonen zu beeinflussen. Die Anfangseuphorie und Hoffnung vieler Therapeuten der frühen 70er Jahre, mit den sogenannten Mediatorenansätzen (Tharp & Wetzel, 1969) eine überaus effektive und zugleich ökonomische Interventionsform für die Behandlung von kindlichen Verhaltensauffälligkeiten zur Hand zu haben, ist inzwischen einer eher ernüchterten Einschätzung gewichen (Bopp & Schulze, 1979; vgl. dazu auch Fischer, 1979; Forehand & Atkeson, 1977; Forehand et al., 1983; Manns, 1976; Sajwaj, 1973; Sapon-Shevin, 1982). Abgesehen vom Problem der grundsätzlichen Bereitschaft und längerfristigen Motivierbarkeit von Eltern, hat es sich als äußerst schwierig herausgestellt, Verhaltensänderungen in relevanten Bereichen herbeizuführen, über die der Therapeut keine Kontrolle hat (z.B., wenn Arbeitslosigkeit, chronische Erkrankungen etc. wichtige Einflußgrößen darstellen). Es hat sich auch als ausgesprochen schwierig und aufwendig erwiesen, zuverlässige und valide Informationen über die familiäre Wirklichkeit eines Kindes bzw. über interaktionale oder elterliche Variablen zu erheben, da die Schilderungen und Einschätzungen von Eltern über ihr Familienleben und Beziehungen innerhalb der Familie in hohem Maße wegen subjektiver Verzerrungen unreliabel sind.

Der empirisch faßbar gewordene Wissensstand über die Entstehung und Aufrechterhaltung des Stotterns bei Kindern (Kap.A; Andrews et al., 1983; van Riper, 1982) belegt, daß es sich auf der Basis sehr unterschiedlicher Bedingungen entwickeln kann. In der Regel ist nicht ein einzelner Faktor für die Herausbildung eines Stotterns verantwortlich, sondern eine individuell sehr verschiedenartige Konstellation von Faktoren, wobei es nicht möglich ist, diese im Sinne von Kausalitätsverhältnissen zu interpretieren. Stottern ist das Produkt einer dynamischen Interaktion von Variablen auf verschiedenen Stufen des Sprechproduktionssystems, wobei angenommen werden kann, daß durch spezifische Lernprozesse erworbene physiologische, psychologische, linguistische und genetische Variablen beteiligt sind. Erste Eindrücke über die mögliche empirische Verteilung solcher Variablen vermitteln die Arbeiten von Riley und Riley (1982, 1985). Es wird deutlich, daß Umwelt- und Elternfaktoren eine gewisse Rolle spielen dürften, jedoch keinesfalls in einem solchen Ausmaß, daß sie als alleinige Interventionsebenen gerechtfertigt wären. Eine Beschränkung der therapeutischen Arbeit auf Elternberatung oder alleinige Veränderung elterlicher Variablen käme im Lichte des gerade skizzierten Denkens über das Stottern bei Kindern einem freiwilligen, aus Unkenntnis entstandenen Verzicht auf wichtige Behandlungsmöglichkeiten gleich, auf die die betroffenen Kinder und ihre Eltern Anspruch haben.

2. Einstellungen und Vorurteile von Therapeuten (Cooper, 1979; Costello, 1983; Ragsdale & Ashby, 1982):

Die Ergebnisse von verschiedenen Studien über die Einstellungen von Studenten der Sprachpathologie und ausgebildeten Sprachtherapeuten in den USA haben gezeigt, daß gegenüber dem Störungsbild Stottern völlig veraltete Ansichten vorherrschen, nämlich solche, wonach die Hauptursachen des Stotterns in den

Verhaltenweisen, Einstellungen und Gefühlen der Eltern ihren stotternden Kindern gegenüber zu suchen seien. Dem Stottern lägen die verschiedenartigsten psychosozialen Probleme zugrunde, es lägen keinerlei physiologische Veränderungen vor, die semantogene Theorie der Stottergenese treffe voll zu, Hauptschwerpunkt der Behandlung sei eine Beratung der Eltern. St.Louis und Lass (1981) konnten beobachten, daß sich solche Einstellungen mit zunehmendem Fortschreiten in der Ausbildung zu Sprachpathologen offensichtlich verfestigen und die Bewertung der eigenen Handlungskompetenz abnahm. Diese Ergebnisse sprechen dafür, daß ein Transfer des aktuellen Wissensstandes aus den Labors der Experimentatoren und den Arbeitsfeldern der klinischen Forscher in die Ausbildungscurricula, die Fort- und Weiterbildungsprogramme bzw. in den Therapiealltag der Sprachpathologen noch nicht oder nur zögernd stattgefunden hat. Es ist fast unerklärlich, wie solche Theorien wie die "semantogene" Theorie, die durch eine Vielzahl von Arbeiten in den Grundannahmen widerlegt worden ist, sich unter Fachleuten über Jahrzehnte als Handlungs- und Orientierungsrahmen halten konnten. Wingate (1976) hält zwei Gründe zur Erklärung dieses Phänomens für möglich: Erstens hat die Theorie von Johnson relativ großen Forschungsstaub aufgewirbelt. Es sind viele Forschungsvorhaben in Gang gekommen, die eine empirische Überprüfung einzelner Grundannahmen des Konzepts zum Ziel hatten. Johnsons Ansatz ist auf diese Weise so überdauernd ins Gespräch gekommen und popularisiert worden, die widersprüchlichen, infragestellenden Nachfolgeuntersuchungen sind jedoch kaum bekannt. Zweitens ist die ungeheure Popularität der Theorie darauf zurückzuführen, daß sie ein sehr schlichtes und leicht verständliches Denkmodell für die Entstehung des Stotterns anbietet.

Therapie 79

3. Allgemeine Verunsicherung gegenüber dem Störungsbild Stottern und seiner Behandlung (Costello, 1983; Culp, 1984; Ragsdale & Ashby, 1982; Wingate, 1971):

Bei vielen Sprachtherapeuten besteht offensichtlich eine Verunsicherung und ein Mißbehagen, wenn es um eine therapeutische Aufarbeitung geht. Die im Therapiealltag auftretenden Probleme, Mühsale und Frustrationen sind von Wendlandt (1984) sehr eindrucksvoll beschrieben worden. Nach einer Einschätzung von Wingate (1971) haben die meisten Sprachtherapeuten auf ihre Weise mehr Angst vor dem Stottern, als die meisten Stotterer Angst davor haben, sich behandeln zu lassen. Ähnliche Beobachtungen und Einschätzungen werden auch von anderen Autoren und für die heutige Situation wiedergegeben (Culp, 1984; van Riper, 1973).

Die Hintergründe für das Zustandekommen dieser Verunsicherung und Ambivalenz werden mit einigen allgemeinen Hypothesen verdeutlicht:

- Für viele Therapeuten ist das Stottern nach wie vor eine mysteriöse Angelegenheit (Culp, 1984), wobei die spezifischen Charakteristika der Störung (z.B. die hohe inter- und intraindividuelle quantitative und qualitative Variabilität, die chronischen Transfer- und Generalisierungsprobleme, die Multidimensionalität des Problems u.v.a.m.) diese Perzeption aufrechterhalten dürften.

- Die Ausbildung in den grundständigen Ausbildungsberufen ist bzgl. dieses Störungsbildes zu theoretisch orientiert; Kenntnisse über Behandlungsmöglichkeiten und der Erwerb und die Erprobung eigener therapeutischer Kompetenzen zu einer problemorientierten (vs. methodenorientierten) Behandlung von Stotterern verschiedener Altersstufen kommen viel zu kurz (Costello, 1983). In vielen Fällen haben Sprachtherapeuten einzelne theoretische Modellvorstellungen (z.B. das der Psychogenese des kindlichen Stotterns) vermittelt bekommen, aus denen sie nur selten praktikable und effektive Handlungsanweisungen ableiten können, die das eigene therapeutische Handeln steuern und strukturieren könnten. So wird z.B. sicher erheblich häufiger als notwendig der Ruf nach dem "Psychologen" bzw. nach einer Psychotherapie für das stotternde Kind laut und ein voreiliger Rückzug aus der eigenen therapeutischen Verantwortung angetreten.

- Unter den Klienten vieler Sprachtherapeuten befinden sich im Verhältnis zu anderen Störungsbildern immer nur vereinzelt Stotterer. Damit ist häufig als Konsequenz ein Mangel an Praxis im Umgang mit stotternden Klienten und besonders mit stotternden Kindern verbunden. Das nur gelegentliche Behandeln von Stotterern oder das immer quasi nur "Nebenhermitlaufenlassen" eines stotternden Klienten kann für den Therapeuten bedeuten, daß er sich immer wieder neu einarbeiten muß und seine Erfahrungen sich nicht zu einer höheren Qualifikation und praktischen Kompetenz verdichten, sondern seine eigene Entwicklung in diesem Bereich eher auf Sparflamme brennt. Eine solche Konstellation dürfte das Überdauern von Berührungsängsten und Vorbehalten auf seiten der Therapeuten begünstigen. Eine stärkere Spezialisierung, nicht nur auf das Störungsbild, sondern evtl. sogar auf spezifische Aufgaben in der Betreuung von Stotterern könnte eine qualitativ bessere und professionellere Therapie ermöglichen. Hier wären Veränderungen der Aus-, Fort- und Weiterbildung angezeigt, etwa zum "Stotterspezialisten" (vgl. dazu Cooper & Cooper, 1985; Curlee, 1985; Lay, 1982; Ryan, 1985; van Riper, 1977), oder eine institutionelle Spezialisierung, etwa in der Form von Behandlungszentren, z.B. wie die 'Stuttering Prevention Clinic' an der Temple University in Philadelphia, USA (Gottwald & Starkweather, 1984).

4. Effektivität der unmittelbaren direkten und indirekten Therapie des stotternden Vorschulkindes (Cooper & Cooper, 1985; Costello, 1983; Culp, 1984; Riley & Riley, 1984; Ryan, 1984; Shine, 1984):

Aufgrund der bisher vorliegenden Erfahrungsberichte und Daten über die unmittelbare und direkte Therapie stotternder Vorschulkinder muß der Einwand, wonach stotternde Kinder in so frühem Alter grundsätzlich nicht in ein therapeutisches Setting einbezogen werden dürfen, ganz klar zurückgewiesen werden. Die Erfahrungen mit den inhaltlich und therapiedidaktisch sehr unterschiedlichen Therapieansätzen, denen z.T. mehr als 10jährige klinische Erprobungsphasen zugrunde liegen, zeigen stattdessen, daß mit stotternden Vorschulkindern sehr wohl gezielt und effektiv unmittelbar an einzelnen Verhaltens- oder Einstellungsaspekten oder gar am Sprechmuster oder Stotterverhalten selbst gearbeitet werden kann, ohne daß es zu dem befürchteten Anstieg der Sprechunflüssigkeit kommt oder sich ein negatives Störungsbewußtsein herausbildet oder weiter verfestigt. Voraussetzung dafür ist allerdings wie bei jeder anderen erfolgreichen therapeutischen Intervention auch, daß die Therapiemaßnahmen in eine vertrauensvolle, positiv gefärbte Therapeut-Klient-Beziehung eingebettet sind und die Behandlung an die individuellen Bedürfnisse und Voraussetzungen kognitiver, sozialer und affektiver Natur auf seiten des Kindes angepaßt wird. Eine kognitive oder soziale Überforderung und die für das Kind damit einhergehenden Mißerfolgserlebnisse dürften der Therapie gegenüber negative Einstellungen produzieren und zur Veränderung des Selbstkonzepts des Kindes beitragen und damit Entwicklungen in die befürchtete Richtung begünstigen. Eine Therapie des Stotterns im Vorschulalter muß sich also in hohem Maße inhaltlich und therapiedidaktisch darauf einstellen, daß hier Kinder in einer relativ frühen Entwicklungsphase und nicht "kleine" Jugendliche oder Erwachsene behandelt werden. Unter dieser allgemeinen Voraussetzung lassen sich viele Argumente für eine frühe therapeutische Arbeit mit dem Kind zusammentragen:

- Das Stottermuster ist im Vorschulalter sehr häufig eher weniger komplex und habitualisiert. In der Regel finden sich nur in geringem Umfang Sekundärverhaltensweisen kognitiver, affektiver oder motorischer Art. Dies erleichtert die Arbeit am Stotterverhalten oder am Sprechmuster, falls dies indiziert sein sollte, da das Stottermuster oder die Sekundärsymtomatik für das Kind noch nicht habituell geworden ist oder bereits zum Bestandteil des Selbstkonzeptes oder der Persönlichkeit gehört. Wie die therapeutischen Aktivitäten bei älteren Stotternden zeigen, richtet sich der größte und schwierigste Teil der therapeutischen Arbeit darauf, die vorhandene Sekundärsymptomatik (negative Einstellungen, negative Gefühle, Flucht- und Vermeidungsverhaltensweisen etc.) zu verändern und abzubauen (z.B. Cooper & Cooper, 1985; van Riper, 1973). Es erscheint deshalb im Lichte dieser Praxis völlig unlogisch, beim jungen stotternden Kind mit einer Behandlung so lange zuzuwarten, bis es als Reaktion auf sein eigenes Stottern oder damit verbundenen sozialen Erfahrungen eine Vielzahl von unerwünschten Verhaltensweisen ausbildet, die dann zu einem späteren Zeitpunkt und mit immer schlechter werdender Prognose als Sekundärsymptomatik über langwierige Therapieprozesse wieder abgebaut werden sollen. Nach Adams (1984) hat unter den Stotterern aller Altersgruppen das betroffene Kind die beste Prognose und die größte Wahrscheinlichkeit, eine völlig normale Sprechweise zu erlangen (vgl. dazu auch van Riper, 1973). Dies ist bei Personen mit bereits habitualisierten pathologischen Sprechmustern eher selten der Fall; in der Regel verbleibt auch nach einer erfolgreichen Behandlung ein Reststottern und eine wie auch immer geartete kognitiv-affektive Repräsentanz des Stotterproblems.

- Die Erfahrungen von Stottertherapeuten haben gezeigt, daß sich Widerstände beim Klienten, das eigene Sprechmuster zu verändern, mit zunehmendem Alter verfestigen, weil die veränderte Sprechweise ebenso stark oder noch stärker als das Stottern selbst als unangenehm und künstlich empfunden wird. Die

Aufarbeitung dieser Widerstände ist schwierig und von der einzuplanenden Therapiezeit her gesehen häufig sehr aufwendig. Dieses Problem entfällt bei sehr jungen Kindern bei kindgerechter Vorgehensweise fast vollständig, es kann deshalb viel schneller und unmittelbarer, damit auch effektiver an den pathologischen Stottermustern gearbeitet werden.

- Ähnlich unproblematisch, zumindest im Vergleich zur Therapie mit älteren Klientengruppen, stellt sich offensichtlich das Problem des Transfers und der Generalisierung dar. In der Arbeit mit sehr jungen stotternden Kindern erfolgen der Transfer und die Generalisierung von im therapeutischen Setting erzielten Verhaltensänderungen auf die natürliche Umgebung des Kindes häufig spontan oder mit eher nur geringfügiger Transferarbeit von seiten des Therapeuten oder der Bezugspersonen des Kindes. Diese Erfahrung wird von allen "direkt" arbeitenden Therapeuten hervorgehoben. Das mag einer der Gründe sein, warum stotternde Vorschulkinder von Costello (1983) zu den erfreulichsten Klienten gezählt werden, die man als Therapeut nur haben kann. Die Behandlung sei grundsätzlich nicht schwierig, der Therapeut könne mit vielen Erfolgserlebnissen rechnen.

5. Fortschritte auf dem Gebiet der Diagnostik und Differentialdiagnostik des kindlichen Stotterns (Adams, 1984; Conture, 1982; Culp, 1984; Myers & Wall, 1984; Riley & Riley, 1984):

Die Ergebnisse der grundlagenwissenschaftlichen und klinischen Erforschung des frühkindlichen Stotterns der letzten 10 Jahre haben eine entscheidende Befruchtung der Diagnostik und Behandlung stotternder Kinder ermöglicht. Es stehen heute diagnostische Verfahren zur Verfügung, mit deren Hilfe eine Unterscheidung von normal unflüssig sprechenden Kindern und Kindern mit beginnendem Stottern relativ gut aufgrund der Messung einer ganzen Reihe von Parametern vorgenommen werden kann.

Damit können ansatzweise auch prognostische Aussagen gemacht und Hypothesen über die Wahrscheinlichkeit eines chronischen Stotterverlaufes bei einem Kind aufgestellt werden. Darüber hinaus sind vielfältige, komplexe diagnostische Ansätze entwickelt worden, die eine Bearbeitung von differentialdiagnostischen Fragestellungen ermöglichen und somit als Entscheidungshilfen bei der Indikation und Kontraindikation von bestimmten Interventionsebenen oder -techniken bei der Behandlung eines Kindes herangezogen werden können. Es stehen dem Therapeuten also rationale Methoden zur Beantwortung der wichtigsten Fragen im Vorfeld einer Beratung oder einer Therapie und Methoden, die eine Kontrolle des Therapieverlaufes ermöglichen, zur Verfügung. Damit bietet sich dem Therapeuten eine Chance, seine früher eher intuitive Entscheidungsfindung über das Ob und die Art der Therapie durch eine objektivere zu ersetzen und einen Teil seiner Ambivalenz einer Behandlung stotternder Vorschulkinder gegenüber abzubauen. Die bisher vorliegenden diagnostischen und differentialdiagnostischen Strategien (vgl. Kap.C) haben ihre klinische Nützlichkeit sicher belegen können, wenn auch auf diesem Gebiet wichtige Fragen erst vorläufig beantwortet werden können, z.B. bzgl. der Variablen, die tatsächlich für die Herausbildung eines chronischen Stotterns relevant sind, weil eine methodisch zufriedenstellende Längsschnittstudie an einer größeren Gruppe von stotternden Vorschulkindern bis heute fehlt.

B.III THERAPIEANSÄTZE FÜR STOTTERNDE VORSCHULKINDER

Die gegenwärtig existierenden direkten und indirekten Interventionsformen bei stotternden Vorschulkindern sollen nachfolgend zusammengefaßt dargestellt werden, um einen Überblick über die zur Verfügung stehende Palette von therapeutischen Handlungsmöglichkeiten zu geben. Der Darstellung liegt eine Sichtung der publizierten anglo-amerikanischen Literatur und Auswertung von workshop-Unterlagen zugrunde. Es wurden dabei nur solche Ansätze berücksichtigt, die entweder explizit als Therapieansätze für sehr junge stotternde Kinder ausgewiesen werden oder in einem umfassenderen Therapiekonzept spezifische Vorgaben für die Behandlung dieser Altersgruppe enthalten. In diesem Sinne konnten 25 Therapieansätze identifiziert werden, die sich an stotternde Vorschulkinder wenden, wobei es sich dabei nicht immer um völlig unterschiedliche Vorgehensweisen handelt. Es zeigen sich oftmals Überschneidungen der zugrundeliegenden Ideen und therapeutischen Praktiken. Mit Bezug zur Einteilung "direkte" - "indirekte" Therapie ergibt sich, daß viele Ansätze Mischformen darstellen, so daß eine eindeutige Zuordnung oft schwierig ist und nur gemäß dem Haupttrend vorgenommen werden kann. Dies betrifft naturgemäß besonders die Therapieansätze, denen ein differentielles Indikationsmodell zugrunde liegt. Um eine gewisse Vergleichbarkeit des z.T. sehr heterogenen Materials zu sichern, erfolgte die Sichtung nach folgenden Gesichtspunkten:

1. Interventionsebene (direkt - indirekt - Mischform) und Interventionsprinzipien

2. Theoretischer Bezugspunkt, Grundidee des Ansatzes

3. Diagnostik, Differentialdiagnostik, Indikationsstellung

4. Therapiedidaktik, -organisation und -materialien

5. Transfer-, Generalisierungs- und Maintenancemaßnahmen

6. Angaben über Effektivität und Follow-up-Daten

7. Anforderungen an die Qualifikation und Ausbildung des Therapeuten

Der Intention eines Überblicks entsprechend, werden die so ausgewerteten 25 Ansätze hier nicht in allen Einzelheiten dargestellt werden können. Es werden vielmehr solche Ansätze herausgegriffen und exemplarisch vorgestellt, die nach unserer Einschätzung besonders typisch für das Vorgehen in den anglo-amerikanischen Ländern sind. Einzelne direkte Therapieansätze, z.B. die von Ryan und Shine, sind bereits im deutschen Sprachraum verbreitet (vgl. dazu Jehle & Schweppe, 1982; Randoll, 1985; Schweppe & Jehle, 1985).

Der Bereich Diagnostik, Differentialdiagnostik und Indikation wird gesondert vorgestellt und diskutiert werden (s. Kap.C).

B.III.1 DIREKTE THERAPIEANSÄTZE

Die direkten Therapieansätze können, entsprechend ihren therapeutischen Ansatzpunkten, in drei Gruppen unterteilt werden. Eine Veränderung und Reduktion des Stotterns kann erreicht werden, indem das bereits vorhandene flüssige Sprechmuster systematisch quantitativ ausgeweitet wird (III. 1.1), das gesamte Sprechmuster des Kindes oder nur Teilaspekte davon verändert werden (III. 1.2) oder gezielt an einer qualitativen und quantitativen Veränderung der Stottersymptomatik selbst gearbeitet wird (III. 1.3).

B.III.1.1 Interventionspunkt: Flüssiges Sprechen

Die Behandlungskonzepte, die das flüssige Sprechen zum Ansatzpunkt der Intervention machen, sind in der anglo-amerikanischen Fachdiskussion unter der Bezeichnung "Fluency Shaping" bekannt geworden. Von der theoretischen Begründung und therapeutischen Vorgehensweise her steht das "Fluency Shaping" eindeutig in der Tradition des operanten Paradigmas der Verhaltensmodifikation; therapiegeschichtlich können die verschiedenen Laborexperimente zu Beginn der 70er Jahre, in denen mit Hilfe von operanten Konditionierungstechniken flüssiges Sprechen bei unterschiedlichen stotternden Versuchspersonengruppen aufgebaut werden konnte, als Wegbereiter und Vorläufer betrachtet werden. Eine zusammenfassende Darstellung und Bewertung dieser Therapieexperimente findet sich bei Bopp und Schulze (1975, S. 21 ff.), Costello (1980), Ingham (1984, S. 195 ff.), Nittrouer und Cheney (1984). Über diesen lerntheoretischen Begründungshorizont hinaus ist die grundsätzliche Bedeutung dieser Interventionsprinzipien in letzter Zeit auch aus einer entwicklungslinguistischen Perspektive hervorgehoben worden (vgl. dazu Wall, 1982).

Abbildung 5 verdeutlicht die Prinzipien, die für das "Fluency Shaping" charakteristisch sind. Nach einer diagnostischen Phase, in der über die Indikation entschieden wird, in der ferner eine qualitative und quantitative Grundratenerhebung unter verschiedenen Bedingungen vorgenommen wird und spezifische therapievorbereitende Maßnahmen getroffen werden (z.B. zur Sicherstellung einer angemessenen längerfristigen Motivation des Kindes), wird das Therapieprogramm in drei aufeinanderfolgenden Phasen durchgeführt. In der ersten Phase, die als Sprechaufbauprogramm bezeichnet wird, besteht das Ziel darin, dem Kind, ausgehend von seiner basalen Sprechflüssigkeit (z.B. auf der Ein-Wort-Ebene), mit Hilfe von positiven Verstärkungstechniken (z.B. verbale soziale Verstärkung und/oder symbo-

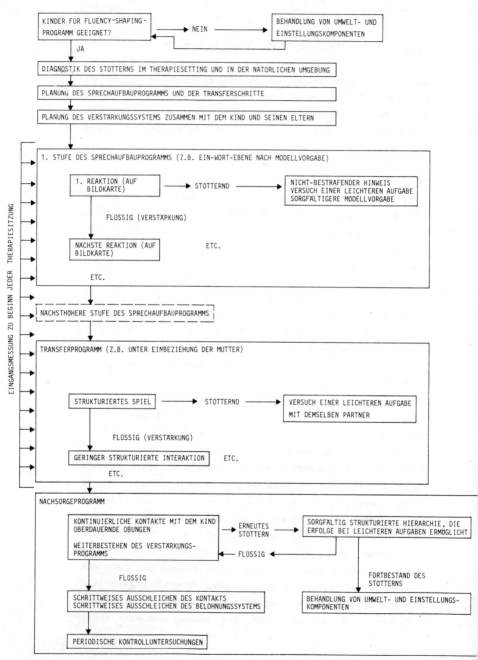

ABB.5 IDEALTYPISCHE DARSTELLUNG EINES "FLUENCY-SHAPING-THERAPIEANSATZES" FÜR STOTTERNDE KINDER (NACH GUITAR, 1982)

lische Verstärkung durch Token) eine Ausweitung seiner Sprechflüssigkeit auf zunehmend komplexere sprachliche Äußerungen zu ermöglichen. Das Kind bewältigt dabei verschiedenartige sprachliche Anforderungstypen, die in sorgfältig abgestuften Behandlungshierarchien repräsentiert sind. Hat es flüssiges Sprechen auf einer bestimmten Schwierigkeitsstufe (z.B. beim Bildbeschreiben auf der Ein-Silben-Wort-Ebene) gemäß einem festgelegten Stabilitätskriterium (z.B. 10mal aufeinanderfolgend) gezeigt, wird die nächstfolgende Schwierigkeitsstufe der Hierarchie bearbeitet (z.B. flüssiges Sprechen bei paarweise vorgegebenen einsilbigen Wörtern oder zweisilbigen Wörtern) usw. Eine detaillierte Darstellung eines solchen Sprechaufbauprogramms findet sich bei Costello (1983). In ihrem "ELU-Programm" (extended length of utterance) wird das Kind mit Hilfe einer 20 Schritte umfassenden Behandlungshierarchie dazu gebracht, seine Sprechflüssigkeit von einer Ein-Silben-Ebene über 6silbige Wortketten bis hin zu einer 5minütigen Unterhaltung mit dem Therapeuten auszuweiten (vgl. dazu Abb.6). Zeigt das Kind zu Beginn spontan auch bei sehr leichten sprachlichen Anforderungen keine basale Sprechflüssigkeit, müssen zusätzliche Maßnahmen vom Therapeuten eingeleitet werden, die es dem Kind ermöglichen sollen, auf dieser ersten Stufe flüssige Äußerungen hervorzubringen. Dazu können verschiedenartige Techniken benutzt werden, indem z.B. rhythmische Stimuli (van Riper, 1973, S. 405 ff.) oder ein verlangsamtes Sprechmodell von seiten des Therapeuten (Guitar, 1982) vorgegeben oder technische Hilfsmittel (z.B. DAF) eingesetzt werden, wie das im "GILKU-Programm" (=schrittweiser Anstieg der Anforderungen bezüglich Länge und Schwierigkeitsgrad der Sprache; Ryan, 1974) und im Therapieprogramm von Shames und Florance (1980) vorgesehen ist.

Die zweite Phase eines "Fluency-Shaping"-Ansatzes ist indiziert, wenn das Kind gemäß den definierten Sprechflüssigkeitskriterien in der Arbeit mit dem Therapeuten im therapeutischen Setting flüssig geworden ist. Es stellt sich nun die Aufgabe, die so

STUFE	DISKRIMINATIVER REIZ	REAKTION DES KINDES	KONSEQUENZ UND VERSTÄRKUNGSPLAN	KRITERIUM
1	EIN-SILBIGE WÖRTER (50 (BILD-) KARTEN)	FLÜSSIGES SPRECHEN EINES WORTES	POS. SOZ. + TOKEN-VERSTÄRKUNG (1:1)	10 AUFEINANDERFOLG. KORR. REAKTIONEN
2	EIN-SILBIGE WÖRTER PAARWEISE VORGEGEBEN	FLÜSS. SPRECHEN DER ZWEI-SILBIGEN ÄUßERUNG	W.O.	W.O.
	ZWEI-SILBIGE WÖRTER (W.O.)	ZWEI-SILBIGE WÖRTER FLÜSS. SPRECHEN	W.O.	W.O.
	ZWEI-SILBIGE SYNTAKT. WORTKOMBINATIONEN (W.O.)	ZWEI-SILBIGE SYNTAKT. WORTKOMBINAT. FLÜSS.	W.O.	W.O.
3	3-SILBIGE WÖRTER	3-SILBIGE WÖRTER FLÜSS. SPRECHEN	W.O.	W.O.
.				
.				
6	6-SILBIGE WORTKETTEN	6-SILBIGE WORTKETTEN FLÜSS. SPRECHEN	W.O.	W.O.
7	BILDBESCHREIBEN	FLÜSS., ZUSAMMENHÄNGENDES ERZÄHLEN ÜBER EINE DAUER VON 3 SEKUNDEN	POS. SOZ.VERSTÄRKUNG	3 AUFEINANDER FOLGENDE REAKTIONEN
8	WIE 7	5 SEK. WIE 7	WIE 7	WIE 7
9	WIE 8	10 SEK. WIE 8	WIE 8	WIE 8
10	WIE 9	20 SEK. WIE 9	WIE 9	WIE 9
.				
.				
.				
16	WIE 10	5 MINUTEN WIE 10	WIE 10	WIE 10
17	UNTERHALTUNG	2 MINUTEN FLÜSSIGE UNTERHALTUNG	POS. SOZIALE VERSTÄRKUNG	10 AUFEINANDER FOLGENDE REAKTIONEN
18	WIE 17	3 MINUTEN WIE 17	POS. SOZ.VERST.(1:1) TOKEN-VERST. (2:1)	WIE 17
19	WIE 18	4 MINUTEN WIE 18	POS. SOZ.VERST.(1:1) TOKEN-VERST. (3:1)	WIE 18
20	WIE 19	5 MINUTEN WIE 19	POS. SOZ.VERST. (1:1)	WIE 19

KONTROLLMESSUNG AUßERHALB DER KLINIK
BEGINN DES TRANSFERPROGRAMMS (FALLS NOTWENDIG)

ABB.6 DARSTELLUNG DES ELU-PROGRAMMS ("EXTENDED LENGTH OF UTTERANCE PROGRAM") IN AUSZÜGEN (NACH COSTELLO, 1980) erreichte Sprechflüssigkeit, die unter den eingeschränkten Reizbedingungen einer Quasi-Laborsituation aufgebaut wurde, auf andersartige und natürliche Situationen und Lebensbereiche des Kindes zu übertragen. Dies geschieht in einem gesonderten Therapieschritt mit Hilfe eines Transferprogramms. Dabei wird das Kind wiederum unter Anwendung positiver Verstärkungstechniken in abgestuften Lernschritten dazu gebracht, seine Sprechflüssigkeit nach vorher festgelegten Sprechflüssigkeitskriterien auf andere personelle und situative Gegebenheiten auszuweiten. Bezugspersonen des Kindes oder fremde Personen werden systematisch in die Therapiesitzungen einbezogen, die Therapieaktivitäten können qualitativ verändert werden (z.B. abnehmender Strukturiertheitsgrad der Therapeut- Klient-Interaktionen), oder das therapeutische Setting wird zunehmend zugunsten einer Hineinverlagerung der Therapie in die natürliche Umgebung des Kindes aufgelöst. Ebenso wie im Sprechaufbauprogramm werden auch im Transferprogramm die Effekte der Therapiemaßnahmen durch therapiebegleitende Verlaufsmessungen empirisch kontrolliert.

Wenn ein gemäß der definierten Kriterien zufriedenstellender Transfer der Sprechflüssigkeit des Kindes stattgefunden hat, beginnt als dritte Therapiephase ein Nachsorgeprogramm, das eine langfristige Stabilisierung der Sprechflüssigkeit sichern soll. Im Rahmen dieser Therapiephase sind weiterhin kontinuierliche Kontakte zum Kind und seinen Eltern vorgesehen, die die überdauernden häuslichen Übungen ergänzen, wobei das Verstärkungsprogramm zunächst noch beibehalten, im späteren Verlauf jedoch ebenso wie der direkte Kontakt zum Therapeuten selbst ausgeblendet wird. Periodische Kontrolluntersuchungen zur Einschätzung der langfristigen Stabilität des Behandlungserfolges und zur Beurteilung einer ggf. notwendigen Wiederaufnahme der Behandlung schließen ein Fluency-Shaping-Programm ab.

Mehrere Therapieansätze für stotternde Kinder arbeiten auf der Basis des soeben dargestellten Grundmusters (vgl. dazu Costello, 1980, 1983, 1985; Guitar, 1982; Leith, 1984; Prins, 1983; Shames & Egolf, 1976; Shames & Florance, 1980; Shine, 1980, 1984), wobei dieses auf unterschiedliche Weise therapeutisch umgesetzt wird. Auf einige Unterschiede und Akzentsetzungen soll kurz eingegangen werden.

- Grad der Standardisierung und Strukturierung der Therapie: Ein Fluency Shaping kann sowohl in der Form eines voll standardisierten Lehrprogramms als auch in einer sehr flexibel gehaltenen Therapeut-Klient-Interaktion realisiert werden. Die Entscheidung für eines der kommerziell vertriebenen standardisierten Programme (z.B. das "Montery Fluency Programm" von Ryan oder das "Systematic Fluency Training for Young Children" von Shine) oder für eine selbständige Gestaltung der Therapieprinzipien und Materialien muß der Therapeut treffen. Seine eigenen Präferenzen, seine therapeutische Kompetenz und Kreativität werden ebenso ausschlaggebend sein wie bestimmte Erfordernisse, die vom Kind ausgehen (z.B. kognitiver und motivationaler Art). Bei der Anwendung von "fertigen" Programmen wird naturgemäß der Verhaltensspielraum auf seiten des Therapeuten und des Klienten stark beschnitten, was sich im Einzelfall als sehr negativ, aber auch als sehr fruchtbar erweisen kann. Die in den standardisierten Programmen enthaltenen Therapiematerialien (Bildkarten, Comic-Geschichten, Kleinspielzeuge) können ohne weiteres durch andere Materialien ersetzt werden; im Prinzip eignen sich die Materialien sehr gut, die ein Sprachtherapeut sonst in der Arbeit mit jungen Kindern benutzt.

- Ausmaß und Inhalte einer begleitenden Bezugspersonenarbeit: Das konzeptionelle Selbstverständnis und die Zielsetzung der Zusammenarbeit mit wichtigen Bezugspersonen des Kindes variieren ebenfalls. In einigen Ansätzen werden die Eltern des Kindes lediglich als Vollzugsgehilfen für bestimmte Transfer-

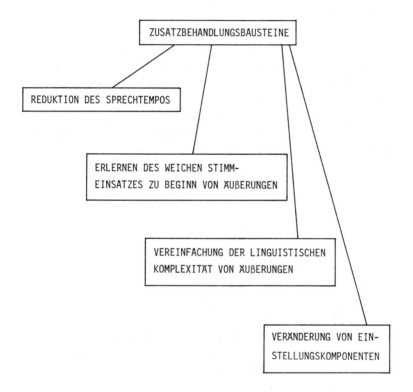

ABB.7 SCHEMATISCHE DARSTELLUNG EINES BASISPROGRAMMS FÜR DIE BEHANDLUNG VON STOTTERNDEN VORSCHULKINDERN UND SEINER ERGÄNZUNGSBAUSTEINE JE NACH INDIKATION UND PROBLEMLAGE BEIM KIND (NACH COSTELLO, 1983).

schritte des Kindes begriffen oder bei der Ermittlung von wirksamen Verstärkern gebraucht, wie das etwa im "Montery-Fluency-Programm" der Fall ist (Ryan & van Kirk, 1982), in anderen werden sie in eine explizite kotherapeutische Funktion zur Festigung bereits bewältigter Programmschritte gebracht (Costello, 1983; Shine, 1980) oder in noch anderen grundsätzlich in allen Therapiephasen systematisch in die Behandlung einbezogen (Leith, 1984).

- Stellenwert des "Fluency Shapings" im gesamten Behandlungsansatz: Fluency Shaping wird als grundständige und ausschließliche Therapiemaßnahme begriffen (Ryan & van Kirk, 1982), ferner als Basisprogramm, das bei gegebener Indikation durch zusätzliche Therapiebausteine aufgestockt wird (Costello, 1983; vgl. dazu Abb.7), oder als Zusatzbaustein in einem anders gearteten Basisprogramm (Rustin & Cook, 1983).

B.III.1.2 Interventionspunkt: Sprechmuster

Eine andere Möglichkeit, effektiv auf Stottermuster und Stotterhäufigkeit Einfluß zu nehmen, besteht darin, Aspekte des gegebenen Sprechmusters zu verändern. Dies gehört in vielen Therapieansätzen für ältere Kinder, Jugendliche und Erwachsene zu den Standardmethoden einer Stottertherapie und geht auf klinische Erfahrungen und Ergebnisse von Forschungsarbeiten zurück, wonach jede Veränderung in der Koordination von Respiration, Phonation und Artikulation zunächst auch Veränderungen der individuellen Sprechflüssigkeit bewirkt (Perkins, 1979). Veränderungen in den an der Sprechproduktion beteiligten Funktionskreisen können mit Hilfe von Effekten, die durch technische Geräte hervorgerufen werden (z.B. DAF, weißes Rauschen, Metronom), aber auch durch die Anwendung von natürlichen Sprechhilfen verschiedenster Art erreicht werden. Wie schon angesprochen, wird mit solchen Sprechtechniken in einigen Fluency-Shaping-Ansätzen gearbeitet, um zunächst eine basale Sprechflüssigkeit zu etablieren und so die Voraussetzungen für die Aufnahme des dann folgenden eigentlichen Therapieprogramms zu schaffen. Einem derartig punktuellen und fakultativen Einsatz steht die Anleitung zum überdauernden Gebrauch solcher das Sprechmuster verändernden Techniken in der Therapiesituation und in der natürlichen Umgebung des Kindes gegenüber.

Für die Arbeit am Sprechmuster existieren unterschiedlich akzentuierte Vorgehensweisen. Im Ansatz von Conture (1982), der für Kinder mit eindeutig diagnostiziertem Stottern gedacht ist, konzentriert sich die Therapie auf drei Schwerpunkte:

1. auf die psychologischen und physiologischen Reaktionen unmittelbar vor dem Sprechen,
2. auf die physiologische Sprechstrategie, die benutzt wird, um den Anfangslaut eines Wortes, einer Silbe, einer Äußerung oder eines Satzes zu ermöglichen,
3. auf die physiologischen Strategien, die angewandt werden, um von einem Laut zum nächsten überzugehen.

Entsprechend der individuellen Problemlage bei einem Kind, wird das Sprechmuster verändert, etwa durch einen weichen Stimmeinsatz oder fließende Übergänge zwischen den Lauten.

Im Konzept des "Personalized Fluency Control" Therapieprogramms von Cooper und Cooper (1985) spielt die Vermittlung von Sprechtechniken, die Sprechflüssigkeit erleichtern ("fluency-initiating gestures"), eine wesentliche Rolle. Es wird dabei angenommen, daß folgende Maßnahmen ganz allgemein eine Veränderung der Sprechflüssigkeit bewirken können: Reduktion des Sprechtempos, weicher Stimmeinsatz, kontrollierte Tiefatmung, Kontrolle der Lautstärke, Reduktion der Phonations- und Artikulationsbewegungen und Silbenbetonung. Es besteht die Vorstellung, daß durch diese Maßnahmen die Koordination der Muskelgruppen, die für die Respiration, Phonation und Artikulation notwendig sind, erleichtert und dadurch die Sprechflüssigkeit erhöht wird. Aus diesem Reservoir von Sprechtechniken werden gemäß einer individuellen Indikationsstellung die für das Kind jeweils günstigsten herausgefiltert und in äußerst kreativer und kindgerechter Weise spielerisch vermittelt. Die Arbeit am Sprechmuster, die nur einen Teilaspekt des gesamten Programms darstellt, soll dazu beitragen, daß das Kind das Gefühl einer grundsätzlichen Kontrollmöglichkeit über seine Sprechflüssigkeit bzw. Sprechunflüssigkeit in unterschiedlichen Situationen herausbildet.

Von Nelson (1982) werden spezifische Strategien zum Aufbau flüssigen Sprechens für Kinder im Alter von 2 1/2 Jahren bis 4 1/2 Jahren beschrieben, mit Hilfe derer das Kind in folgenden Bereichen Veränderungen vorzunehmen lernt: Sprechtempo, Lautstärke beim Sprechen, Stimmeinsatz, Atmung, Anstrengungsverhalten und Muskelspannung, Sprechrhythmus und Einstellungen gegenüber dem Sprechen, dem Stottern und gegenüber Mißerfolgen im allgemeinen.

Eine gezielte Veränderung von physiologischen, prosodischen und linguistischen Variablen wird im Therapieansatz von Shine (1980, 1984) durch die Habituierung eines neuen Sprechmusters beim Kind vorgenommen. Bei den meisten Therapiekonzepten sind die Eingriffe in das natürliche Sprechmuster des Kindes jedoch nicht so einschneidend. Sehr häufig wird zunächst eine Reduktion des Sprechtempos angestrebt (z.B. bei Costello, 1983; Guitar, 1982; Shames & Egolf, 1976), bevor weiterreichende Maßnahmen wie etwa die Veränderung des Stimmeinsatzes (Costello, 1983) oder der Phonationsdauer (Shames & Egolf, 1976) eingeleitet werden, um ein flüssiges, anstrengungsfreies Sprechmuster beim Kind zu erzielen. Eine Reduktion des Sprechtempos ist relativ leicht herzustellen und erleichtert die Sprechplanung und den Sprechvollzug (Guitar, 1982).

Das Erlernen des gleich welcher Art veränderten Sprechmusters geschieht vorwiegend über die Modellvorgabe durch den Therapeuten, wobei die Anwendung der Sprechtechnik in der Therapie oder in der natürlichen Umgebung mit Hilfe von Methoden der operanten Verhaltensmodifikation sichergestellt wird. Um eine kognitive Repräsentation des neuen Sprechmusters beim Kind zu erreichen, wird häufig ein Wahrnehmungstraining vorgeschaltet, in dessen Verlauf das Kind eine Unterscheidung von "hartem", d.h. gestottertem Sprechen, und "weichem", "leichtem" Sprechen, d.h. Sprechen in der Sprechtechnik, lernen soll. Das Sprechen unter Realisierung der jeweiligen Aspekte der Sprechtechnik geht dann häufig in den gemeinsamen Sprachgebrauch von Therapeut, Klient und Eltern ein, z.B. als "easy talking" (Leith, 1984), "easy speaking" (Culp, 1984; Shine, 1980) oder "stretchy speech" (Bailey & Bailey, 1982).

Die Sprechtechnik wird in der Regel in der Therapiesitzung in unterschiedlichen Sprech- und Kommunikationssituationen praktiziert, wobei diese ähnlich wie in den beschriebenen "Fluency-Shaping"-Ansätzen dem Schwierigkeitsgrad nach geordnet bewältigt werden und großer Wert auf Transfer- und Generalisierungsschritte gelegt wird (Leith, 1984). Da es nicht das Ziel einer Stottertherapie sein kann, das sozial auffällige und unerwünschte Stottermuster durch ein auffälliges und unnatürlich klingendes Sprechmuster zu ersetzen, enthalten viele dieser Ansätze Maßnahmen, die ein Zurückschrauben der vorgenommenen Veränderungen des Sprechmusters in einem fortgeschrittenen Stadium der Behandlung zum Ziel haben. Es soll eine möglichst vollständige Annäherung an ein normal klingendes Sprechmuster bei Aufrechterhaltung der Sprechflüssigkeit erreicht werden, indem z.B. nach und nach das Sprechtempo wieder erhöht wird oder die Lautstärke wieder an das ursprüngliche Muster angenähert wird. Costello (1983) macht sehr deutlich darauf aufmerksam, daß jeder Eingriff in das gewachsene Sprechmuster des Kindes auch entsprechende Maßnahmen und einen entsprechenden therapeutischen Aufwand erfordert, um die unerwünschten Folgeerscheinungen wieder abzubauen. Ihr erscheint es deshalb geboten, zunächst einmal die therapeutischen Möglichkeiten zu nutzen, die weniger stark in die Ökologie des Kindes und seiner Familie eingreifen, d.h. zunächst ein "Fluency-Shaping" einzuleiten.

Vom Aufbau und den therapiedidaktischen Prinzipien her sind sich die Ansätze sehr ähnlich (Leith, 1984; Shames & Egolf, 1976; Shine, 1980). Unterschiede zeigen sich bzgl. des Ausmaßes, des Stellenwertes und der Zielsetzungen, mit denen eine Veränderung des Sprechmusters vorgenommen wird.

B.III.1.3 Interventionspunkt: Stottersymptomatik

Eine direkte Arbeit am unflüssigen Sprechmuster selbst stellt als Schwerpunkt einer Behandlung bei den sehr jungen Kindern eher eine Ausnahme dar. Hinweise auf den Einsatz von Techniken zur Modifikation von Blockierungen ("loose contact", "pull outs" und "cancellation", vgl. dazu auch Luper & Mulder, 1964, S. 129 ff.; van Riper, 1973, S. 319 ff.) finden sich bei Wall und Myers (1984, S. 194 ff.). In den "Fluency-Shaping"-Ansätzen wird ein Symptomauftreten entweder ignoriert, oder es werden dem Kind diesbezüglich kontingente Hinweisreize gegeben, oder es erfolgt eine milde "Bestrafung", dies jedoch immer unter gleichzeitiger positiver Verstärkung des erwünschten Zielverhaltens "flüssiges Sprechen". Solche Hinweisreize können verbal gegeben werden (z.B. wie bei Costello, 1983, durch das Wort "stop" oder bei

Guitar, 1982, durch leichtes Berühren des Armes des Kindes). Therapeutische Interventionen, die sich gezielt auf eine ggf. vorhandene Sekundärsymptomatik (z.B. Mitbewegungen im Gesicht, Blickkontaktverhalten usw.) richten, zählen ebenso zu dieser Gruppe der Maßnahmen. Von Cooper (1984) und Stocker (1980) wird die Notwendigkeit einer gezielten Behandlung der Sekundärsymptomatik damit begründet, daß sie häufig einer Verselbständigungstendenz folgt und auch noch auftritt, wenn es bereits zu einer deutlichen Reduktion des Stotterns im Verlauf der Behandlung gekommen ist. Zudem können Klienten ihrer Erfahrung nach Residualunflüssigkeiten, die ja häufig auch noch am Ende einer erfolgreichen Therapie überdauernd oder intermittierend auftreten, besser akzeptieren oder erleben sie als weniger unangenehm, wenn sie nicht mit zusätzlichen Verhaltensmanierismen verbunden sind. Mit Hilfe verschiedener Therapietechniken (Instruktion, Selbstkontrolle, operante Techniken) wird gezielt an der Sekundärsymptomatik gearbeitet, z.B. in der Form eines Blickkontakttrainings. Andere Therapeuten, etwa Perkins (1979) und Ryan und van Kirk (1982), gehen davon aus, daß sich die Begleitsymptomatik automatisch zurückbildet, wenn das Sprechmuster flüssig geworden ist. Für sie erübrigt sich deshalb eine Berücksichtigung derartiger Aspekte des Stotterns in der Therapie eines kleinen Kindes.

B.III.2 Indirekte Therapieansätze

Wie bereits aufgezeigt wurde, können die indirekten Therapieansätze nach dem Gesichtspunkt unterteilt werden, ob sie eine unmittelbare Behandlung des Kindes vorsehen (III.2.1) oder ob sie eine Einflußnahme auf das Stottern ausschließlich über eine Beratung oder Verhaltens- und Einstellungsänderung bei den Eltern oder anderen wichtigen Bezugspersonen des Kindes zum Ziel haben (III.2.2).

B.III.2.1 Indirekte Ansätze mit unmittelbarer Behandlung des Kindes

Der unmittelbaren therapeutischen Arbeit mit dem stotternden Vorschulkind liegt eine Vorstellung zugrunde, wonach das Stottern des Kindes durch Faktoren entstanden sein könnte oder aufrechterhalten wird, die nicht allein im Beziehungsgeflecht Kind-Umwelt zu verstehen sind, sondern auch ein Resultat konstitutioneller Besonderheiten (kognitiver, physiologischer, emotional-affektiver Art) auf seiten des Kindes darstellen können. Ferner besteht die Einschätzung, daß derartige Bedingungen beim Kind oft nicht allein durch Beratung der Eltern oder therapeutische Anleitung der Eltern verbessert werden können, sondern daß eine professionelle therapeutische Arbeit mit dem Kind erforderlich ist.

B.III.2.1.1 Interventionspunkt: Sprache und Kommunikationsmerkmale

Wie in der Theoriediskussion bereits angesprochen (vgl. Kap.A.V), ist die Bedeutung unterschiedlicher Faktoren oder Komponenten für die Sprechflüssigkeitsentwicklung und deren Störung von vielen Autoren herausgestellt worden. Für die therapeutische Arbeit mit jungen Kindern sind die wichtigsten Impulse in den letzten Jahren sicher von den Forschungsergebnissen der Entwicklungslinguistik und Kinderneurologie ausgegangen. Der Bedeutung von linguistischen Variablen für die Sprechflüssigkeitsentwicklung und für die Persistenz von Sprechunflüssigkeiten wird in einer ganzen Reihe neuerer Behandlungsverfahren Rechnung getragen, die therapeutisch schwerpunktmäßig an sprachlichen Merkmalen des Kindes ansetzen (Gregory & Hill, 1980; Stocker, 1980; Wall & Myers, 1984). Die Grundidee einer solchen Behandlung besteht darin, die für den Erwerb einer altersentsprechenden Sprechflüssigkeit notwendigen sprachlichen Voraussetzungen zu schaffen bzw. individuell wichtige linguistische Variablen auf der Seite des Kindes so zu verändern, daß eine Sprechflüssigkeit zunächst einmal erreicht wird und dann eine Stabilisierung eintreten kann. Den theoretischen Hintergrund für derartige Therapieansätze bildet das Wissen über die Wechselbeziehung zwischen der Sprechunflüssigkeit auf der einen und den Faktoren Spracherwerb, Sprachentwicklungsverzögerung sowie Komplexität von Sprache und Syntax auf der anderen Seite (s.Kap.A.IV).

Unter dem Gesichtspunkt einer systematischen Veränderung der Komplexität des linguistischen Outputs des Kindes werden in den zuvor dargestellten "Fluency-Shaping"-Ansätzen Prinzipien realisiert, wenn auch eher als Abfallprodukt und Nebeneffekt der Therapietechnik (vgl. Wall, 1982), die ein Herzstück der "language-based"-Therapieprogramme für stotternde Kinder darstellen. Mit einem sukzessiven Anstieg der Äußerungslänge wird gezielt auf linguistische Variablen Einfluß genommen, da sich damit die erforderliche motorische Planung, die phonologische und semantische Komplexität sowie Syntax und kognitive Aktivität verändern.

Die Beobachtung, nach der die Sprechflüssigkeit eines Kindes in dem Ausmaß variiert, mit dem es für die Gestaltung seines

Sprechens selbst verantwortlich ist, war der Ausgangspunkt der Entwicklung der "Stocker Probe Technique" (Stocker, 1980). Die Leitidee "je geringer die Anforderung an die kommunikative Verantwortlichkeit, desto weniger wahrscheinlich ist das Auftreten von Stottern" ist in ein standardisiertes und strukturiertes Diagnostik- und Behandlungsprogramm für sprechunflüssige Kinder ab dem 3. Lebensjahr umgesetzt worden, in dem über eine Variation des Grades der kommunikativen Verantwortlichkeit des Kindes in der Therapiesituation auf die Sprechflüssigkeit Einfluß genommen wird. Die Interventionstechnik ist das sprachliche Verhalten des Therapeuten. Durch die Art der Fragen und Aufforderungen, die er an das Kind richtet, wird das Antwortverhalten des Kindes beeinflußt, wodurch es auf ein bestimmtes Niveau kommunikativer Verantwortlichkeit festgelegt wird.

Im Konzept von Stocker (1980) werden 5 Stufen kommunikativer Verantwortlichkeit ("levels of demand") unterschieden (vgl. Abb.8). Auf der leichtesten Stufe soll das Kind "Entweder-oder-Fragen" (z.B. "Ist die Puppe klein oder groß?") beantworten. Die zweite Stufe beinhaltet sogenannte einfache W-Fragen (z.B. "Wie heißt das?"), die dritte Stufe anspruchsvollere W-Fragen (z.B. "Wo lebt das Tier?"). Auf der 4. Stufe werden offene objektbezogene Fragen gestellt (z.B. "Erzählst Du mir alles, was Du darüber weißt?"). Stufe 5 der kommunikativen Verantwortlichkeit schließlich beinhaltet offene Fragen (z.B."Erzählst Du mir eine Geschichte dazu?"). Mit Hilfe einer standardisierten Eingangsdiagnostik und Grundratenerhebung wird eine Einschätzung des Stotterns im Hinblick auf die 5 Stufen kommunikativer Verantwortlichkeit individuell vorgenommen, die Ausgangslage bzgl. der erzielten Sprechflüssigkeitsdauer auf den jeweiligen Stufen wird ermittelt, und es werden die Veränderungsziele im einzelnen festgelegt. Der Einstieg in die Therapie erfolgt dann auf der Stufe kommunikativer Verantwortlichkeit, die unter der Stufe liegt, auf der das Kind in der Untersuchungssituation

LEVEL I.:   ENTWEDER/ODER FRAGEN (Z.B. BALL: "IST ER HART ODER WEICH?")

LEVEL II.:   EINFACHE "W"-FRAGEN (Z.B. "WAS IST DAS?")

LEVEL III.:   ANSPRUCHSVOLLERE "W"-FRAGEN (Z.B. "WO WÜRDEST DU DAS BEKOMMEN?")

LEVEL IV.:   OFFENE FRAGE OBJEKTBEZOGEN (Z.B. "ERZÄHL MIR ALLES, WAS DU DARÜBER WEIßT")= DAS KIND SOLL DIE MERKMALE DES OBJEKTS BESCHREIBEN.

LEVEL V.:   OFFENE FRAGE (Z.B. "ERZÄHL MIR EINE GESCHICHTE DAZU")= DAS KIND SOLL EINEN PERSÖNLICHEN ODER ERFUNDENEN KONTEXT ZU DEM OBJEKT HERSTELLEN.

ABB.8 "LEVELS OF DEMAND" (NACH STOCKER, 1980)

erstmals gestottert hat. Damit soll für das Kind zu Beginn der Therapie eine drastische Reduktion der Erfordernisse für komplexe Antworten erreicht werden, um flüssiges Sprechen zu erreichen. Unter Anwendung von positiven Verstärkungstechniken wird dann sehr ähnlich dem Vorgehen in den "Fluency-Shaping"-Ansätzen eine schrittweise Steigerung der Anforderungen vorgenommen. Wenn ein Kind auch auf der Stufe 1 der kommunikativen Verantwortlichkeit Sprechunflüssigkeiten zeigt, wird eine freie Parallelspielphase zwischen Kind und Therapeut vorgeschaltet, in der dem Kind über Modellernen auf sehr niedrigem linguistischen Niveau eine basale Sprechflüssigkeit ermöglicht wird. Die einzelnen diagnostischen und therapeutischen Schritte sowie das in der Eingangs- und Verlaufsdiagnostik zu verwendende Stimulusmaterial (Kleinspielzeuge) sind genau vorgegeben, für die Therapiephasen können zusätzlich alle möglichen dem Kind bekannten Gegenstände benutzt werden.

Neben solchen expliziten sprachtherapeutischen Bausteinen finden sich in einigen Ansätzen Beratungs- und Behandlungsstrategien, die eher der Zielsetzung einer allgemeinen Sprachhygiene verpflichtet sind. Dazu gehören eine grundsätzliche Förderung der Sprache in den Bereichen Wortschatz, Begriffsbildung, Assoziation und Sequenzierung (Culp, 1984), Maßnahmen zur Erhöhung der Sprechmotivation und Sprechfreude (van Riper, 1973) und zur Reduktion des Sprachentwicklungsdrucks (Nelson, 1982; Williams, 1984). Solche Zielsetzungen können ganz allgemein durch das kommunikative und linguistische Modellverhalten des Therapeuten (Costello, 1983; van Riper, 1973) verfolgt werden, aber auch, indem gezielt in das verbale Interaktionsgeschehen zwischen den Eltern und dem stotternden Kind eingegriffen wird. So werden frühe Interventions- und Präventionsprinzipien beim Stottern auch am verbalen Interaktionsverhalten der Eltern festgemacht.

Ein solchermaßen verstandenes linguistisches Betreuungskonzept ist von Nelson (1982) vorgestellt worden. Auf der Basis einer sehr umfangreichen Diagnostik wird, wie oben angesprochen, auf der einen Seite das Sprechmuster des Kindes durch eine Vielzahl von selbst erfundenen Spielaktivitäten verändert und auf der anderen Seite mit den Eltern gezielt an linguistischen Variablen gearbeitet, die für die Sprechflüssigkeit des Kindes von Bedeutung sind. In einem Informationsteil des Elterntrainings wird den Eltern der allgemein bestehende Zusammenhang zwischen der Sprechflüssigkeit und verschiedenen Aspekten der Kommunikation (z.B. kommunikative Absicht, Kommunikationsgelegenheit, Komplexität und Vertrautheit der Sprache, Abstraktionsgrad des Themas, Unmittelbarkeit der Ereignisse, Ausmaß der emotional-affektiven Beteiligung) vermittelt. Danach lernen die Eltern mit Hilfe von Übungen und durch Modellvorgabe des Therapeuten, wie sie ihr eigenes Sprechtempo reduzieren und ihre eigene Sprache vereinfachen können, so daß sie für ihr Kind ein linguistisch angemessenes Sprachmodell darstellen. Die bei den Eltern selbst installierte Verhaltensänderung bzgl. Sprechtempo und sprachlicher Komplexität wird dann in der Therapiesituation, in natürlichen Spielsituationen und im Alltag realisiert, wobei allgemeine Richtlinien für die verbale Interaktion eingehalten werden müssen. Sie betreffen außer dem Sprechtempo das Frageverhalten, das Sprechen im "Hier und Jetzt", die Echokommunikation, das Zuhör- und Aufmerksamkeitsverhalten und die Probleme des sprachlichen Exponierens und des Sprachentwicklungsdrucks.

Die Veränderung von Sprech- und Kommunikationsweisen in der Familie wird häufig als Ergänzung einer direkten Therapie des Kindes oder einer andersartigen indirekten Behandlung, die am Kind ansetzt, vorgenommen (vgl. dazu auch die Hinweise bei Bailey & Bailey, 1979; Culp, 1984; Gregory, 1985; Guitar, 1982; Johnson, 1980; Perkins, 1979; Rustin & Cook, 1983; Shine, 1984; Wall & Myers, 1984). Nach Prins (1983) müssen neben allgemeinen

1. ALLGEMEINE URSACHEN FÜR UMWELTBEDINGTE BELASTUNGEN UND UNSICHERHEIT

   A. UNREGELMÄßIGE PLANUNG UND ABLAUF VON ALLTAGSAKTIVITÄTEN (Z.B. MAHLZEITEN, ZU BETT GEHEN ETC.)

   B. VERHALTENSABLÄUFE, DIE UNVORHERSEHBARE HEKTIK UND ZEITDRUCK HERVORRUFEN

   C. STÄNDIGE VERÄNDERUNGEN IN DER ZUSAMMENSETZUNG DER FAMILIÄREN KONSTELLATION (BESUCH VON VERWANDTEN, NACHBARN, ABWESENHEIT DER ELTERN ETC.)

   D. WIEDERKEHRENDE ERWARTUNGEN UND ANSPRÜCHE, DIE DAS KIND NICHT ERFÜLLEN KANN

   E. GERINGE ZUWENDUNGSZEIT FÜR DAS KIND, GERINGE AUSSCHLIEßLICHE ZUWENDUNG

2. SPEZIFISCHE URSACHEN FÜR KOMMUNIKATIVEN DRUCK UND UNSICHERHEIT

   A. UNGÜNSTIGES ZUHÖRERVERHALTEN AUF SEITEN DER ELTERN UND ANDERER FAMILIENMITGLIEDER

   B. ELTERLICHE SPRACH- UND SPRECHCHARAKTERISTIKA (Z.B. UNGEDULDIGE, GEHETZTE SPRECHWEISE, HOHES LINGUISTISCHES NIVEAU ETC.)

   C. VERBALES BOMBARDEMENT, DAS UNABLÄSSIGES BELEHREN UND FRAGEN BEINHALTET, DIE VOM KIND KOMPLEXE ANTWORTEN ERFORDERN

   D. KONKURRENZHAFTE SPRECHERUMGEBUNG

ABB.9 EINFLUßGRÖßEN, DIE KOMMUNIKATIVE UNSICHERHEIT BEIM KIND BEWIRKEN KÖNNEN (NACH PRINS, 1983)

Ursachen für umweltbedingte Belastung und Unsicherheit auch spezifische Ursachen für kommunikativen Druck und kommunikative Unsicherheit verändert werden. In der Abbildung 9 sind Einflußgrößen aufgeführt, die kommunikative Unsicherheit beim Kind bewirken können.

Bailey und Bailey (1979) vermitteln im Rahmen eines umfassenden Betreuungsansatzes 14 Prinzipien, mit deren Hilfe die Eltern das Ziel, ein adäquates Sprech- und Kommunikationsmodell für ihr Kind zu sein, verwirklichen können, und eine Vielzahl von Anregungen zum Gesprächs- und Zuhörverhalten. Diesen auf eine Reduktion kommunikativer Stressoren abzielenden Maßnahmen stehen gezielte Bemühungen gegenüber, die die Widerstandskraft und Belastbarkeit des Kindes gegenüber derartigen Einflüssen erhöhen wollen. Desensibilisierungsstrategien gegen situationale und kommunikative Stressoren für junge Kinder werden von Culp (1984), van Riper (1973) und Gregory (1985) beschrieben. Die Beeinflussung von linguistischen und kommunikativen Variablen ist auch das Ziel vieler Beratungsansätze und Elterntrainings, die auf eine unmittelbare Behandlung des Kindes verzichten und auf die wir noch zu sprechen kommen.

B.III.2.1.2   Interventionspunkt: Einstellungen und Gefühle

In den Betreuungsansätzen für ältere Klientengruppen sind sehr häufig Maßnahmen vorgesehen, die ungünstige Einstellungssets gegenüber dem Sprechen und der sprachlichen Kommunikation abbauen, eine Veränderung eines ungünstigen Selbstkonzepts bewirken oder vorhandene negative Gefühle dem Stottern und dem Sprechen gegenüber modifizieren sollen (vgl. dazu Berecz, 1976; Goldberg, 1981; Klevans & Lynch, 1977; Maxwell, 1982; Sheehan, 1970; Stang, 1985; van Riper, 1973). Es geht dabei sowohl um Einstellungen und Gefühle, die der Klient zu Beginn der Therapie als "Startkapital" einbringt, als auch um solche, die sich im Therapieprozeß neu entwickeln und einer realistischen Selbstwahrnehmung des Klienten entgegenstehen oder eine erfolgreiche Benutzung von sprachtherapeutischen Veränderungsstrategien behindern (Cooper, 1984). Die Frage nach der Notwendigkeit einer Berücksichtigung von Einstellungs- und Gefühlsdimensionen in der Arbeit mit sehr jungen stotternden Kindern wird unterschiedlich beurteilt. Es sind vorwiegend die Ansätze, die sich mehr oder weniger strikt einer operanten Sichtweise des Stotterns verpflichtet fühlen, die eine gezielte Einflußnahme auf ungünstige Einstellungen und Gefühle beim Kind für überflüssig halten. Das heißt nicht, daß damit das Vorhandensein solcher Einstellungen und Gefühle auch schon bei sehr jungen Kindern bestritten wird, sondern daß angenommen wird, daß sich positive Veränderungen in diesen Dimensionen automatisch, gewissermaßen als Nebeneffekt der Therapie einstellen (Culp, 1984; Guitar, 1982; Leith, 1984; Ryan, 1982; Shine, 1980). Es wird dabei erwartet, daß die Erfolgserlebnisse, die das Kind im Verlauf der Therapie über die zunehmende Sprechflüssigkeit und wachsende kommunikative Kompetenz in verschiedenartigen sozialen Situationen erlebt, eine kognitive Umstrukturierung und emotional-affektive Entlastung bewirken, die zu einer hinreichenden Stärkung des Selbstbewußtseins führen und die Ausbildung eines positiven Selbstkonzepts ermöglichen.

In anderen Therapieansätzen finden sich Hinweise auf gezielte Maßnahmen zur Veränderung von ungünstigen Einstellungen und Gefühlen. Eine zentrale Zielsetzung ist dabei die Erhöhung des Selbstvertrauens und Selbstwertgefühls des Kindes (Bailey & Bailey, 1979; Gregory & Hill, 1980). Die erstgenannten Autoren z.B. vermitteln den Eltern 20 Prinzipien zur Erhöhung des Selbstvertrauens und des Selbstwertgefühls durch personenbezogene Ermutigung, wobei umfangreiche Listen von Äußerungen als Anschauungsmaterial vorgegeben werden, um aufzuzeigen, welche Art von Äußerungen das Selbstbewußtsein eines Kindes stärken bzw. schwächen können. Von Nelson (1982) und

Riley und Riley (1984) werden Maßnahmen vorgeschlagen, die dazu dienen sollen, ein zu hohes Anspruchsniveau beim Kind zu modifizieren bzw. eine zu geringe Frustrationstoleranz gegenüber Mißerfolgen abzubauen, wenn solche vermutet werden. Conture (1982) versucht unter anderem, die kognitive und emotionale Repräsentation des Stotterns beim Kind dadurch zu verändern, daß er auch schon sehr junge Kinder mit Hilfe von Videoaufnahmen mit ihrer Sprechweise konfrontiert. Die Kinder sollen die verschiedenen am Sprechen beteiligten Funktionskreise kennenlernen (z.B. mit Hilfe der Analogie eines Gartenschlauches, dessen Bestandteile Hahn, Schlauch, Düse mit Kehlkopf, Ansatzrohr und Lippen verglichen werden); sie sollen verstehen lernen, wodurch es zu Unterbrechungen des Redeflusses allgemein kommen kann und was bei ihnen selbst passiert, wenn sie stottern. Auf diese Weise soll in Verbindung mit Maßnahmen, die das Sprechmuster verändern, den Kindern zu einer versachlichten und gewissermaßen auch technizistischen Einstellung dem Stottern gegenüber verholfen werden. Conture bedient sich dabei einer Vielzahl sehr kindgerechter und gleichermaßen kreativer Analogien aus dem Lebens- und Vorstellungsraum junger Kinder. Die bereits angesprochenen Desensibilisierungsstrategien gegen kommunikative Stressoren gehören ebenfalls zu den Maßnahmen, die Einstellungen und Gefühle effektiv modifizieren können.

B.III. 2.1.3 Interventionspunkt: Andere nicht-sprachliche Verhaltensklassen

Auf die Notwendigkeit einer systematischen Veränderung des Aufmerksamkeitsverhaltens, der auditiven Verarbeitungskapazität und der Mundmotorik zusätzlich zur Modifikation von Einstellungen und sprachlichen Verhaltensweisen sowie psychosozialer Dimensionen des Problems wird von Riley und Riley (1984) verwiesen. Ihr Therapieansatz leitet sich aus dem sogenannten

Komponentenmodell des Stotterns (vgl. Kap.A.V) ab, die Therapiemaßnahmen in den relevanten Komponenten werden auf der Grundlage einer individuellen Diagnostik eingeleitet. Wenn bei einem Kind eine Störung der Aufmerksamkeit vorliegt, ist es äußerst schwierig, irgendeine Art von Therapie oder eine zielgerichtete Tätigkeit mit ihm durchzuführen. Nach den von Riley und Riley seit 1969 erhobenen Daten über Verhaltensmerkmale stotternder Kinder kann davon ausgegangen werden, daß ein relativ hoher Prozentsatz der stotternden Kinder - die Autoren ermittelten 38% - Störungen der Aufmerksamkeit und der Konzentration aufweisen. Diese Störungen beinhalten eine leichte Ablenkbarkeit (Reizüberempfindlichkeit), Hyperaktivität, geringe Frustrationstoleranz und Persevarationserscheinungen. Die Beseitigung dieser Störungen ist neben der systematischen Elternberatung der erste Schritt in der Therapie, wobei Riley und Riley eine Kombination von Verhaltensmodifikationstechniken und in den meisten Fällen auch eine Medikation als Therapiemaßnahmen vorsehen. Als Zielsetzungen gelten: Erhöhung der Qualität der Aufmerksamkeit, Erweiterung der Aufmerksamkeitsspanne, Reduktion der Hyperaktivität, Reduktion der Perseverationserscheinungen und Erhöhung der Frustrationstoleranz.

Nach den Untersuchungsergebnissen von Riley und Riley haben sehr viele stotternde Kinder - die Autoren geben Zahlen zwischen 61% und 87% an - Störungen der mundmotorischen Koordination. Viele Stotterer haben Probleme in der angemessenen zeitlichen Abstimmung von Atmung, Stimmgebung und Artikulation, die für eine schnelle und korrekte Silbenproduktion Voraussetzung ist (vgl. dazu Conture, 1982; van Riper, 1982). Die dabei erforderliche Koordinationsleistung muß als äußerst komplex eingeschätzt werden, wenn man sich vor Augen führt, daß für jede gesprochene Silbe ca. 150 Muskeln in der richtigen zeitlichen Aufeinanderfolge aktiviert werden müssen und die die beteiligten Muskelgruppen versorgenden Nerven zudem unterschiedliche Übertragungszeiten aufweisen. Am schwierigsten ist dabei die zeitliche Abstimmung der Kehlkopffunktionen, da die Nervenbahnen, die den Kehlkopf versorgen, sehr viel länger sind als die, die die Zunge, die Lippen, die Gesichtsmuskulatur und die Muskelgruppen zum velopharyngealen Abschluß versorgen. Bei einer Sprechrate von 2,0 bis 3,5 Silben pro Sekunde produziert das Kind Tausende von neurologischen Aktivitäten pro Sekunde, die alle einer präzisen zeitlichen Abstimmung bedürfen. Entsprechend hoch muß die Störanfälligkeit dieses komplizierten Ineinanderspiels eingeschätzt werden, besonders bei jungen Kindern, deren Nervensystem noch nicht voll ausgereift ist.

Für die Diagnostik und Behandlung solcher mundmotorischen Koordinationsstörungen haben die Autoren ein spezielles Programm entwickelt (Riley & Riley, 1986), das zur Verbesserung der Artikulation und Sprechflüssigkeit auf Silbenebene beitragen soll. Die allgemeine Zielsetzung besteht in einer "Reprogrammierung" der für die zeitliche Abstimmung zuständigen subkortikalen Steuerungszentren. Die Autoren nehmen dabei an, daß über eine Verbesserung der mundmotorischen Planung eine Normalisierung der Stimmeinsatz- und Stimmbeendigungszeiten und präzisere Formantübergänge erreicht werden können. Dies dürfte sich unmittelbar auf die Sprechflüssigkeit des Kindes auswirken und eine Modifikation noch verbleibender Stottersymptome erleichtern. Darüber hinaus gehen die Autoren davon aus, daß die Aufrechterhaltung von Therapiefortschritten erleichtert wird, wenn die grundlegenden mundmotorischen Fähigkeiten des Kindes gefestigt sind.

Die Therapie besteht aus einem systematischen Silbentraining, das u.a. auf das Artikulationstrainingsprogramm von McDonald (1964) zurückgeht. Die Aufgabe des Kindes besteht darin, Silben und Silbenfolgen nachzusprechen, die hinsichtlich folgender Variablen systematisch variiert werden: die Anzahl der in den Folgen enthaltenen Silben, die Anzahl der darin vorkommenden unterschiedlichen Vokale, die Anzahl der enthaltenen unterschiedlichen Konsonanten, die Anzahl der stimmlosen Konsonanten pro Silbenfolge und die Anzahl der Konsonanten zwischen Vokalen. Beim Nachsprechen der Silbenfolgen werden folgende Beurteilungskriterien berücksichtigt:

1. Präzision der Konsonantenproduktion
2. Stabilität (continuity) der Leistung bei der 10maligen Wiederholung eines jeden Silbensets
3. Beibehaltung der richtigen Reihenfolge
4. altersgemäßes Sprechtempo

Während der Durchführung des mundmotorischen Trainingsprogramms wird am Anfang zunächst darauf geachtet, daß das Kind jede Silbenwiederholung korrekt vornehmen kann; dann soll bei verlangsamtem Sprechtempo die Silbenfolge zweimal, dann dreimal usw. wiederholt werden, bis das Kind die Silbenfolge 10mal hintereinander korrekt in der verlangsamten Sprechweise reproduzieren kann. Ein weiterer Schritt besteht dann darin, das Sprechtempo schrittweise zu steigern. Zu Beginn des Trainings werden gemäß den oben aufgeführten Variationsgesichtspunkten leichte Silbenfolgen verwendet, die dann mit dem Fortschreiten der Therapie in ihrem Schwierigkeitsgrad gesteigert werden. Für die 14 unterschiedlichen Schwierigkeitsstufen sind die Leistungskriterien bzgl. Genauigkeit, Gleichmäßigkeit und Sprechtempo unter Berücksichtigung des Alters des Kindes genau vorgegeben. Das Trainingsprogramm ist so angelegt, daß es sich für Kinder im Alter zwischen 4 und 11 Jahren eignet, es können jedoch auch ältere Personen mit mundmotorischen Koordinationsstörungen damit behandelt werden. Der dazugehörige diagnostische Ansatz erlaubt unter Verwendung derselben Leistungskriterien eine quantitative und qualitative Einschätzung der Mundmotorik (vgl. Kap.C.II.1.1.2). Die Ergebnisse können dazu benutzt werden, die individuell angemessene Plazierung eines Patienten im Mundmotoriktraining vorzunehmen. Der therapeutische Aufwand eines solchen Trainings bei stotternden Kindern wird von den Autoren mit durchschnittlich 14,3 Therapiestunden (Spannweite 6 bis 22) bei zusätzlichen häuslichen Übungen angegeben.

Liegen bei einem stotternden Kind auditive Verarbeitungsstörungen vor, was nach den Daten von Riley und Riley bei 28% der Kinder der Fall ist, müssen auch diese Defizite systematisch durch eine Therapie abgebaut werden. Die Komponente "auditive Verarbeitung" beinhaltet die unterschiedlichsten auditiven Wahrnehmungsbereiche wie z.B. das auditive Kurzzeitgedächtnis oder die auditive Figur-Hintergrund-Unterscheidung, aber auch komplexere auditive Funktionen wie z.B. die Selektion von Signalen nach Bedeutungsgehalt oder die Fähigkeit zur sequentiellen Ordnung des Inputs. Die Auswirkungen von Störungen oder Ausfällen solcher Funktionen können vielfältig sein. Sie können verzögerte Reaktionen des Kindes auf bestimmte Aufgabenstellungen zur Folge haben (z.B. auf sprachliche Anweisungen), oder das Instruktionsverständnis kann eingeschränkt sein, wodurch die Aufgabenstellung ungewöhnlich häufig wiederholt werden muß, es oft zu Fehlversuchen kommt oder das Kind in einen ratenden Arbeitsstil verfällt. Für die Behandlung wird auf gängige Therapieprogramme für Kinder mit rezeptiven Sprachstörungen zurückgegriffen. Neben speziellen Therapieansätzen, die zur Schulung der auditiven Wahrnehmung geeignet sind, wie z.B. das Programm "Sound Order Sense" von Semel (1970), werden auch umfassendere Therapieansätze realisiert, wie sie von ihrer Grundkonzeption her z.B. für die Zielgruppe der lernbehinderten Kinder angebracht sein können (vgl. dazu das Förderprogramm von Wiig und Semel, 1980). In welcher Weise sich die Beseitigung derartiger Teilleistungsstörungen und die damit verbundenen psychischen und psychosozialen Konsequenzen, die z.B. aus einem verlangsamten Reaktionsmuster resultieren, direkt auf der Sprechflüssigkeitsebene auswirken, wird von Riley und Riley nicht näher ausgeführt. Sie gehen jedoch davon aus, daß sich das Interaktions- und Arbeitsverhalten eines Kindes ganz wesentlich verbessert, wenn Störungen in der auditiven Verarbeitung beseitigt oder abgeschwächt werden bzw. wenn das Kind lernt, mit diesen Problemen sozial angepaßt (d.h. hier ohne Angst- oder Frustrationserleben) umzugehen. Damit sind insgesamt gute Voraussetzungen für eine zielgerichtete Arbeit mit dem Kind geschaffen.

B.III.2.2 Indirekte Ansätze ohne unmittelbare Behandlung des Kindes

Wie bereits angesprochen, stellen Behandlungs- und Beratungskonzepte, die eine Veränderung von bedeutsamen Umweltvariablen zum Ziel haben und ausschließlich eine Arbeit mit den Eltern oder mit anderen wichtigen Bezugspersonen des Kindes beinhalten, die traditionellen Interventionsformen beim Stottern im frühen Kindesalter dar. Auf die theoretischen Bezüge und Begründungen für eine derartige therapeutische Akzentsetzung wurde bereits verwiesen. Das Stotterverhalten des Kindes soll kurz- und langfristig positiv beeinflußt werden, indem mit den Eltern, Erziehern und "peers" (=Altersgenossen) des stotternden Kindes gearbeitet wird. Dieses kann mit Hilfe sehr unterschiedlicher Maßnahmen erfolgen, wobei folgende allgemeine Zielsetzungen herausgestellt werden können:

1. Erhöhung der kognitiven Verarbeitungsmöglichkeiten bzgl. des Stotterns auf seiten der Bezugspersonen,
2. Veränderung von Verhaltensmerkmalen bei den Bezugspersonen, die für die Sprechproblematik des Kindes relevant sind,
3. Veränderung der emotional-affektiven Verarbeitungsmöglichkeiten bzw. der Betroffenheit, die das Stottern bei den Bezugspersonen des Kindes bewirkt.

Die dazu eingeleiteten Maßnahmen unterscheiden sich therapie- und beratungsdidaktisch z.T. erheblich. Die Veröffentlichung des von Wendell Johnson (1949) verfaßten "Offener Brief an die Mutter eines stotternden Kindes" dürfte die Geburtsstunde der Beratungsstrategien sein, die mit Hilfe von schriftlichem Material eine Information und Verhaltenssteuerung der Eltern und Erzieher des Kindes beabsichtigen. Im anglo-amerikanischen Raum sind derartige Ansätze unter dem Begriff "Bibliotherapie" als Maßnahmen der primären und sekundären Prävention verbreitet worden. Es existieren eine ganze Reihe von kommerziell vertriebenen Beratungsbroschüren und informellen Papieren, in denen z.T. höchst unterschiedliche Auffassungen über das Stottern und die angemessenen Verhaltensweisen von Bezugspersonen im Umgang mit stotternden Kindern vertreten werden.

In der Broschüre "If your child stutters. A guide for parents." (Ainsworth, 1978) wird z.B. sehr stark die Bedeutung von Umweltfaktoren für die Herausbildung eines chronischen Stotterns hervorgehoben, wobei die Qualität der Eltern-Kind-Beziehung in ihrer emotional-affektiven Dimension als zentraler Faktor betrachtet wird. Diese Grundposition zeigt sich in einer Vielzahl von Empfehlungen und Ratschlägen, die darauf abzielen, die Sensibilität der Eltern gegenüber den emotionalen Bedürfnissen ihres Kindes zu erhöhen, und in Vorschlägen, wie die Eltern die erkannten emotionalen Bedürfnisse ihres Kindes angemessen befriedigen können. Als besonders wichtige Bedürfnisse werden das Geborgenheitsgefühl und das Gefühl, als Person akzeptiert zu werden, betrachtet. Entsprechend akzentuiert sind die Ratschläge und Unterlassungsgebote an die Eltern (z.B. bzgl. Kritik, Kontrolle, Aufmerksamkeitszuwendung, Disziplinierungsmaßnahmen, Akzeptieren des Stotterns etc.).

Die von Cooper (1979) verfaßte Broschüre "Understanding stuttering. Information for parents." hingegen relativiert die Bedeutung elterlicher Verhaltensweisen und stellt dem Leser das Stottern als Ergebnis einer Kombination unterschiedlicher physiologischer und emotionaler Wirkfaktoren vor. Es werden Informationen über einige Charakteristika des frühkindlichen Stotterns gegeben (z.B. Verbreitung, Abgrenzung zu normalen Sprechunflüssigkeiten, phasenmäßiger Verlauf, Art der Symptomatik etc.). Ferner werden den Eltern Beobachtungskriterien vermittelt, die ihnen eine Entscheidungshilfe für die Hinzuziehung eines Fachmanns geben sollen. Für den Umgang mit dem unflüssig sprechenden Kind werden einige Hinweise gegeben, die zur Entlastung des Kindes und zur Stabilisierung eines flüssigen Sprechmusters beitragen sollen (z.B. wie man mit dem Kind offen über sein Problem sprechen kann, was man beim Auftreten von flüssigem und unflüssigem Sprechen tun kann, wo die Grenzen elterlicher Hilfestellungen liegen etc.). Die Broschüre zielt eindeutig darauf ab, eventuell vorhandene Schuldgefühle bei den Eltern, das Stottern durch ihr Verhalten oder durch die Art der emotionalen Beziehung zum Kind verursacht zu haben, abzubauen und ihnen stattdessen handfeste Kriterien an die Hand zu geben, um entscheiden zu können, wann es notwendig ist, einen Experten aufzusuchen. Eine Adressenliste von Organisationen, die weitere Informationen geben können, soll den Schritt zur Inanspruchnahme professioneller Hilfe erleichtern.

Diese oder ähnliche Broschüren und Merkblätter für Eltern stotternder Kinder werden häufig ergänzend zu einer individuellen Beratung oder Behandlung zur Lektüre empfohlen, sie werden allerdings oft auch als Ersatz für eine individuelle Beratung eingesetzt. Guitar (1984) macht darauf aufmerksam, daß es trotz einer sehr weiten Verbreitung solcher Broschüren und Merkblätter für die Eltern stotternder Kinder (z.B. wurde die Broschüre "If your child stutters" 100.000mal und die Broschüre "Understanding stuttering" in 12.000 Exemplaren verkauft) bisher keinerlei Erkenntnisse darüber gibt, wie diese auf den Leser wirken. Es ist völlig unklar, ob derartiges Material zur Veränderung von Einstellungen und Verhaltensweisen bei den Bezugspersonen der stotternden Kinder führt, wie das der Intention der Autoren entspräche, oder ob es etwa Verwirrung und Verhaltensunsicherheit bei den Eltern auslöst oder verstärkt.

Walle (1974,1975,1977) erstellte den dreiteiligen Farbfilm "The prevention of stuttering", der sich an Stottertherapeuten richtet, jedoch auch in der Elternarbeit gezielt eingesetzt werden kann. Der erste Teil des Films enthält Beispiele für Sprechunflüssigkeiten bei Kindern von 2 bis 6 Jahren und wird in der

Elternarbeit dazu benutzt, eine Unterscheidung zwischen normalen und pathologischen Sprechunflüssigkeiten zu ermöglichen und Kriterien ("danger signs"; vgl. auch Kap.C.I) zu vermitteln, die eine Bewertung der aktuellen Symptomatik eines Kindes und eine prognostische Einschätzung des Stotterverlaufs erlauben. Im zweiten Teil des Films werden Alltagssituationen vorgeführt, die typische Stressoren für das Kind beinhalten. Die Rolle der Eltern bei der Eliminierung situationaler, emotionaler und kommunikativer Stressoren wird durch die Vorgabe von 18 Grundregeln für den Umgang mit dem Kind verdeutlicht.

Perkins (1979) stellt ein Präventionsprogramm für stotternde Kinder bis zum Schuleintrittsalter vor, das ausschließlich über Elternberatung und Elterntraining arbeitet. Dem Ansatz liegt die theoretische Vorstellung zugrunde, daß das Stottern eine physiologische (Diskoordination) und eine psychologische (operant gelernte Verhaltensklasse) Dimension hat. Entsprechend liegen die Schwerpunkte der Elternarbeit auf einer Veränderung der Sprech- und Kommunikationsweisen in der Familie und auf dem Erlernen eines diskriminativen Zuhörerverhaltens. Der physiologische Anteil am Stottern soll dadurch beeinflußt werden, daß alle Familienmitglieder ein günstiges Sprech- und Kommunikationsmodell für das Kind darstellen. Dazu müssen die Familienmitglieder ihr Sprechtempo verringern, eine leichte und geschmeidige Sprechweise annehmen, ihr Zuhörverhalten insgesamt verbessern und das Kommunikationsverhalten untereinander von jeglichem Konkurrenzdruck befreien. Dieses Zielverhalten wird in kleinen Lernschritten in zunächst eingeschränkten sozialen Situationen geübt und eingesetzt, später wird dann ein Transfer in den gesamten Lebensbereich der Familie vorgenommen. Der psychologische Aspekt wird in diesem Konzept als die Möglichkeit angesehen, daß das Kind sein Stottern manipulativ gebraucht oder einzusetzen lernt, z.B. um Aufmerksamkeit zu erlangen. Um eine Fehlverstärkung des unflüssigen Sprechmusters auszuschließen, lernen die Familienmitglieder, wie sie ihre Aufmerksamkeitszuwendung auf das flüssige Sprechen des Kindes bei gleichzeitigem Ignorieren des Stotterns richten können.

Ein standardisiertes Bildungsprogramm für Eltern von sprechunflüssigen Kindern im Alter von 3 bis 5 Jahren stellt das Programm "The disfluent child. A management program." von Zwitman (1978) dar. Abbildung 10 zeigt den Aufbau des Elterntrainings. Es verfolgt die Zielsetzungen, für das Kind eine häusliche Umgebung zu schaffen, die von umgebungsmäßigen und sprachlichen Stressoren bereinigt ist, und bei den Eltern eine Entlastung und Verminderung der Sorgen und Unsicherheiten bzgl. der Sprechunflüssigkeiten zu bewirken. Seine theoretische Position über das frühkindliche Stottern stellt Zwitman nicht ausdrücklich dar. Seiner Auffassung nach sind die Ursachen des Stotterns letztendlich nicht ergründbar, vermutlich könnten neurologische Faktoren mitbeteiligt sein. Die alleinige Konzentration des Betreuungsansatzes auf vielleicht wirksame psychosoziale Einflußgrößen rechtfertigt der Autor damit, daß es einem sprechunflüssigen Kind auf jeden Fall leichter fällt zu kommunizieren, wenn umgebungsmäßiger Stress, spezifische kommunikative Stressoren und zwischenmenschliche Mißstimmigkeiten möglichst gering gehalten werden. Die Verfolgung solcher Zielsetzungen mit ausschließlich verbalen Beratungsstrategien wird für unzureichend gehalten, weil sie die Eltern in ihrer Aufnahme- und Verarbeitungskapazität überfordern (zuviel Information in zu kurzer Zeit) und weil sie häufig thematisch zu eng dimensioniert sind, indem sie sich auf die Stottersymptomatik oder einige Variablen des Sprecher-Zuhörer-Wechsel-Verhaltens konzentrieren, wobei andere wichtige und umfassendere Beziehungsdimensionen innerhalb der Familie unberücksichtigt bleiben.

Das Elternbildungsprogramm, an dem jeweils beide Elternteile teilnehmen, hat inhaltlich zwei Hauptschwerpunkte. Im ersten Hauptteil des Elterntrainings sollen die Eltern lernen, wie sie mit den Sprechunflüssigkeiten ihres Kindes und den sprachlichen

TEIL I

LEKTION 1 UND 2:	RICHTIGES REAGIEREN AUF DIE SPRECHUN-FLÜSSIGKEITEN DES KINDES
	RICHTIGER SPRACHLICHER UMGANG MIT DEM UNFLÜSSIG SPRECHENDEN KIND
LEKTION 3:	STÄRKUNG DES SELBSTSICHERHEITS- UND GEBORGENHEITSGEFÜHLS BEIM KIND

TEIL II

LEKTION 4:	VERHALTENSMÖGLICHKEITEN DER ELTERN BEI ABSICHTLICHEM FEHLVERHALTEN DES KINDES
LEKTION 5:	VERHALTENSMÖGLICHKEITEN DER ELTERN BEI UNABSICHTLICHEM FEHLVERHALTEN DES KINDES
LEKTION 6:	KONSEQUENTES ERZIEHUNGSVERHALTEN BEI FEHLVERHALTEN DES KINDES
LEKTION 7:	VERSTÄRKUNG ERWÜNSCHTER VERHALTENSWEISEN DES KINDES

ABB.10 AUFBAU DES ELTERNTRAININGSPROGRAMMS FÜR SPRECHUN-FLÜSSIGE KINDER (NACH ZWITMAN, 1978)

Anforderungen, die die Umgebung an ihr Kind stellt, umgehen können und wie sie selbst dazu beitragen können, daß das Selbstbewußtsein ihres Kindes gestärkt und ein positives Selbstbild gefördert wird. Dazu werden Verhaltensregeln im Umgang mit dem Stottern und für die gesamte innerfamiliäre Kommunikation vermittelt. Mit dem zweiten Themenschwerpunkt zielt das Programm auf eine allgemeine Stärkung der pädagogischen Kompetenz der Eltern ab. Dazu widmen sich 3 Abschnitte der Frage, wie in der Familie ein nicht-strafendes, effektives disziplinarisches System etabliert werden kann, um das Familienklima zu verbessern. Den Eltern werden dabei die Grundprinzipien der operanten Verhaltensmodifikation vermittelt, aus denen dann im Alltag effektive Strategien zur Steuerung des kindlichen Verhaltens abgeleitet werden. Das Programm wird in 8 bis 12 Sitzungen vermittelt, die in wöchentlichen Abständen stattfinden, wobei es zum didaktischen Prinzip gehört, daß die Inhalte der einzelnen Sitzungen im Sinne von Lernzielkontrollen mit Hilfe von Kontrollfragebögen, häuslichen Beobachtungsaufgaben und dem Führen von Checklisten über das eigene Verhalten der Eltern kontinuierlich überprüft werden.

Die Anleitung und Beratung der Eltern in Erziehungsfragen und die Vergabe von Hilfestellungen für die Gestaltung der familiären Gesamtsituation werden häufig auch als flankierende Maßnahmen parallel zur direkten oder indirekten Behandlung des unflüssigen Kindes praktiziert (Bailey & Bailey, 1982; Conture, 1982; Culp, 1984; Johnson, 1980; Selmar, 1981). Den Hintergrund für die Einsichten und Ratschläge, die den Eltern vermittelt werden, bilden die persönlichkeitstheoretischen Vorstellungen der Therapeuten. Zu Erziehungsfragen wird so aus individualpsychologischer Sicht (Bailey & Bailey, 1979), aus einem klientenzentrierten Verständnis (Culp, 1984) und aus einer lerntheoretischen Orientierung (Johnson, 1980) Stellung bezogen. Auch existieren Mischformen, in denen etwa eine lerntheoretische mit einer klientenzentrierten Vorgehensweise kombiniert wird (Shames & Florance, 1980).

Einen weiteren Schwerpunkt der Elternarbeit stellt der Informationsaspekt dar. So werden die Eltern über das Phänomen Stottern und seine Abgrenzung zu normalen Sprechunflüssigkeiten informiert (Adams, 1980; Gregory, 1985; Johnson, 1980; Wall & Myers, 1984), wobei über die verbale Information hinaus häufig auch ein Wahrnehmungs- und Beobachtungstraining für die Eltern stattfindet (vgl. dazu z.B. Prins, 1983; Rustin & Cook, 1983). Auch andere Bereiche, z.B. die Entwicklungspsychologie des Kindes und die Bedeutung der emotionalen Entwicklung (Culp, 1984), die Sprachentwicklung und allgemeine sprachfördernde Maßnahmen (Johnson, 1980), werden in den Informationsbausteinen der Beratung aufgegriffen.

Aufgrund der Ansätze, die wir in unsere Darstellung einbezogen haben, kann gesagt werden, daß die Beratung und/oder systematische Anleitung von Eltern zum festen Bestandteil des Vorgehens bei jungen unflüssig sprechenden Kindern gehört. Die inhaltlichen Schwerpunkte, die Didaktik und die Intensität der Elternarbeit werden häufig vom Schweregrad der Symptomatik und von der Prognose des Kindes abhängig gemacht und variieren in Abhängigkeit von den Maßnahmen, die für das Kind ergriffen werden. Solche differentiellen Beratungsstrategien finden sich bei Adams (1980), Conture (1982), Gregory und Hill (1980), Johnson (1980), Rustin und Cook (1983).

B.III.3 Mischformen. Komplexe, multimodale Therapieansätze für stotternde Vorschulkinder

Auf der Grundlage einer idiographischen und multivariaten Sichtweise des Stotterns sind eine ganze Reihe der beschriebenen Einzelstrategien zur indirekten und direkten Behandlung in umfassendere Behandlungspakete aufgenommen worden; auf der Basis differentialdiagnostischer Entscheidungen wird eine möglichst an den Notwendigkeiten des Einzelfalles orientierte Behandlung und Beratung vorgenommen. Kennzeichen solcher Ansätze ist häufig eine eklektizistische Position, d.h., daß die Auswahl der Therapiemethoden sich ausschließlich an Kriterien wie Nützlichkeit, Effektivität, Klientenangemessenheit (vgl. dazu Garfield, 1982) orientiert und weniger an den theoretischen und weltanschaulichen Geboten einzelner Therapieschulen oder psychologischer Persönlichkeitstheorien ausgerichtet ist. Es werden also aus einer pragmatischen Entscheidung heraus Behandlungsmethoden miteinander verknüpft, die ursprünglich aus verschiedenartigen und zum Teil auch rivalisierenden theoretischen Bezugssystemen über das Stottern oder abweichendes menschliches Verhalten schlechthin stammen, wobei die klinische Brauchbarkeit zum wichtigsten Entscheidungskriterium wird, selbstverständlich unter der Voraussetzung, daß die Therapiemethode ethisch vertretbar ist. Im folgenden werden vier solcher komplexer Therapieansätze, die explizit für junge stotternde Kinder entwickelt wurden, in den wesentlichen Charakteristika vorgestellt und außerdem ein Ansatz, der für Stotternde aller Altersgruppen gültig ist und sich bei entsprechender Modifikation auch für stotternde Vorschulkinder eignet.

B.III.3.1 "Preschool Fluency Development Program" von Delva Culp

Bei dem Therapieansatz von Culp (1984) handelt es sich um ein Vorschulprogramm zur Förderung der Sprechflüssigkeit, das Strategien für die Diagnostik und Behandlung von unflüssigen Kindern im Alter von 2 1/2 bis 7 Jahren beinhaltet. Ausgangspunkt der Entwicklung des Programms war auf der einen Seite die Rezeption der neueren Forschungsergebnisse zur Genese und Phänomenologie des kindlichen Stotterns und auf der anderen Seite die Kritik an den traditionellen Behandlungsprogrammen für junge stotternde Kinder, die die Behandlung über ein Elterntraining ohne systematische Diagnostik und Behandlung des Kindes vornahmen. Diesem Therapieansatz liegen bis zur Veröffentlichung Erfahrungen mit 32 behandelten Kindern über einen Zeitraum von ca. 10 Jahren zugrunde. Allgemeine Zielsetzung ist es, ein normales flüssiges Sprechmuster bei Kindern, die eine Störung der Sprechflüssigkeit aufweisen, zu etablieren und dieses Sprechmuster zu generalisieren. Theoretischer Bezugspunkt sind die Entwicklungspsychologie Piagets, besonders seine Annahmen über die kognitive Entwicklung von Kindern dieser Altersstufen, sowie die Lerntheorien und die Theorien zur Sprech- und Sprachentwicklung, aus denen Zielsetzungen und therapiedidaktische Prinzipien abgleitet werden, um das Sprechflüssigkeitsverhalten des Kindes zu verändern. Die Grundidee besteht darin, dem Kind, an seinem individuellen kognitiven Entwicklungsniveau ansetzend (d.h. gemäß seinen Fähigkeiten in den kognitiven Dimensionen der präoperativen Repräsentationsperiode; vgl. dazu Ginsburg & Opper,1975), alternative Sprechmuster anzubieten, wobei eine systematische Veränderung bedeutsamer Reiz-Reaktions-Ketten in einer Hierarchie von nach Schwierigkeit abgestuften Sprech- und Kommunikationsaufgaben das Prinzip ist. Das Sprechmuster, das das Kind über Modellernen annehmen soll, ist folgendermaßen charakterisiert: langsames Sprechen (80 bis 90 Wörter pro Minute), weicher Stimmeinsatz, normale Intonation und leicht gedehnte Vokale. Damit soll eine Erleichterung der motorischen Koordination der respiratorischen, phonatorischen und artikulatorischen Mechanismen erreicht werden und das Kind mehr Zeit für die linguistische Organisation seiner Äußerungen haben. Durch die hierarchische Anordnung der Sprechsituationen (vgl. Abb.11) lernt das Kind, das neue Sprechmuster bei zunehmd längeren und syntaktisch schwierigeren Äußerungen anzuwenden. In diese Arbeit werden Hilfestellungen integriert, die die semantische und syntaktische Entwicklung des Kindes betreffen. Die Förderung der sprachlichen Fähigkeiten wird deshalb als zentraler Bereich angesehen, weil nicht nur Auswirkungen auf Sprechfluß und allgemeine Entwicklung erwartet werden, sondern weil eine altersentsprechende Sprachentwicklung die kommunikative Plattform für die Realisierung von Sprechflüssigkeit darstellt. Über eine basale Wortschatzerweiterung hinaus werden Begriffsbildungs-, Assoziations- und Sequenzierungsfähigkeiten gefördert. Weitere Kernelemente des Ansatzes bestehen darin, dem Kind positive Kommunikationserfahrungen zu ermöglichen (z.B. durch die systematisch vorgenommene positive Verstärkung seiner flüssigen Äußerungen) und es gegenüber wirksamen kommunikativen Stressoren (z.B. Zuhörerverlust, Zeitdruck, Unterbrochenwerden etc.) zu desensibilisieren. In der Abbildung 12 sind einige Aktivitäten und Spiele aufgeführt, die der Therapeut in der Sprechaufbauphase und in der Generalisierungsphase benutzt. Ferner ist eine systematische Arbeit mit den Eltern vorgesehen. Dafür wurde ein 7stündiges Basisprogramm entwickelt, das parallel zur direkten Behandlung des Kindes in den ersten zwei Monaten nach Abschluß der Diagnostik durchgeführt wird. Danach müssen die Eltern fortlaufend Beobachtungsaufgaben im natürlichen Lebensraum des Kindes erledigen. In der Aufrechterhaltungsphase der Therapie finden zum gegenseitigen Erfahrungsaustausch Elterngruppentreffen statt.

I. ETABLIERUNG DER SPRECHFLÜSSIGKEIT

   A. EIN-WORT-EBENE

      1. CHORUS-SPRECHEN
      2. MODELLVORGABE DURCH DEN THERAPEUTEN
      3. MODELLVORGABE DURCH DEN THERAPEUTEN UNTER DISRUPTIVEN BEDINGUNGEN
      4. VORGABE EINES VERZÖGERTEN MODELLS DURCH DEN THERAPEUTEN
      5. VORGABE EINES VERZÖGERTEN MODELLS DURCH DEN THERAPEUTEN UNTER DISRUPTIVEN BEDINGUNGEN
      6. SPONTANE PRODUKTION DES KINDES
      7. SPONTANE PRODUKTION DES KINDES UNTER DISRUPTIVEN BEDINGUNGEN

   B. ERGÄNZUNGSSATZEBENE (SCHRITTE 1-7, W.O.)

   C. AUSSAGESATZEBENE (SCHRITTE 1-7, W.O.)

II. GENERALISIERUNG DER SPRECHFLÜSSIGKEIT IM FORTLAUFENDEN SPRECHEN

   A. NACHERZÄHLEN VON GESCHICHTEN (MIT GRADUELL ANSTEIGENDER MITTLERER LÄNGE DER ÄUßERUNGEN)

      1. SPIELSITUATION
      2. DISRUPTIVE BEDINGUNG
      3. HÄUSLICHE UMGEBUNG

   B. MONOLOGISCHES SPRECHEN (SCHRITTE 1-3, W.O.)

   C. DIALOGISCHES SPRECHEN (SCHRITTE 1-3, W.O.)

ABB.11 SPRECHFLÜSSIGKEITSHIERARCHIE (NACH CULP, 1984)

I. ETABLIERUNG DER SPRECHFLÜSSIGKEIT

   A. EIN-WORT-EBENE

      1. SATZVERVOLLSTÄNDIGEN
      2. FRAGESPIELE
      3. KRABBELBEUTELSPIELE
      4. "WIEVIELE (TIERE) KENNEN WIR"?
      5. BILDERSUCHEN (VERSTECKEN EINES BILDES, DAS DAS KIND SUCHEN SOLL)

   B. ERGÄNZUNGSSATZEBENE

      1. MALEN EINES MÄNNCHENS (KIND MALT EIN EIGENES MÄNNCHEN: "ICH MALE DAS .....")
      2. KAUFLADENSPIEL
      3. "MR. KARTOFFELKOPF (KIND SETZT IHN ZUSAMMEN: "JETZT HAT ER EINE ....")
      4. ANGELSPIEL (MIT MAGNET: "ICH HABE EIN .... GEFANGEN")
      5. KARTENSPIEL ("HAST DU EIN ....")
      6. ZWANZIG FRAGEN
      7. SPRACHLOTTO

   C. AUSSAGESATZEBENE

      1. WECHSELSEITIGE SPRACHGESCHICHTEN
      2. KONZENTRATION
      3. TISCHSPIELE
      4. KRABBELBEUTELSPIEL
      5. VERSTECK- UND SUCHSPIEL

II. GENERALISIERUNG DER SPRECHFLÜSSIGKEIT IM FORTLAUFENDEN SPRECHEN

   A. NACHERZÄHLEN VON GESCHICHTEN

      1. FLANELL-BRETT-GESCHICHTEN
      2. BILDERBÜCHER
      3. POSTER-GESCHICHTEN

   B. MONOLOG

      1. SILBENRÄTSEL (MIT AKTIONSBILDERN)
      2. "WAS IST FALSCH?-BILDER"
      3. REKLAME, WERBUNGSANZEIGEN
      4. BILDERORDNEN IN ZEITL. AUFEINANDERFOLGE
      5. RESTAURANT (KINDER BESTELLEN GETRÄNKE UND ESSEN)
      6. TASTSPIEL (KIND BESCHREIBT GEGENSTÄNDE, DIE ES FÜHLT)

   C. DIALOG

      1. BAUEN EINER BURG
      2. VERKLEIDEN
      3. HERSTELLEN VON FRUCHTEIS
      4. KUCHENBACKEN
      5. PUZZLES
      6. BASTELN

      <u>ABB.12</u> AKTIVITÄTEN UND SPIELE IN DER SPRECHAUFBAU- UND GENERALISIERUNGSPHASE DES "PRESCHOOL FLUENCY DEVELOPMENT PROGRAM" (CULP, 1984)

Das Basisprogramm für die Eltern hat folgende thematische Schwerpunkte:

Basiseinheit 1: Allgemeine Informationen über Sprechunflüssigkeit und Stottern aus einer multivariaten Sichtweise; Demonstration der Sprechtechnik, die das Kind später lernen soll; allgemeine Richtlinien für den Umgang mit dem Kind; Informationen über das Behandlungsprogramm (Inhalte, Erfolgsaussichten, Organisatorisches).

Basiseinheit 2: Kennenlernen und Einüben der Sprechtechnik; Übungen zum Identifizieren von kommunikativen Stressoren und Erlernen von Bewältigungsstrategien.

Basiseinheit 3: Erlernen von Beobachtungs- und Aufzeichnungsmethoden bzgl. flüssigen und unflüssigen Sprechens und deren Anwendung unter natürlichen Bedingungen.

Basiseinheit 4: Allgemeine Informationen über die Entwicklungspsychologie des Kindesalters = Korrektur falscher Erwartungen und Abbau von Unsicherheit bei den Eltern.

Basiseinheit 5: Informationen über den Umgang mit Disziplinfragen.

Basiseinheit 6: Informationen über die emotionale Entwicklung von Kindern und die Bedeutung der Gefühle für die Sprechflüssigkeitsentwicklung. Selbstbeobachtungsaufgaben zu günstigen Hilfestellungen für das Kind.

Basiseinheit 7: Diskussion der Beobachtungsbögen, individuelle Zielfestlegung für die einzelnen Familien.

Die Entscheidung über die Aufnahme einer Behandlung wird auf der Basis folgender diagnostischer Schritte getroffen: Erhebung der medizinischen, entwicklungsmäßigen und psychosozialen Vorgeschichte und Aktualsituation (Fragebogen und Elterngespräch); Durchführung einer Testbatterie zur Einschätzung von Hörvermögen, Artikulation, rezeptiver und expressiver Sprachleistungen, Mundmotorik und visuo-motorischer Koordination; Durchführung des von der Autorin entwickelten "Fluency Baseline Record" zur qualitativen und quantitativen Einschätzung der Sprechflüssigkeit in 5 unterschiedlichen Sprechsituationen (Vergleich mit Normpopulation); Probetherapie mit Sprechtechnik; Indikationsentscheidung zur Therapie nach 6 Kriterien; Beratungsgespräch mit den Eltern zur Diagnosevermittlung und Planung des Vorgehens. Das Therapieangebot für die Kinder wird entweder als Einzeltherapie (zweimal 1/2 Stunde pro Woche) oder in einer Gruppe mit individuell ausgelegten Förderungsschwerpunkten und Therapiezielen (einmal für eine Stunde pro Woche) realisiert, zusätzlich finden je nach Indikation Einzeltherapiesitzungen (einmal pro Woche) statt, wenn Sprach- oder Artikulationsdefizite vorliegen.

Um einen Transfer und eine Generalisierung der in der Therapie aufgebauten Sprechflüssigkeit auf natürliche Situationen zu erzielen, sind eine Reihe von Maßnahmen vorgesehen: die systematische Einführung von hierarchisch angeordneten kommunikativen Stressoren, die Einbeziehung der häuslichen Umgebung in die Therapie und das schrittweise Ausblenden des Therapeuten. Nach Abschluß der Behandlung werden über einen Zeitraum von zwei Jahren vierteljährlich Nachkontrollen vorgenommen (Wiederholung des "Fluency Baseline Record" und der Beurteilung durch Eltern und Erzieher). Bei der Erstellung des Programms wurde besonderer Wert auf eine möglichst gute Praktikabilität und Flexibilität der Therapieprinzipen gelegt. Deshalb wurde bewußt auf die Erstellung standardisierter Therapiematerialien verzichtet. Die sonst in der Sprachtherapie von Kindern verwendeten

Therapiematerialien sind völlig hinreichend, um dem Kind adäquate Stimuli zu bieten. Die im Elternprogramm benutzten Materialien sind nicht essentiell, sie können durch andere ausgetauscht werden. Aus den Inhalten und didaktischen Vorgehensweisen des Ansatzes ergeben sich für die Autorin folgende Anforderungen an die Qualifikation und Ausbildung der Therapeuten: gründliche Ausbildung in Fluency-Shaping-Techniken, Kenntnisse in der Entwicklungspsychologie der frühen Kindheit und der Entwicklungslinguistik, Ausbildung in Sprachtherapie bei Kindern und Kenntnisse in Verhaltensmodifikation und Beratungstechniken.

B.III.3.2 "Systematic Fluency Training For Young Children - Revised Edition (SFTYC-R)" von Richard E.Shine

Von Shine (1980, 1985) wurde ein Stottertherapieprogramm für Kinder im Alter von 3 bis 9 Jahren entwickelt, das kommerziell in der Form eines standardisierten Diagnostik- und Therapiepaketes vertrieben wird. Shine (1984) begreift Stottern als Koordinationsstörung, die das Resultat zugrundeliegender neurophysiologischer Besonderheiten beim Kind darstellt, die genetisch oder durch prä- oder neonatale Störungen bedingt sind. Die Voraussetzungen für Stottern sind auf einer neuromotorischen oder linguistischen Ebene oder auf beiden verankert. Aus diesem allgemeinen theoretischen Verständnis heraus leitet Shine für die Therapie die Zielsetzung ab, durch eine gezielte Veränderung von physiologischen, prosodischen und linguistischen Variablen die neurologischen Voraussetzungen für flüssiges Sprechen beim Kind zu verbessern, ein neurologisches "preprogramming" vorzunehmen. Dementsprechend liegen inhaltlicher Schwerpunkt und Ansatzpunkt der Therapie bei der Veränderung des Sprechmusters des Kindes, wobei der linguistische Aspekt in der Weise berücksichtigt wird, daß die in der Therapie vom Kind geforderten sprachlichen Leistungen hinsichtlich Länge und Komplexität der Äußerungen systematisch ausgeweitet werden, sehr ähnlich dem Vorgehen in den Fluency-Shaping-Ansätzen (vgl. Kap.B.III.1.1). Abbildung 13 zeigt einen schematischen Überblick der Programmschritte des SFTYC-R.

Im Verlaufe der Behandlung lernt das Kind, sein Sprechmuster so zu verändern, daß es bei Abschluß der Therapie in der Lage ist, mit einer normal klingenden Sprechweise so fließend zu sprechen, daß weniger als 0,5 Stottersymptome pro Minute reiner Sprechzeit auftreten. Abbildung 14 zeigt, welche Sprechmusterveränderungen beim Kind vorgenommen werden, damit es in der Lage ist, die angestrebte neue Sprechweise ("Easy Speaking Voice") zu benutzen. Wenn das Kind das Sprechmuster beherrscht,

132 Therapie

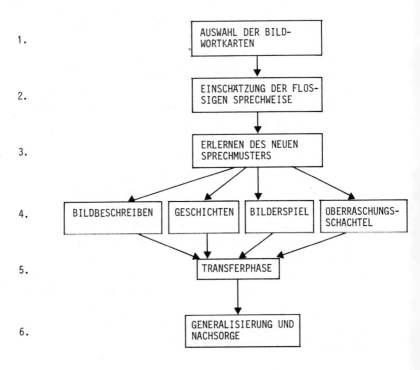

ABB.13 SCHEMATISCHER ÜBERBLICK DER PROGRAMMSCHRITTE DES SFTYC ("SYSTEMATIC FLUENCY TRAINING FOR YOUNG CHILDREN";NACH SHINE, 1984)

FLÜSTERSPRACHE ("WHISPERED SPEAKING VOICE")

	←..OFFEN...→	NORMAL →...→ GESCHLOSSEN
ARTIKULATION	☐ ☐ ☐	☒ ☐ ☐ ☐
	←..OFFEN...→	NORMAL →...→ GESCHLOSSEN
STIMMLIPPEN	☒ ☐ ☐	☐ ☐ ☐ ☐
	←..MONOTON..→	NORMAL →...→ STARK VARIIERT
INTONATION	☒ ☐ ☐	☐ ☐ ☐ ☐
	←..VERLANGSAMT.→	NORMAL →...→ SCHNELL
SPRECHTEMPO	☐ ☐ ☐	☒ ☐ ☐ ☐
	←..KAUM HÖRBAR→	NORMAL............EXTREM LAUT
LAUTSTÄRKE	☒ ☐ ☐	☐ ☐ ☐ ☐

GEDEHNTES SPRECHEN ("PROLONGED SPEAKING VOICE")

	←..OFFEN...→	NORMAL →...→ GESCHLOSSEN
ARTIKULATION	☐ ☐ ☒	☐ ☐ ☐ ☐
	←..OFFEN...→	NORMAL →...→ GESCHLOSSEN
STIMMLIPPEN	☐ ☐ ☐	☒ ☐ ☐ ☐
	←..MONOTON..→	NORMAL →...→ STARK VARIIERT
INTONATION	☐ ☐ ☐	☐ ☐ ☒ ☐
	←..VERLANGSAMT.→	NORMAL →...→ SCHNELL
SPRECHTEMPO	☒ ☐ ☐	☐ ☐ ☐ ☐
	←..KAUM HÖRBAR→	NORMAL →...→ EXTREM LAUT
LAUTSTÄRKE	☐ ☒ ☐	☐ ☐ ☐ ☐

LEICHTES SPRECHEN ("EASY SPEAKING VOICE")

	←..OFFEN...→	NORMAL →...→ GESCHLOSSEN
ARTIKULATION	☐ ☐ ☒	☐ ☐ ☐ ☐
	←..OFFEN...→	NORMAL →...→ GESCHLOSSEN
STIMMLIPPEN	☐ ☐ ☐	☒ ☐ ☐ ☐
	←..MONOTON..→	NORMAL →...→ STARK VARIIERT
INTONATION	☐ ☐ ☐	☐ ☐ ☒ ☐
	←..VERLANGSAMT.→	NORMAL →...→ SCHNELL
SPRECHTEMPO	☐ ☐ ☒	☐ ☐ ☐ ☐
	←..KAUM HÖRBAR→	NORMAL →...→ EXTREM LAUT
LAUTSTÄRKE	☐ ☐ ☒	☐ ☐ ☐ ☐

NEUE SPRECHWEISE ("NEW SPEAKING VOICE")

	←..OFFEN...→	NORMAL →...→ GESCHLOSSEN
ARTIKULATION	☐ ☐ ☐	☒ ☐ ☐ ☐
	←..OFFEN...→	NORMAL →...→ GESCHLOSSEN
STIMMLIPPEN	☐ ☐ ☐	☒ ☐ ☐ ☐
	←..MONOTON..→	NORMAL →...→ STARK VARIIERT
INTONATION	☐ ☐ ☐	☒ ☐ ☐ ☐
	←..VERLANGSAMT.→	NORMAL →...→ SCHNELL
SPRECHTEMPO	☐ ☐ ☐	☒ ☐ ☐ ☐
	←..KAUM HÖRBAR→	NORMAL →...→ EXTREM LAUT
LAUTSTÄRKE	☐ ☐ ☐	☒ ☐ ☐ ☐

ABB.14 ABGESTUFTE SPRECHMUSTERVERÄNDERUNG IM "SYSTEMATIC FLUENCY TRAINING FOR YOUNG CHILDREN - REVISED EDITON" (NACH SHINE, 1985)

soll es dieses in vier unterschiedlichen sprachlichen und kommunikativen Anforderungssituationen (Benennen, Satzergänzen, Kommentieren, Gespräch) anwenden, wobei die Eltern in der Therapiestunde zunächst als Zuschauer anwesend sind. Nach der Absolvierung eines Elterntrainings führen die Eltern zu Hause täglich kurze Behandlungseinheiten (5-10 Minuten) durch, die sich inhaltlich und dem Schwierigkeitsgrad nach an den Therapiesitzungen orientieren. Die Ausbildung der Eltern zu Kotherapeuten, der ein Informationsgespräch über die Ursachen des Stotterns und die Diagnosevermittlung vorausgehen, beinhaltet ein Symptomwahrnehmungstraining (Identifizierung und Aufzeichnung von Stottersymptomen) und das Erlernen der Sprechtechnik "Easy Speaking Voice". Für das Durchlaufen der 68 Therapieschritte, die in 8 unterschiedlichen Sprechaufgaben realisiert werden, wird ein Minimum von wöchentlich zwei Sitzungen (30 bis 50 Minuten) veranschlagt, hinzu kommen die häuslichen Übungszeiten. Falls keine spontane Übernahme der Sprechtechnik in die Spontansprache erfolgt, wird ein Transferprogramm durchgeführt, in dem situations- und personengebundene Variablen systematisch verändert werden. Im Aufrechterhaltungsprogramm sind abgestufte Wiedervorstellungstermine in der Klinik vorgesehen, um zu überprüfen, ob das neue Sprechmuster vom Kind praktiziert wird.

Für die Programmdurchführung gibt Shine folgende Qualifikationsmerkmale vor, die ein Therapeut mitbringen muß:
- Kenntnisse über die Bedeutung von Atmung, Stimmgebung und Artikulation für die Entstehung des Stotterns,
- Fähigkeit, eine reliable Einschätzung der Stottersymptomatik vornehmen zu können (Symptomwahrnehmungstraining),
- Vertrautheit mit Zielen, Ablauf und Inhalten des Programms (erlernbar in zwei- bis dreitägigen workshops),
- Erfahrungen im Umgang mit den Bedürfnissen und Einstellungen junger Kinder,
- Beratungskompetenz gegenüber den Eltern (Vermittlung des Ursachenkonzeptes und Entlastung der Eltern).

B.III.3.3 "Clinical Management of Childhood Stuttering" nach
Meryl J. Wall und Florance L. Myers

Den konzeptionellen Hintergrund für diesen Therapieansatz für stotternde Kinder ab dem Alter von 3 Jahren bildet das von den Autoren selbst entwickelte 3-Faktoren-Modell zur Entstehung und Aufrechterhaltung des Stotterns (vgl. Kap.A.V). Obwohl Wall und Myers in ihrem theoretischen Modell keine Gewichtung der Faktorenbündel oder einzelner Faktoren gemäß ihrer Bedeutung vornehmen, zeigt sich in der Darstellung des Therapieansatzes eine Akzentsetzung zugunsten von Interventionsmöglichkeiten an den Sprech- und Sprachcharakteristika des Kindes. Die Grundidee des Ansatzes besteht dabei darin, das bisher vorliegende entwicklungslinguistische Wissen über die Entwicklung der Sprechflüssigkeit und den Zusammenhang zwischen Sprechunflüssigkeit und anderen Merkmalen der Sprachentwicklung des Kindes für die Therapie der Sprechunflüssigkeiten systematisch zu nutzen, wobei gleichzeitig effektive Handlungsmöglichkeiten zur Bearbeitung von Fragestellungen in den physiologischen und psychosozialen Faktorenbündeln aufgezeigt werden.

Die Entscheidung über die Aufnahme einer Behandlung und die ggf. notwendigen inhaltlichen Schwerpunktsetzungen werden mit Hilfe einer sehr umfangreichen Diagnostik getroffen. Dabei werden mögliche psychosoziale Einflußgrößen (z.B. Störungsbewußtsein beim Kind, Kommunikationsgewohnheiten der Eltern, allgemeines Anpassungsverhalten des Kindes etc.), physiologische Einflußgrößen (z.B. Respiration, Phonation, Artikulation, Koartikulation), psycholinguistische Einflußgrößen (z.B. Syntax, Semantik, Pragmatik) und die Stottersymptomatik selbst in ihrer qualitativen und quantitativen Dimension (Matrix des Stotterverhaltens) untersucht und im Sinne einer klinischen Profilanalyse in ihrer hypothetischen Bedeutung für das Stottern des Kindes eingeschätzt. Je nach Konstellation der Faktoren wird dann im

Einzelfall über die Vorgehensweisen entschieden. In der Abbildung 15 sind die konzeptionell vorgesehenen Therapieansatzpunkte, Therapieziele und Therapiemethoden, die dabei zur Verfügung stehen, aufgeführt. Die konkrete Vorgehensweise wird von Wall und Myers (1984, S. 212 ff.) mit Hilfe von drei ausführlichen Einzelfalldarstellungen, von denen allerdings zwei zum Zeitpunkt der Veröffentlichung noch nicht abgeschlossen waren, exemplarisch vorgestellt.

Auch in diesem Ansatz sind explizite Transfer- und Generalisierungsmaßnahmen (systematische Variation von Personen und Umgebungsvariablen; Einbeziehung von Geschwistern) für den Fall vorgesehen, daß keine spontane Generalisierung des flüssigen Sprechens erfolgt. Die Therapie wird nach genau festgelegten Flüssigkeitskriterien (weniger als 0,4% pathologischer Sprechunflüssigkeiten und weniger als 3% Sprechunflüssigkeiten insgesamt über einen Zeitraum von zwei bis drei Monaten) beendet, zur Nachkontrolle werden drei Wiedervorstellungen im Abstand von zwei Monaten vereinbart, danach sind halbjährige Follow-up-Einschätzungen vorgesehen.

Das in der Therapie verwendete Material ist nicht festgelegt. Die Autoren empfehlen Material aus dem Lebens- und Erfahrungsraum des Kindes bzw. Therapiematerialien, die zur Förderung des Spiel-, Sprach- und Kommunikationsverhaltens von Kindern der entsprechenden Altersstufe geeignet sind. Für die diagnostische Phase werden dem Therapeuten sehr klare und strukturierte Vorgaben angeboten. Bei der Therapiezielformulierung und der Auswahl des Therapiematerials ist der Spielraum für eigene Ideen sehr weit. Dies erfordert eine hohe Flexibilität und Kreativität sowie große Sicherheit im Umgang mit sehr jungen Kindern. Ferner gehört ein gutes theoretisches und konzeptionelles Wissen über die vielfältigen Facetten des Störungsbildes und über die therapeutischen Handlungsmöglichkeiten zu den Grundqualifikationen eines Therapeuten, der mit diesem Ansatz arbeiten möchte.

PSYCHOSOZIALER FAKTOR	PHYSIOLOGISCHER FAKTOR	PSYCHOLINGUISTISCHER FAKTOR
FÜR DAS KIND:	**FÜR DAS KIND**	**FÜR DAS KIND**
ERHÖHUNG DER SPRECHFLÜSSIGKEIT - LANGSAMES, NORMALES SPRECHTEMPO - UNTERSCHEIDUNG "HARTES" VS. "WEICHES" SPRECHEN	ERHÖHUNG DER SPRECHFLÜSSIGKEIT - LANGSAMES , NORMALES SPRECHTEMPO - BENUTZUNG DER SPRECHTECHNIK "WEICHES" SPRECHEN	ERHÖHUNG DER SPRECHFLÜSSIGKEIT - LANGSAMES, NORMALES SPRECHTEMPO - BENUTZUNG DER SPRECHTECHNIK "WEICHES" SPRECHEN IN KONTROLLIERTEN LINGUISTISCHEN ÄUSSERUNGSEINHEITEN
FÜR DIE REAKTIONEN DES KINDES AUF SEIN SPRECHEN:	ATMUNG	AUSWEITUNG DER LINGUISTISCHEN ÄUSSERUNGSEINHEITEN GEMÄSS DEM SEMANTISCH - SYNTAKTISCHEN NIVEAU DES KINDES:
- REDUKTION VON VERMEIDUNGSVERHALTEN BZGL. LAUTEN, WÖRTERN, SITUATIONEN - VERARBEITUNG VON REAKTIONEN ANDERER PERSONEN AUF DAS STOTTERN (Z.B. HÄNSELN) - ERHÖHUNG VON SELBSTSICHERHEIT BEIM KIND	- ANGEMESSENES PAUSENVERHALTEN BEIM SPRECHEN - KORREKTUR VON FEHLATMUNGSMUSTERN STIMME	- ÄUSSERUNGSLÄNGE 1 BIS 2 WORTE - ÄUSSERUNGSLÄNGE 3 BIS 4 WORTE - ANSTIEG DER ÄUSSERUNGSLÄNGE - ZUNAHME DER ÄUSSERUNGSKOMPLEXITÄT - SATZVERBINDUNGEN
FÜR DIE ELTERN UND WICHTIGE BEZUGSPERSONEN:	- LEICHTER STIMM- UND SPRECHEINSATZ - SPRECHTECHNIK "LEICHTES SPRECHEN" - KOORDINATION VON ATMUNG UND STIMMGEBUNG	ERHÖHUNG DER LINGUISTISCHEN ANFORDERUNGEN AN DAS KIND:
BERATUNG BZGL. - STOTTERN (ALLGEMEINE INFORMATION) - STOTTERSYMPTOMATIK (INDIVIDUELL) - ERLERNEN VON SPRACHE UND SPRECHEN - KOMPLEXITÄT DER SPRACHE DER ELTERN - WIRKSAME SPRECHFLÜSSIGKEITSDISRUPTOREN IN DER UMGEBUNG DES KINDES - PSYCHISCHE BELASTUNG VON KIND UND GESAMTFAMILIE	KOARTIKULATION: - "LOOSE CONTACTS" - "PULLOUTS" - "CANCELLATION" BEGLEITSYMPTOMATIK: - GGF. METHODENREPERTOIRE DER VERHALTENS-MODIFIKATION (SELBSTKONTROLLTECHNIKEN, NEGATIVE PRACTICE ETC.) GENERALISIERUNG: - ANWENDUNG DER FLÜSSIGEN SPRECHWEISE UND DER KONTROLLTECHNIKEN IN VARIIERTEN SITUATIVEN UND PERSONELLEN KONTEXTEN	- BEIM BEANTWORTEN VON FRAGEN - IN DER UNTERHALTUNG - BEI ANDEREN LINGUISTISCHEN ANFORDERUNGEN ERHÖHUNG DER PRAGMATISCHEN KOMPETENZ: - Z.B. SPRECHER - ZUHÖRER - VERHALTEN IM GESPRÄCH - Z.B. BLICKKONTAKTVERHALTEN ETC. (GGF. ANPASSUNG DER TEILZIELE UND AUFGABENSTELLUNGEN AN DIE SPEZIFISCHEN BESONDERHEITEN EINES KINDES; WENN EINE SPRACHENTWICKLUNGSVERZÖGERUNG VORLIEGT)

<u>ABB.15</u> ZUSAMMENFASSUNG DER THERAPIEANSATZPUNKTE, - ZIELE UND - METHODEN IM 3-FAKTOREN-MODELL (NACH WALL & MYERS, 1984)

B.III.3.4 "Component Model for Treating Stuttering in Children" von Glyndon D. Riley und Joanna Riley

Der Therapieansatz von Riley und Riley (1984, 1985) wurde für stotternde Kinder im Alter von 3 bis 12 Jahren entwickelt, die über ein durchschnittliches allgemeines kognitives Leistungsvermögen verfügen und bei denen keine schweren sprachlichen oder körperlichen Entwicklungsbeeinträchtigungen vorliegen. Theoretischer Hintergrund ist ein multidimensionales Verständnis des Stotterproblems, wobei besonders auf die Bedeutung neurologischer Einflußgrößen hingewiesen wird. Die Bereiche, die in der Therapie Berücksichtigung finden können, leiten sich aus dem von den Autoren ermittelten Komponenten-Modell des Stotterns (Riley & Riley, 1979; vgl. dazu Kap.A.V) ab. Entsprechend beinhaltet das Therapiemodell 4 Hauptbereiche: Veränderung von Umfeldbedingungen, Veränderung von Einstellungen beim Kind, Veränderung von neurologischen Komponenten, direkte Modifikation verbleibender abnormer Sprechunflüssigkeiten. Entscheidungskriterien für die Aufnahme der Therapie und für die inhaltlichen Schwerpunkte stellen die Ergebnisse einer diagnostischen Phase dar, in der mit Hilfe von psychometrischen Tests und klinischen Einschätzungsverfahren folgende Bereiche untersucht werden: das Stotterverhalten selbst, das Aufmerksamkeitsverhalten, die auditive Verarbeitung, die Satzbildung, die Mundmotorik, das Anspruchsniveau des Kindes, der manipulative Gebrauch des Stotterns, kommunikative Umgebungseinflüsse, unrealistische Elternerwartungen, die psychologische Bedeutung der Störung für die Eltern.

Wird das Stottermuster des Kindes nach bestimmten diagnostischen Kriterien als "nicht-chronisch" eingestuft, wird über die Dauer von zwei Jahren ein Beobachtungsprogramm ("Fluency Monitoring Program") vereinbart, das mit einer 3- bis 4stündigen Elternberatung beginnt (Themen: Veränderung unangemessener Reaktionen auf das Stottern, Schaffen günstiger kommunikativer

Umgebungsbedingungen, Ausschalten der Möglichkeit eines manipulativen Gebrauchs des Stotterns) und mit regelmäßigen Telefonkontakten fortgesetzt wird, um den Verlauf einschätzen zu können. Bei der Aufnahme der Behandlung eines Kindes richten sich die inhaltlichen Schwerpunkte ganz individuell nach dem Komponentenprofil, für die Behandlungsabfolge wird jedoch eine festgelegte Reihenfolge eingehalten. In der Abbildung 16 sind die berücksichtigten Therapiebereiche in ihrer zeitlichen Aufeinanderfolge dargestellt, wobei sowohl theoretische als auch therapiedidaktische Erwägungen bei dieser Festlegung ausschlaggebend waren. So müssen vorhandene Aufmerksamkeitsstörungen vorrangig behandelt werden, weil ein gewisses Mindestmaß oder sogar ein gutes Aufmerksamkeitsverhalten Voraussetzung für eine gezielte Förderung des Kindes ist und die Effektivität der Arbeit in den anderen Gegenstandsbereichen der Therapie ganz entscheidend beeinflußt wird. Beim Vorliegen von Störungen der Mundmotorik muß dieser Bereich möglichst früh im Therapieverlauf bearbeitet werden, weil eine Verbesserung in diesem Bereich am günstigsten über kurze, jedoch häufig stattfindende Trainingseinheiten erzielt werden kann.

Die direkte Arbeit an den Sprechunflüssigkeiten stellt den letzten Schritt des Maßnahmenkatalogs dar; sie wird erst dann eingeleitet, wenn über die Modifikation der Umwelteinflüsse, der Einstellungen und der neurologischen Komponenten keine Sprechflüssigkeit erzielt werden konnte. Neben der Modifikation der Kernsymptomatik des Stotterns werden dann auch motorische Begleitphänomene und Vermeidungsverhaltensweisen gezielt behandelt. Für den Bereich Mundmotorik, der für die Autoren eine Schlüsselfunktion hat, steht ein standardisiertes Trainingsprogramm (Riley & Riley, 1986) zur Verfügung; die therapeutischen Vorgehensweisen in den anderen Therapiebereichen können gemäß der theoretischen Ausrichtung, Erfahrung und Kreativität des Therapeuten frei gestaltet werden. Ebenso kann das Therapiematerial, auch wenn Riley und Riley spezifische Materialien

140 Therapie

	MODIFIKATION VON UMWELTEINFLÜSSEN	MODIFIKATION VON EINSTELLUNGEN	MODIFIKATION DER NEUROL. KOMPONENTEN	DIREKTE MODIFIKATION DER ABNORMEN SPRECHUNFLÜSSIGKEITEN
SCHRITT 1.	ELTERNBERATUNGSSITZUNGEN 1-3		MODIFIK. VON AUFMERKSAMKEITSSTÖRUNGEN	
SCHRITT 2.	ELTERNBERATUNGSSITZUNGEN 4-6	MODIFIK. DES HOHEN ANSPRUCHSNIVEAUS	MODIFIK. VON MUNDMOTORISCHEN KOORDINATIONSLEISTUNGEN	
SCHRITT 3.	ELTERNBERATUNG NACH BEDARF	MODIFIK. DES HOHEN ANSPRUCHSNIVEAUS NACH BEDARF	MODIFIK. VON AUDITIVEN VERARBEITUNGSSTÖRUNGEN	
SCHRITT 4.	ELTERNBERATUNG NACH BEDARF	MODIFIK. DES HOHEN ANSPRUCHSNIVEAUS NACH BEDARF	MODIFIK. VON SPRACHL. GESTALTUNGSPROBLEMEN	
SCHRITT 5.	ELTERNBERATUNG NACH BEDARF			DIREKTE MODIFIK. DER ABNORMEN SPRECHUNFLÜSSIGKEITEN

ABB. 16 BEHANDLUNGSABFOLGE IM "KOMPONENTENMODELL - THERAPIEANSATZ" (NACH RILEY & RILEY, 1984, 1985)

benutzen, frei zusammengestellt werden. Als technische Hilfsmittel gehören Stoppuhr und Cassettenrecorder zur therapeutischen Grundausstattung.

Der Darstellung des Therapieansatzes (Riley & Riley, 1985) liegen Erfahrungen mit 54 behandelten Kindern zugrunde. Die Therapiedauer beträgt ca. ein Jahr bei ein bis zwei Sitzungen wöchentlich, wobei die Eltern regelmäßige Übungen (zweimal 5 Minuten pro Tag) mit dem Kind durchführen und Verhaltensprotokolle anfertigen müssen.

Die Anforderungen an den Therapeuten sind durch die diagnostischen und therapeutischen Implikationen des Komponentenmodells abgesteckt. Er muß spezifisches Veränderungswissen für die einzelnen Komponentenbereiche haben, er muß das differentialdiagnostische und diagnostische System beherrschen und die vielfältigen Modifikationstechniken für eine direkte Behandlung des Stotterns anwenden können.

B.III.3.5 "Personalized Fluency Control Therapy - Revised (PFC-R)" von Eugene B. Cooper und Crystal S. Cooper

Die "Cooper Personalized Fluency Control Therapy - Revised" (1985) ist ein kommerziell vertriebener standardisierter Therapieansatz für stotternde Klienten im Alter von 2,5 bis 58 Jahren. Die Globalzielsetzung besteht darin, beim Stotterer ein Gefühl für eine Kontrollmöglichkeit über seine Sprechflüssigkeit heranzubilden, wobei zwei therapeutische Schwerpunkte gesetzt werden: einmal die Arbeit an der Koordination von Respiration, Phonation und Phonation, was über das Erlernen von Sprechhilfen geschieht, dann die Erarbeitung von Gefühlen und Einstellungen, die für den Erwerb eines flüssigen Sprechens notwendig sind, wobei dazu verschiedenartige psychotherapeutische Veränderungsmethoden angewandt werden. Um den Besonderheiten der unterschiedlichen Altersgruppen, für die das Programm gedacht ist, Rechnung zu tragen, liegen die vielfältigen diagnostischen und therapeutischen Materialien in einer Kinderversion und in einer Ausführung für Jugendliche und Erwachsene vor. Die Zielsetzungen und Inhalte der Therapie unterscheiden sich für die Altersgruppen nicht, die Unterschiede betreffen hauptsächlich die Therapiedidaktik. So werden in der Kinderversion die Instruktionen in der diagnostischen Phase möglichst kindgerecht gehalten und die Informationen für Eltern und Erzieher besonders stark berücksichtigt. Bei der Vermittlung von Sprechtechniken werden Analogien benutzt, die für Kinder leicht verständlich und positiv motivierend sind. So wird beispielsweise mit Hilfe von Würfelbrettspielen das Einüben von vereinbarten Sprechweisen vorgenommen. Für das Erlernen des weichen Stimmeinsatzes ("Easy Onset Practice"), einer kontrollierten Tiefatmung ("Deep Breath Practice"), eines silbenbetonten Sprechens ("Syllable Stress Practice"), eines geschmeidigen Sprechens mit weichen Übergängen ("Smooth Speech Practice") und eines langsamen Sprechtempos ("Slow Speech Practice") liegen jeweils gesonderte Spiele vor, bei denen das Kind beim Erreichen von Ereignisfeldern die entsprechende Technik praktizieren soll. In einem eigens dafür entwickelten Brettspiel sind die einzelnen Therapieschritte, die das Kind durchlaufen soll, aufgeführt, die dann im Spiel entsprechend der gewürfelten Zahl vom Kind beschrieben, beantwortet oder demonstriert werden sollen. Dies soll dazu beitragen, die kognitive Repräsentanz der Therapiemaßnahmen beim Kind zu erhöhen, den Therapieablauf für das Kind zu strukturieren und eine Orientierung hinsichtlich der erreichten und noch offenstehenden Teilziele der Therapie zu erleichtern.

Die beim Kind ansetzende Diagnostik beinhaltet eine genaue Einschätzung der Sprechflüssigkeit und des Stotterns, eine Einschätzung der damit verbundenen relevanten Gefühle und Einstellungen und eine prognostische Einschätzung der Wahrscheinlichkeit, mit der das Stottern einen chronischen Verlauf nehmen wird. Diese Fragestellungen werden mit Hilfe von Eltern- und Erziehergesprächen, psychometrischen Testverfahren und Fragebögen bearbeitet, wobei der diagnostische Prozeß durch eine Vielzahl von klinischen Checklisten (z.B. zur Erfassung der Einstellungen gegenüber dem Stottern und des Vermeidungsverhaltens, zur Erfassung von Art, Häufigkeit, Dauer und Schweregrad des Stotterns, zur Einschätzung der Chronizitätswahrscheinlichkeit etc.) strukturiert wird. Mit Hilfe dieser Daten werden die individuellen Lernziele für jeden Klienten festgelegt; sie dienen ferner als Bezugsgröße für die Einschätzung der Veränderungen, die sich später im Verlauf der Therapie ergeben. Die Inhalte der Elternarbeit werden in ähnlicher Weise wie die Therapieinhalte beim Kind aus den Ergebnissen einer Checkliste abgeleitet, mit der die elterlichen Einstellungen erfaßt werden können.

Die Therapie vollzieht sich in 4 idealtypisch voneinander abgrenzbaren Schritten, für die folgende lang- und kurzfristigen Zielsetzungen formuliert sind:

Therapiestufe 1: Identifikation und Strukturierung des Problems

Langfristiges Ziel A: Der Stotterer soll in die Lage versetzt werden, die Gefühle, Einstellungen und Verhaltensweisen, die mit seinem Stottern in Verbindung stehen, kennenzulernen. Dies soll über 4 kurzfristige Ziele erreicht werden:

- Der Klient soll sein Stottern in seiner qualitativen Ausprägung (Dehnungen, Wiederholungen, Blockierungen) kennen und beschreiben können.
- Er soll die mit dem Stottern verbundene Begleitsymptomatik (Aufschubreaktionen, Atemverhalten, Gesichtsbewegungen, syntaktisch-grammatikalische Eigenarten, stimmliches Verhalten) kennen- und beschreiben lernen.
- Er soll sein situationsabhängiges Vermeidungsverhalten kennen- und beschreiben lernen.
- Er soll seine eigenen Einstellungen gegenüber dem Stottern kennen- und beschreiben lernen.

Langfristiges Ziel B: Der Stotterer soll die Ziele und den Prozeß der Therapie verstehen lernen, was mit Hilfe von zwei kurzfristigen Zielen erreicht werden soll:

- Er soll dazu in der Lage sein, die langfristigen Ziele der Therapie zu beschreiben.
- Er soll dazu in der Lage sein, den Therapieprozeß mit eigenen Worten zu beschreiben.

Therapiestufe 2: Einschätzung und Konfrontation

Langfristiges Ziel A: Die Gesichts- und Körperbewegungen, die während des Stottereignisses auftreten, sollen eliminiert werden. Dies geschieht über das Erreichen von drei kurzfristigen Zielen:

- Eliminierung/Reduktion der äußerlich sichtbaren Begleitsymptome des Stotterns im Gesichtsbereich (z.B. Abbruch des Blickkontakts, Aufblähen der Nasenflügel, Zittern der Augenlider),
- Eliminierung/Reduktion von äußerlich sichtbaren Körperbewegungen als Begleitsymptome des Stotterns (z.B. Finger-, Hand-, Rumpf-, Beinbewegungen),
- Eliminierung/Reduktion von äußerlich sichtbaren und mit dem Stotterereignis einhergehenden respiratorischen, stimmlichen und sprachlichen Besonderheiten.

Langfristiges Ziel B: Herstellung einer Klient-Therapeut-Beziehung, die es dem Stotterer ermöglicht, seine eigenen Gefühle kennenzulernen und Veränderungen seines Sprechverhaltens vorzunehmen. Dies soll durch folgendes kurzfristiges Ziel erreicht werden:

- Schaffung einer Klient-Therapeut-Beziehung, in der der Stotterer sich so frei fühlt, daß er seine positiven und negativen Gefühle gegenüber dem Stottern, der Therapie und dem Therapeuten zum Ausdruck bringen kann.

Langfristiges Ziel C: Der Stotterer soll sich solcher Einstellungen, Gefühle und Verhaltensweisen bewußt werden, die Veränderungen seiner Sprechunflüssigkeit erleichtern oder erschweren. Kurzfristige Ziele sind dabei:

- Identifizieren und Benennen von Einstellungen und Gefühlen, die Veränderungen der Sprechunflüssigkeit erschweren oder erleichtern (z.B. "Die Therapiesitzung ist mir äußerst unangenehm", "Ich schäme mich, weil ich mein Problem nicht alleine lösen konnte", "Ich stottere eigentlich überhaupt nicht", "Weil ich stottere, werde ich als Mensch nicht ernst genommen" oder "Endlich kann ich gezielt an meinem Problem arbeiten", "Ich bin froh, einen so netten und fähigen Therapeuten gefunden zu haben").

- Identifizierung und Benennung von Verhaltensweisen, die Veränderungen der Sprechflüssigkeit erschweren oder erleichtern (z.B. verspätet zur Therapie erscheinen, vollständige und korrekte Erledigung der häuslichen Übungsaufgaben etc.).

Therapiestufe 3: Kognitions- und Verhaltensorientierung

Langfristiges Ziel A: Der Stotterer soll Einstellungen und Gefühle entwickeln, die die Sprechflüssigkeit fördern, wobei folgende kurzfristige Ziele verfolgt werden:

- Die auf der Therapiestufe 2 identifizierten angemessenen sprechflüssigkeitsfördernden Wahrnehmungen werden ausgeweitet und positiv verstärkt.
- Die auf der Therapiestufe 2 identifizierten angemessenen sprechflüssigkeitserleichternden Verhaltensweisen werden ausgeweitet und positiv verstärkt.

Langfristiges Ziel B: Der Klient soll in die Lage versetzt werden, eine effektive Selbstverstärkung vorzunehmen. Dem entspricht das kurzfristige Ziel:

- Kennenlernen und Entwickeln von Selbstverstärkungsaktivitäten (z.B. Ausdrücken von positiven Gefühlen sich selbst gegenüber).

Langfristiges Ziel C: Der Stotterer soll dazu in der Lage sein, Sprechhilfen (Fluency initiating gestures) für sich zu identifizieren, zu entwickeln und anzuwenden. Folgende Teilziele werden bearbeitet:

- Identifikation der Sprechhilfen, die der Klient sich aus eigener Kraft angeeignet hat (z.B. Verringerung des Sprechtempos, Benutzung von Startern, Wortumstellungen).

- Identifikation von Veränderungen der Sprechweise und deren Auswirkung auf die Sprechflüssigkeit unter unterschiedlichen Sprechbedingungen (z.B. Sprechen unter DAF = delayed auditory feedback).
- Erlernen der Praktizierung von universellen Sprechhilfen (langsames Sprechen, weicher Stimmeinsatz, tiefes Einatmen, Kontrolle der Lautstärke, geschmeidiges Sprechen, silbenbetontes Sprechen) in der Therapiesituation.

Therapiestufe 4: Kontrolle der Sprechflüssigkeit

Langfristiges Ziel A: Der Stotternde soll das Gefühl entwickeln, daß er seine Sprechflüssigkeit kontrollieren kann. Folgende kurzfristige Ziele werden verfolgt:

- Es sollen Einstellungen und Verhaltensweisen gefestigt und aufrechterhalten werden, die eine genaue Wahrnehmung des Stotterverhaltens und seiner interpersonalen Begleiterscheinungen ermöglichen; es soll eine realistische emotionale und intellektuelle Selbstwahrnehmung ermöglicht werden; die Selbstkontrollmöglichkeiten sollen erweitert werden. Ferner soll der Stotternde wissen, daß er in der Lage ist, seine Sprechflüssigkeit zu kontrollieren; dieses Wissen soll auch gefühlsmäßig repräsentiert sein; der Stotternde soll Vertrauen in seine diesbezüglichen Fähigkeiten entwickeln.

Langfristiges Ziel B: Zur Generalisierung der in der Therapiesituation gelernten Sprechhilfen soll der Stotterer Sprech- und Kommunikationsaufgaben außerhalb der Therapiesituation nach individuellem Schwierigkeitsgrad absolvieren, die einer Aufrechterhaltung der Sprechflüssigkeit dienen.

Cooper und Cooper verstehen ihren Therapieansatz als langfristiges Betreuungskonzept für Stotternde, wobei eine Therapiedauer von ein bis zwei Jahren bei ein oder zwei Sitzungen pro Woche üblich ist. Eine Durchführung des Programms als intensive Kurzzeittherapie ist von den Autoren nicht vorgesehen, da ihrer klinischen Einschätzung nach intensive Kurzzeittherapien hohe Rückfallquoten innerhalb von ein bis zwei Jahren nach Beendigung der zunächst erfolgreichen Intensivtherapie aufweisen. Die standardisierten Materialien für die Diagnostik und die Therapie sind so angelegt, daß sie von Therapeuten, die mit anderen Konzepten arbeiten, gut adaptiert und auch punktuell sinnvoll verwendet werden können. Das PFC, Vorgänger des überarbeiteten PFC-R, das vor ca. 20 Jahren in seiner Grundkonzeption entwickelt worden ist, ist in den USA als Therapieansatz offensichtlich sehr weit verbreitet. Die Autoren schätzen, daß das Programm als Ganzes oder Teile des Programms bis zum Jahr 1982 bei ca. 90.000 Stotterern zur Anwendung kam.

Trotz der standardisierten Vorgaben für die Diagnostik und die Therapie wird der Klient-Therapeut-Beziehung eine Schlüsselfunktion bei der Einleitung der Veränderungsprozesse auf der emotional-affektiven Ebene und auf der Einstellungs- und Verhaltensebene zugeschrieben. Insofern gehen die Qualifikationsanforderungen an den Therapeuten weit über die Notwendigkeit eines korrekten Umgangs mit dem Material hinaus. Cooper und Cooper (1985, S. 21 ff.) entwickeln ein detailliertes Persönlichkeitsprofil als Anforderungskatalog für die Fähigkeiten eines guten Therapeuten, in dem die wesentlichen Therapeutenvariablen des klientenzentrierten Psychotherapieansatzes (Minsel, 1974; Tausch, 1978) enthalten sind. Gerade die Effektivität der Modifikation auf der Gefühls- und Einstellungsebene sei eng an die Fähigkeit des Therapeuten gekoppelt, eine sensible und verantwortungsvolle Klient-Therapeut-Beziehung herzustellen.

B.IV EFFEKTIVITÄT DER BEHANDLUNGSANSÄTZE FÜR STOTTERNDE VORSCHULKINDER

Die in diesem Kapitel vorgestellten direkten, indirekten und methoden-kombinierten Therapieansätze für stotternde Vorschulkinder werden von ihren Autoren implizit oder explizit als inhaltlich angemessene und effektive Behandlungskonzepte ausgewiesen. Im folgenden soll versucht werden, die zu den einzelnen Ansätzen bisher vorliegenden Effektivitätsangaben zu sichten und zu diskutieren, wobei auch kurz auf die grundsätzliche Problematik der Definition und Meßbarkeit von Therapieerfolgen eingegangen wird (vgl. dazu auch Fietkau, 1976; Grawe, 1978; Ludwig, 1982; Motsch, 1980; Roth, 1985) und die Effektivitätsangaben daraufhin überprüft werden sollen, inwieweit sie den methodischen Standards moderner Evaluationsstrategien genügen. Die Forderung, wonach eine Stottertherapie effektiv sein muß, erscheint trivial, sie einzulösen und dies belegen zu können, stellt sich oft als äußerst schwierig dar. Zunächst einmal muß definiert werden, was unter "effektiv" zu verstehen ist, dann müssen, was mindestens ebenso problematisch ist, Methoden zur Verfügung stehen, die eine reliable und valide Messung der wie auch immer definierten Effektivitätskriterien erlauben. Dieses ist für den Nachweis des Erfolges einer Therapie im Einzelfall notwendig, aber auch, um die Effektivität von Einzelmethoden und Behandlungskonzpeten insgesamt belegen zu können.

Die Frage, wann ein Patient als 'geheilt' oder gebessert anzusehen ist, kann sinnvoll nicht losgelöst vom definierten Therapieziel diskutiert werden. Wie anhand der vorgestellten Therapieansätze gezeigt werden konnte, verfolgen die meisten Behandlungsansätze das Globalziel einer Stabilisierung der Sprechflüssigkeit bzw. einer Reduktion des Stotterns; sie bedienen sich dabei jedoch z.T. sehr unterschiedlicher Therapiemethoden und setzen an unterschiedlichen Verhaltensklassen an, für deren Veränderung verschiedenartige Teilziele und Kriterien für eine als erfolgreich geltende Intervention festgelegt werden. Dies erschwert eine vergleichende Effektivitätseinschätzung, wenn unterschiedliche Behandlungskonzepte beurteilt werden sollen.

Ein anderes Problem besteht in der Frage, wie einfach oder komplex solche Effektivitätskriterien dimensioniert sein müssen. Reichen z.B. einfache Stotterhäufigkeitsmaße aus, um die Veränderungen im Verlauf der Therapie zu beschreiben, wie das einige Vertreter der operanten Verhaltensmodifikation behaupten (vgl. Costello, 1983; Shames & Florance, 1980; Ryan & van Kirk, 1982), oder sind andere Kriterien, z.B. solche, die sich auf Aspekte des Interaktionsverhaltens (Sprechfreude, Natürlichkeit und Spontaneität der Sprechweise), der Befindlichkeit und des Selbstbildes (Ausmaß von Störungsbewußtsein, Sprechangst, Vermeidungsverhalten, soziale und kommunikative Kompetenz) des Patienten beziehen, vorzuziehen, oder müssen sie zusätzlich hinzugenommen werden (vgl. dazu die Diskussion bei Cooper, 1977; Ingham, 1984, 1985; Sheehan, 1979,1980; Webster, 1979).

Es stellt sich auch die Frage, auf welchem Meßniveau Therapieverlaufs- und Erfolgseinschätzungen vorgenommen werden müssen. Ist es z.B. akzeptabel und aussagefähig, wenn die Einschätzungen von den behandelnden Therapeuten oder den Begründern einer Therapiemethode mittels klinischer Globaleinschätzung vorgenommen werden, oder sind Einschätzungen unabhängiger Beurteiler notwendig, um z.B. Wahrnehmungsverzerrungen aufgrund von Erwartungseffekten und andere Beobachtungsfehler kontrollieren zu können? Ferner ist zu fragen, in welchem Umfang klinische Beurteilungen durch quantitative Daten abgesichert werden müssen und welchen zeitlichen Rahmen katamnestische Untersuchungen haben müssen, damit die Stabilität eines Therapieerfolgs mit einiger Wahrscheinlichkeit angenommen werden kann.

Eine zusammenfassende Darstellung der wichtigsten Kriterien, die bei der Bewertung der Effektivität von Stottertherapien berücksichtigt werden müssen, hat Bloodstein (1981, S. 386 ff.) vorgelegt, die von Ingham und Costello (1984) diskutiert und erweitert wurden. Danach sollten folgende Standards eingehalten werden:

1. Eine Therapiemethode muß sich an einer ausreichend großen und repräsentativen Gruppe von Stotterern als effektiv erweisen. Bloodstein stellt damit die Vorgehensweise in Frage, die Therapieeffektivität mit Hilfe von Einzelfallstudien zu belegen. Seiner Meinung nach werden dazu ausschließlich erfolgreiche Therapieverläufe herangezogen, die zu einer positiven Verzerrung des Gesamtbildes der Leistungsfähigkeit einer Methode führen. Demgegenüber unterstreichen Ingham und Costello den heuristischen Wert von kontrollierten Einzelfallstudien. Sie schätzen die Gruppe der Stotterer als so heterogen ein, daß ihnen eine repräsentative Gruppenbildung ebenso wie die Vorstellung einer einheitlichen Behandlung aller Stotterer unmöglich erscheint. Insofern ist man auf Einzelfallstudien angewiesen, die wertvolle Hinweise auf Indikationskriterien geben und deren Ergebnisse zur Spezifizierung von Behandlungseffekten herangezogen werden können, was u.a. mit Hilfe von Replikationsstudien erreicht werden kann.

2. Die Darstellung der Ergebnisse einer Therapie muß mindestens Informationen über die Stotterhäufigkeit, den Schweregrad und das Sprechtempo enthalten, wobei diese Messungen unter Angabe von Reliabilitätskennwerten von unabhängigen Beurteilern vor, während und nach Abschluß der Therapie vorzunehmen sind.

3. Wegen der starken Variabilität des Stotterns (bzgl. Zeit, Raum,

Personen) müssen für die Messungen angemessene und wiederholt durchgeführte Sprechproben erhoben werden (Problem der Baseline-Stabilität).

4. Die Effekte einer Therapie müssen auch in Situationen außerhalb des Behandlungssettings auftreten. Entsprechend müssen Angaben über das Verhalten in natürlichen Alltagssituationen vorgelegt werden.

5. Die zeitliche Stabilität von Therapieerfolgen muß durch eine Langzeitkontrolle dokumentiert werden, die nach Bloodstein mindestens 18 bis 24 Monate umfassen muß.

6. Es muß gezeigt werden, daß eine Reduktion des Stotterns das Ergebnis einer bestimmten Behandlungsmethode ist. Dazu müssen entsprechende Evaluationsdesigns mit Kontrollgruppen oder Kontrollbedingungen zur Anwendung kommen, die eine Unterscheidung von Behandlungseffekten ermöglichen und Entscheidungskriterien für die Frage vorgeben, wann eine Therapie nutzlos ist und abgebrochen werden soll.

7. Die Effektivitätseinschätzungen müssen Angaben beinhalten, aus denen hervorgeht, ob die erreichte Sprechweise natürlich und spontan klingt und ohne bewußte Kontrolle hervorgebracht werden kann.

8. Eine erfolgreiche Behandlung muß nicht nur das Stottern, sondern ebenso das Gefühl, eine Störung zu haben, abgebaut und das Selbstkonzept einer Person als Stotterer verändert haben.

9. Es ist eine sorgfältige Analyse von nicht erfolgreich verlaufenen und vorzeitig abgebrochenen Therapien durchzuführen, um eine realistische Einschätzung des Erfolges abgeben und eine Einschätzung der Kontraindikation bei bestimmten Klientengruppen oder Klientenmerkmalen vornehmen zu können.

10. Eine Therapiemethode muß so beschaffen sein, daß sie im Prinzip erlernbar ist und sich in den Händen eines jeden qualifizierten Therapeuten als effektiv erweist. Sie muß von Status, Prestige und besonderen Persönlichkeitscharakteristika eines Therapeuten relativ unabhängig sein.

11. Eine Therapiemethode muß überdauernd erfolgreich sein, auch wenn ihr Neuheitswert abgeklungen ist oder der Modellcharakter einer Behandlung nicht mehr besteht.

In Abbildung 17 werden die in unserer Darstellung berücksichtigten 26 Therapieansätze für stotternde Vorschulkinder hinsichtlich ihrer Angaben zur Evaluation und Effektivität zusammenfassend dargestellt. Auf den ersten Blick ist ersichtlich, daß die Angaben zu den aufgeführten Variablen sehr lückenhaft sind und einen Effektivitätsvergleich einzelner Ansätze nicht erlauben. Es erstaunt, daß immerhin bei etwa 30% überhaupt keine expliziten Effektivitätseinschätzungen und -angaben vorgelegt werden, obwohl durch die Art der Darstellung der Ansätze in den Veröffentlichungen der Eindruck vermittelt wird, als handele es sich um praktikable und sinnvolle Vorgehensweisen. Bei etwa 38% werden globale klinische Einschätzungen abgegeben, z.B. in Form von Prozentsätzen erfolgreich behandelter Kinder, allerdings häufig ohne die numerische Bezugsgröße - die Anzahl der Klienten - zu nennen. Für Selmar (1981) gilt die Beobachtung, daß sich der Anteil der Stotterer in seinem Distrikt innerhalb von 12 Jahren seiner Arbeit von 1% auf 0,1% reduziert hat, als Effektivitätsbeleg. Andere klinische Einschätzungen beschreiben qualitative Veränderungen des Stottermusters und der Sprechweise (Johnson, 1980) oder die allgemeinen Voraussetzungen für den Erfolg einer Therapiemethode (Guitar, 1982).

AUTOREN	EINSCHÄT-ZUNGSZEIT-RAUM IN JAHREN	ANZAHL DER KLIENTEN	ALTER IN JAHREN ($\bar{X}$)	BETREU-UNGSDAUER IN MONATEN	ANZAHL THERAPIE-SITZUNGEN ($\bar{X}$)	% ERFOLG-REICH	% GERINGF. ERFOLG-REICH	% KEIN ERFOLG	% VORZEI-TIGER AB-BRUCH DER BEHANDLUNG	EFFEKTIVITÄTS EINSCHÄTZUNG KLINISCH DATE BEZO
ADAMS (1980,1984)	—	—	—	—	—	—	—	—	—	—
BALEY & BAILEY (1979,1982)	—	—	—	—	—	—	—	—	—	—
COOPER (1984) COOPER & COOPER (1985)	10	—	—	CA.18	75-150	80	—	—	—	X
CONTURE (1982)	—	—	—	—	—	—	—	—	—	—
COSTELLO (1980, 1983,1985)	5	—	AB 2	—	—	66	—	33	33	X
CULP (1984)	2	20	3-6	—	15-70	80	—	20	19	—
GREGORY (1978,1985) GREGORY & HILL (1980)	—	—	—	15	—	70	—	—	—	X
GUITAR (1982)	—	—	—	—	—	—	—	—	—	X
HANLEY (1984)	—	—	—	—	—	—	—	—	—	—
JOHNSON (1980)	—	7	2-5	4	—	71	—	—	—	X
LEITH (1984)	—	—	—	—	—	—	—	—	—	—
LUPER & MULDER (1964)	—	—	—	—	—	—	—	—	—	—
NELSON (1982)	0,5	7	2-4 1/2	—	3-10	85	15	—	—	X
PERKINS (1979)	—	—	—	—	—	—	—	—	—	—
PRINS (1983)	—	2	2-4	—	—	—	—	—	—	X
RILEY & RILEY (1983,1984,1985)	1-3	44	4-13	CA.12	CA.50	81[1] 84[2] 81[3]	—	—	—	—
RUSTIN (1982) RUSTIN & COOK (1983) RUSTIN & STURGIS (1985)	8	—	—	14 TAGE BLOCK	TÄGLICH	—	—	—	—	X
RYAN (1974,1985)	—	13	4-8	24	20-30	100	—	—	—	—
SELMAR (1981)	12	—	—	—	—	—	—	—	—	X
SHAMES & EGOLF (1976) SHAMES & FLORANCE (1980) FLORANCE & SHAMES (1980)	5	153	NICHT SPEZIFI-ZIERT	—	—	—	—	—	—	X
SHINE (1980,1984,1985)	3	14	3-9	1-28	4-112	93	—	—	—	—
STOCKER (1980) STOCKER & GERSTMAN (1983)	—	24	(7)	CA.7	—	71	17	8	—	—
VAN RIPER (1973)	—	—	—	—	—	—	—	—	—	—
WALL & MYERS (1984)	—	3	4-4 1/2	—	(33)	—	—	—	—	—
WILLIAMS (1971,1984)	—	—	—	—	3	90	—	10	—	X
ZWITMAN (1978)	3	21	3-5	2-3	12	72	9	9	—	X

[1] THERAPIEENDE
[2] 1 JAHR NACH BEENDIGUNG DER THERAPIE
[3] 2 JAHRE NACH BEENDIGUNG DER THERAPIE

ABB.17 ANGABEN ZUR EVALUATION UND EFFEKTIVITÄT VON THERAPIEANSÄTZEN FÜR STOTTERNDE VORSCHULKINDER

Die vorliegenden klinischen Einschätzungen erscheinen uns zu gering strukturiert und zu unsystematisch, als daß auf ihrer Grundlage eine rationale Bewertung der Effektivität möglich wäre. Es erstaunt, daß auch für einige als ausgesprochen etabliert geltende Ansätze wie die von Cooper und Cooper (1985) und Gregory (1985) bisher weder empirische Daten noch zufriedenstellende klinische Verlaufsbeobachtungen vorgelegt wurden, obwohl sie seit Jahren als Handlungsmodelle angeboten werden. Lediglich für 8 der 26 Therapieansätze liegen Evaluationsdaten für die Arbeit mit jungen Kindern vor, wobei die Daten nicht in jedem Fall eine altersmäßige Differenzierung von Vorschulkindern und Kindern im Schulalter erlauben und auch in anderer Hinsicht Mängel aufweisen, was die Datenerhebung und Vollständigkeit betrifft. Insgesamt liegen Daten über 132 stotternde Kinder vor. Wie die Abbildung zeigt, ist auch hier eine vergleichende Bewertung äußerst schwierig, da z.B. die Bezugsgrößen für den Katamnesezeitraum, wenn er überhaupt genannt wird, unterschiedlich sind. Ebensowenig vergleichbar sind Therapiedauer und -intensität und das Alter der Kinder, zumal wichtige Zusatzinformationen wie z.B. die Stotterdauer seit dem Erstauftreten fehlen. Die ermittelten Prozentsätze erfolgreicher Therapien sind relativ hoch - sie liegen zwischen 71% und 100%. Sie können unseres Erachtens jedoch nur mit allergrößter Vorsicht interpretiert werden, solange Angaben über die Häufigkeit eines vorzeitigen Therapieabbruchs und dessen Gründe fehlen oder nicht transparent gemacht wird, welche Gründe möglicherweise für das Scheitern einer Therapie verantwortlich waren. Nur für zwei Therapieansätze liegen solche Hinweise vor. Bei Culp (1984) sind es 19%, bei Costello (1983) immerhin 33% der Klienten, deren Therapie vorzeitig abgebrochen wurde, wobei dieses individuell auf sehr unterschiedlichem Hintergrund notwendig gewesen sein kann, die Tatsache eines Therapieabbruchs also nicht notwendigerweise ein Argument gegen eine Frühbehandlung ist.

Die bisher vorliegenden eher fragmentarischen Effektivitätsbelege unterstreichen die Notwendigkeit einer methodisch ausgereiften und aussagekräftigen Evaluation der existierenden Therapieansätze für stotternde Kinder, wobei eine Kombination von sorgfältig und systematisch angelegten klinischen Verlaufsbeobachtungen und objektiven Messungen relevanter Variablen notwendig ist. Ingham und Costello (1984) haben dazu einen brauchbaren konzeptionellen Rahmen entworfen.

B.V ZUSAMMENFASSUNG

Die Therapieansätze für stotternde Vorschulkinder werden mit ihren Schwerpunkten zusammenfassend in der Abbildung 18 dargestellt. Die schematische Übersicht macht noch einmal deutlich, daß die direkte Behandlung des Stotterns bei jungen Kindern in der anglo-amerikanischen Therapieszene weit verbreitet ist und, wenn man eine gewisse Repräsentativität der 26 berücksichtigten Ansätze unterstellt, heute eher die Regel als die Ausnahme darstellt. Es zeigt sich auch, daß die systematische Elternarbeit nicht alternativ zur unmittelbaren Arbeit mit dem Kind begriffen wird, sondern eher begleitend erfolgt und in fast allen Ansätzen zum festen konzeptionellen Bestandteil gehört. Daneben zeichnet sich ein Trend ab, physiologische und linguistische Variablen in der Behandlung verstärkt zu berücksichtigen, was unserer Einschätzung nach eine erste Konsequenz der neuen grundlagenwissenschaftlichen Forschungsarbeiten zum frühkindlichen Stottern darstellt und eine Einstellungsänderung der Therapeuten anzeigt. Eindimensionale, an Einzelmethoden orientierte Behandlungskonzepte finden sich heute nur noch relativ selten, die Therapieansatzpunkte sind in den meisten Programmen vielfältig und variabel und werden auf der Grundlage einer individuellen Diagnostik ermittelt.

	DIREKTE BEHANDLUNG			INDIREKTE BEHANDLUNG		
ZPUNKTE DER PIE	SPRECH-MUSTER	UNFLOSS. SPRECHEN	FLÜSSIGES SPRECHEN	BEZUGSPERSONEN-ARBEIT Z.B. ELTERN-BERATUNG ELTERNTRAINING	MODIFIKATION NICHT-SPRACH-LICHER VERHALTENSWEISEN, Z.B. EINSTELLUNGEN, GEFÜHLE, MOTORIK	MODIFIKATION SPRACH-LICHER VERHALTENSWEISEN, Z.B. WORTSCHATZ, GRAMMATIK, PRAGMATIK
(1980,1984)	X	—	X	X	—	X
Y & BAILEY ,1982)	X	X	X	X	X	—
R (1984) R & COOPER (1985)	X	X	X	X	X	—
RE (1982)	X	—	—	X	X	X
LLO (1980. 1985)	X	X	X	X	X	X
(1984)	X	X	X	X	X	X
RY (1978,1985) RY & HILL (1980)	X	—	—	X	X	X
R (1982)	X	X	X	X	—	—
Y (1984)	X	—	X	X	X	X
ON (1980)	X	—	X	X	—	—
(1984)	X	—	—	X	—	—
& MULDER)	—	—	—	X	—	—
N (1982)	X	—	—	X	X	—
NS (1979)	—	—	—	X	—	—
(1983)	—	—	X	X	—	—
& RILEY ,1984,1985)	X	X	X	X	X	X
N (1982) N & COOK (1983) N & STURGIS (1985)	X	X	X	X	—	—
(1974,1985)	—	X	X	—	—	—
R (1981)	—	—	—	X	—	—
S & EGOLF (1976) S & FLORANCE (1980) NCE & SHAMES (1980)	X	—	X	X	—	—
(1980,1984,1985)	X	—	—	X	—	—
ER (1980)	—	—	X	X	—	X
IPER (1973)	X	—	X	X	X	X
& MYERS (1984)	X	X	—	X	X	X
AMS (1971,1984)	X	—	X	X	X	X
AN (1978)	—	—	—	X	—	—

ABB.18 ZUSAMMENFASSENDE DARSTELLUNG VON THERAPIEANSÄTZEN FÜR STOTTERNDE VORSCHULKINDER MIT IHREN THERAPIESCHWERPUNKTEN

Ein weiterer Trend besteht darin, Diagnostik- und Therapieprogramme in eine standardisierte Form zu bringen und die Test- und Therapiematerialien kommerziell zu vertreiben. Die Programme von Cooper und Cooper (1985), Goldberg (1981), Riley (1980, 1984), Riley und Riley (1986), Ryan und van Kirk (1982) und Shine (1985) sind Beispiele dafür.

Eine Beurteilung der Effektivität einzelner Therapieansätze oder gar eine vergleichende Effektivitätseinschätzung ist leider nur in ersten Ansätzen auf der Basis "harter" Therapieverlaufs- und Katamnesedaten möglich. Die meisten Ansätze legitimieren sich durch ihre inhaltliche Validität und subjektiv eingeschätzte globale klinische Brauchbarkeit. Insofern ist die Orientierung erschwert, und es stellen sich eine ganze Reihe noch nicht zufriedenstellend beantwortbarer Fragen an die globale und differentielle Wirksamkeit der Behandlungsmethoden. Trotz dieser Einschränkung, die unserer Einschätzung nach einen chronischen Mangel und ein grundsätzliches Problem in der Therapieforschung anzeigt und ebenso für Stottertherapien bei Jugendlichen und Erwachsenen wie für die Therapie vieler Verhaltensstörungen zutrifft, beinhalten die dargestellten Behandlungskonzepte eine Fülle von brauchbaren konzeptionellen, methodischen und therapiedidaktischen Lösungsmöglichkeiten für die schwierige therapeutische Arbeit mit stotternden Kindern und deren Bezugspersonen.

DIAGNOSTIK DES STOTTERNS BEI KINDERN IM VORSCHULTER

C. DIAGNOSTIK

I.	Differentialdiagnose: Entwicklungsunflüssigkeit oder Stottern	161
I.1	Theoretischer Hintergrund der Fragestellung	161
I.2	Differentialdiagnostische Strategien	166
I.2.1	Differentialdiagnostischer Ansatz von M.R.Adams	174
I.2.2	"Case Selection Strategy for Young Disfluent Children" von R.F. Curlee	177
I.2.3	Differentialdiagnostische Vorgehensweise von L.J. Johnson	180
I.2.4	Differentialdiagnostischer Ansatz von H.H. Gregory und D. Hill und das Konzept der "danger signs" von S.H. Ainsworth und E. Walle	182
I.2.5	Checkliste zur Einschätzung der Wahrscheinlichkeit eines chronischen Stotterverlaufs bei Kindern von E.B. Cooper und C. Cooper	187
I.2.6	Stocker Probe Technique von B. Stocker	190
I.2.7	"The Preschool Fluency Baseline Record" von D.M. Culp	192
I.2.8	"Stuttering Prediction Instrument for Young Children" von G.D. Riley	197
I.2.9	Differentielles Indikationsmodell von E. Conture	200
I.3	Quantitative und qualitative Einzelkriterien zur Unterscheidung von Entwicklungsunflüssigkeit und Stottern	202
I.4	Zusammenfassung und Diskussion	206
II.	Differentialdiagnostik des Stotterns	208
II.1	Eindimensionale versus mehrdimensionale Diagnostik	208
II.1.1	Mehrdimensionale diagnostische Ansätze	212
II.1.1.1	Diagnostik des Sprechflüssigkeitsverhaltens/Stotterns	212
II.1.1.2	Diagnostik linguistischer, psychologischer und physiologischer Verhaltensklassen	227
II.2	Zusammenfassung und Diskussion	236

C. DIAGNOSTIK DES STOTTERNS IM VORSCHULALTER

Jeder zielgerichteten therapeutischen Intervention muß eine Untersuchungsphase vorgeschaltet werden, an deren Ende Aussagen über die Prognose eines Kindes gemacht und Entscheidungen über das Ob und das Wie einer Behandlung getroffen werden müssen. Wie die Abbildung 19 zeigt, stellen sich bei einem unflüssig sprechenden Kind zwei grundlegende Fragen:

1. Handelt es sich bei den Sprechunflüssigkeiten um Stottern oder um Entwicklungsunflüssigkeiten?
2. Wenn Stottern diagnostiziert wurde, welche Form der Behandlung und welche Therapieansatzpunkte sind für das Kind optimal?

Im folgenden sollen die bisher für beide Fragestellungen und Entscheidungstypen vorliegenden differentialdiagnostischen Strategien und Lösungsmöglichkeiten dargestellt werden.

C.I DIFFERENTIALDIAGNOSTISCHE FRAGESTELLUNG: ENTWICKLUNGSUNFLÜSSSIGKEIT ODER STOTTERN?

C.I.1 Theoretischer Hintergrund der Fragestellung

Die Beantwortung der Frage, ob es sich bei beobachtbaren Sprechunflüssigkeiten eines Vorschulkindes um die zur normalen Sprach- und Sprechentwicklung gehörenden Entwicklungsunflüsssigkeiten oder um beginnendes oder bereits chronifiziertes Stottern handelt, ist für viele betroffene Eltern in der diagnostischen Eingangsphase die Haupterwartung an den Therapeuten. Die Diagnose "Stottern" bzw. "entwicklungsunflüssig" wird dabei für viele Eltern zum Gradmesser für die Problembehaftetheit ihres Kindes, sie wird häufig als prognostisch wichtige Weichen-

162 Diagnostik

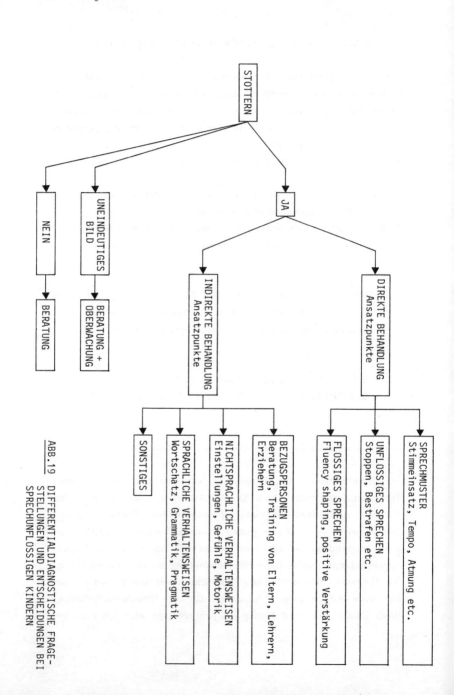

ABB. 19 DIFFERENTIALDIAGNOSTISCHE FRAGE-
STELLUNGEN UND ENTSCHEIDUNGEN BEI
SPRECHUNFLÜSSIGEN KINDERN

stellung für den gesamten psychosozialen Entwicklungsverlauf des Kindes begriffen und präformiert gleichzeitig die Erwartungen bezüglich der Art und des Umfangs notwendig werdender therapeutischer Anstrengungen und des organisatorischen Aufwandes für die Gesamtfamilie. Eltern hoffen, daß dem Diagnostiker oder dem Therapeuten Kriterien und Methoden zur Verfügung stehen, mit deren Hilfe eine derartige Differenzierung zuverlässig und valide vorgenommen werden kann. Diese Erwartung enthält eine noch weitergehende grundsätzliche Implikation, nämlich die Annahme, daß es überhaupt Unterschiede in qualitativer und/oder quantitativer Hinsicht zwischen Entwicklungsunflüssigkeit und Stottern bei sehr jungen Kindern gibt. Damit ist eine wichtige theoretische Kontroverse über die Ätiologie des Stotterns angesprochen, auf die wir hier deshalb ganz kurz eingehen müssen, weil die unterschiedlichen Grundpositionen in dieser Frage ganz entscheidend das diagnostische Vorgehen und die therapie- und beratungsbezogenen Entscheidungen beeinflussen. Die Behauptung, wonach es zwischen den normalen Sprechunflüssigkeiten von jungen Kindern und dem Stottern anfangs weder qualitative noch quantitative Unterschiede gibt, ist besonders von Wendell Johnson und seinen Mitarbeitern (Johnson, 1942, 1959) vertreten worden. Sie ist Herzstück der "diagnosogenen Theorie der Stottergenese", die besagt, daß eine Unterscheidung zwischen Stottern und Entwicklungsunflüssigkeiten aufgrund der Art oder der Anzahl der Sprechunflüssigkeiten grundsätzlich nicht möglich ist, wohl aber aufgrund der Art und Weise, wie die Eltern die Sprechunflüssigkeiten ihrer Kinder wahrnehmen und bewerten. Stottern ist demnach lediglich das Ergebnis einer aus welchen Gründen auch immer eingetretenen Wahrnehmungsverzerrung und Fehlbewertung durch die Eltern. Diese Auffassung, die den sozialen Charakter der Sprechstörung akzentuiert, hat zur Folge, daß sich die Diagnostik darauf zentriert, die Hintergründe der elterlichen Wahrnehmungsverzerrungen zu erhellen und das dahinterstehende Bewertungssystem zu explorieren. Der zweite Teil Johnsons Theorie, die "symptomatogene" Theorie der Stottergenese", beinhaltet die Annahme, daß für das Auftreten, die Aufrechterhaltung und den weiteren Verlauf der Sprechunflüssigkeiten in erster Linie Umweltvariablen verantwortlich sind. Als Verursachungsmomente werden dabei besonders Persönlichkeits- und Kommunikationsmerkmale der Eltern hervorgehoben. Die Folge der symptomatogenen Theorie ist die ausschließliche Konzentration in der Behandlung auf eine Veränderung von Einstellungen, Gefühlen und Verhaltensweisen bei den Eltern. Da das Stottern als Produkt elterlicher Fehlbewertungen betrachtet wird, ist es folgerichtig, wenn nach dem Verzicht auf die Diagnostik beim Kind auch eine Behandlung des Kindes im Anfangsstadium der Störung abwegig erscheint.

Die Gegenposition zur "diagnosogenen Theorie" postuliert die Existenz quantitativer und/oder qualitativer Unterschiede zwischen Entwicklungsunflüssigkeit und Stottern. Das qualitative Kriterium betrifft die Art der Sprechproduktion; es werden z.B. grundsätzlich Unterschiede in der Muskelanspannung im Kehlkopf- und Artikulationsbereich (Starkweather, 1982), Unterschiede in der Koartikulation (Stromsda, 1965; van Riper, 1982) und in der Stimmeinsatz- (VOT) und Stimmbeendigungszeit (VTT) (Adams & Hayden, 1976) angenommen. Das quantitative Unterscheidungskriterium besagt, daß das Stottern in diesem frühen Alter im Prinzip denselben Typus von Sprechunflüssigkeit repräsentiert, wie er auch bei normalen Entwicklungsunflüssigkeiten vorgefunden wird, daß Unterbrechungen im Redefluß jedoch bei stotternden Kindern häufiger und in ihrer Ausprägung stärker auftreten. Dabei werden unterschiedliche Parameter als Vergleichsgrößen herangezogen: z.B. Anzahl der Stottersymptome pro 100 gesprochener Wörter (SW/100); Anzahl der gestotterten Wörter pro Minute reiner Sprechzeit (SW/Minute); längste oder mittlere Dauer von Dehnungen oder Blockierungen; Anteil von Dehnungen/Blockierungen am gesamten Sprechmuster etc. (vgl. dazu Bopp & Schulze, 1975, S. 122 ff.; Ingham, 1984; Ingham & Costello, 1984).

Es existieren bis heute eine ganze Reihe von Forschungsarbeiten über das Sprechunflüssigkeitsverhalten von Vorschulkindern, die dafür sprechen, daß eine grundsätzliche Unterscheidung zwischen Stottern und normalen Entwicklungsunflüssigkeiten aufgrund quantitativer und/oder qualitativer Variablen möglich ist (Bernstein, 1981; Bloodstein, 1981; Culp, 1984; Davis, 1940; Myers & Wall, 1981; Davis, 1940; Wingate, 1962). Selbst die Originaldaten der Untersuchung von Johnson wiesen, wie eine Reanalyse des Datenmaterials ergeben hat (McDearmon, 1968), solche Unterschiede in der Art auf, daß die stotternden Kinder mehr Teilwortwiederholungen zeigten, so daß die "diagnosogene Theorie" in ihrer eigenen Datenbezogenheit und empirischen Basis völlig in Frage steht und von Johnson später selbst relativiert wurde.

Die symptomatogene Theorie der Stottergenese, mit der die Bedeutung von Elternvariablen für die Entstehung und Aufrechterhaltung des Stotterns betont worden ist, spielt auch heute noch in der Theorie- und Therapiediskussion um das Stottern bei jungen Kindern eine große Rolle, wenn auch ihre Bedeutung zugunsten anderer wichtiger linguistischer, physiologischer und psychologischer Variablen zunehmend relativiert wird. Das beruht auch darauf, daß sich die Datenbasis, auf der die Aussagen über die Bedeutung der Elternvariablen stehen, als schmal und methodisch äußerst fragwürdig erwiesen hat und somit der Spekulationsgehalt dieser Theorie als sehr hoch veranschlagt werden muß, wie einige Veröffentlichungen aus der letzten Zeit zeigen konnten, die eine kritische Sichtung des momentanen Wissensstandes zu dieser Frage vorgenommen haben (vgl. dazu Jehle & Randoll, 1985; Myers, 1983; Schulze, 1984).

C.I.2 Differentialdiagnostische Strategien

Die Abkehr von den Basisannahmen der diagnosogenen Theorie und die Relativierung der symptomatogenen Theorie hatte bei vielen Theoretikern und Praktikern ein verstärktes diagnostisches Interesse am unflüssig sprechenden Kind zur Folge. Für die Theoriebildung wurde erneut der Frage vermehrt Aufmerksamkeit geschenkt, welche die Basischarakteristika des Stotterns von jungen Kindern sind und ob es möglicherweise, da das Störungsbild sich als äußerst heterogen erwies, bestimmte voneinander abgrenzbare, typische Entwicklungsverläufe oder Subgruppen innerhalb der Gesamtpopulation gibt. In der Folge sind einige Entwicklungs- und Subgruppentheorien formuliert worden, wie etwa das 4-Phasenmodell der Entwicklung des Stotterns von Bloodstein (1975, S. 22 ff.), das "chronologische Entwicklungsmodell der Sprechphysiologie in Beziehung zum Stottern" von Conture (1982) oder die von van Riper (1982, S. 94 ff.) beschriebenen 4 Grundtypen (tracks) der Entstehung und des Verlaufs des Stotterns. Diese Modelle können zwar alle als grobe theoretische Orientierungsrahmen gelten, ihre überzeugende empirische Fundierung hinsichtlich ihrer prognostischen Validität steht jedoch noch aus, da sie auf der Basis von klinischen Beobachtungen und Ergebnissen aus Querschnittstudien entwickelt wurden und eine zur Überprüfung dieser Hypothesen notwendige Längsschnittstudie an einer großen Zahl stotternder Kinder nach wie vor fehlt (vgl. dazu auch die Diskussion bei van Riper, 1982, S. 92 ff.). Erste Ansätze einer empirisch begründeten Subgruppentheorie bei jungen stotternden Kindern zeichnen sich jedoch ab (vgl. dazu die Arbeit von Schwartz, 1985). Für den Praktiker stellt sich eher pragmatisch die Frage, aufgrund welcher Kriterien und mit welchen Methoden eine Unterscheidung von normal unflüssig sprechenden und stotternden Kindern möglichst frühzeitig und möglichst ökonomisch vorgenommen werden kann und welche Variablen für den Verlauf des Stotterns von besonderer Bedeutung sind. Unter der Vorstellung, daß das Stottern und die normalen Sprechunflüssigkeiten die beiden Endpunkte eines Kontinuums darstellen, das im mittleren Bereich eine Überlappungszone aufweist, ist die Unterscheidung des Stotterns von normalen Sprechunflüssigkeiten um so einfacher, je eindeutiger das beobachtbare Sprechverhalten den Extrempunkten des Kontinuums zugeordnet werden kann. Wenn das der Fall ist, dürfte in der Regel die intuitiv vorgenommene klinische Einschätzung eines mit dem Störungsbild Stottern und mit Kindersprache vertrauten Fachmanns völlig ausreichen, um eine zuverlässige und valide Unterscheidung zu treffen. Je mehr sich die beobachteten Sprechunflüssigkeiten von Art und Ausmaß her jedoch auf den mittleren Bereich des Kontinuums zubewegen, desto schwieriger wird eine zuverlässige Differenzierung und Differentialdiagnostik (vgl.dazu Abb.2o), wobei gleichzeitig die Wahrscheinlichkeit für zwei Arten von Fehlentscheidungen ansteigt:

1. Ein normal entwicklungsunflüssiges Kind könnte fälschlicherweise als beginnender Stotterer identifiziert werden. Abgesehen von den Veränderungen, die eine derartige Fehldiagnose allein durch die negative Konotation des Begriffes "Stottern" bei den Einstellungen, Gefühlen und Verhaltensweisen der Bezugspersonen bzw. beim Selbstkonzept des Kindes bewirken könnte, würde das Kind möglicherweise eine Behandlung erhalten, die überhaupt nicht notwendig ist. Das Kind könnte dadurch in seiner normalen Entwicklung, die in eine rasche spontane Remission einmünden könnte, irritiert werden, und es könnte allein durch die Einbindung in einen formalen therapeutischen Rahmen Gefahr laufen, sozial als "gestört" abgestempelt zu werden, obwohl es sich in Wirklichkeit nur in einer bestimmten Durchgangsphase der normalen Sprach- und Sprechentwicklung befindet. Es ist sehr wahrscheinlich, daß auf diese Weise Probleme produziert würden, die bis zur Aufnahme der Therapie noch gar nicht

168 Diagnostik

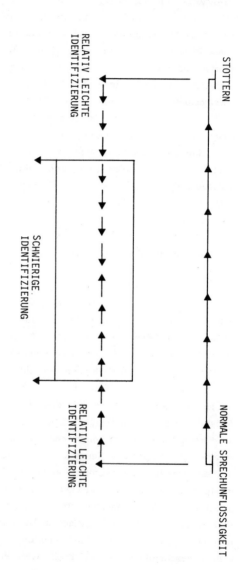

ABB. 20 KONTINUITÄTSANNAHME DER SPRECHUNFLÜSSIGKEITSAUSPRÄGUNG UND PROBLEME EINER UNTERSCHEIDUNG UND IDENTIFIZIERUNG

bestanden hatten. Die dabei vom Therapeuten investierte Zeit und der organisatorische Aufwand wären völlig überflüssig und könnten fruchtbarer für die Therapie der tatsächlich stotternden Kinder genutzt werden.

2. Wenn ein stotterndes Kind fälschlich als normal entwicklungsunflüssig identifiziert werden würde, hätte das zur Konsequenz, daß ein großer Teil der grundsätzlich zur Verfügung stehenden Therapiemöglichkeiten ungenutzt bliebe. Ohne spezifische Hilfestellungen für das Kind könnten sich die verschiedenen Aspekte des Stottermusters weiter habitualisieren, das beginnende Stottern hätte Raum für eine Chronifizierung, was die Erfolgschancen einer Therapie zu einem späteren Zeitpunkt verschlechtern dürfte, abgesehen davon, daß ein ernst zu nehmendes Entwicklungsproblem des Kindes gegenüber den Bezugspersonen verharmlost würde.

Die Minimierung solcher Fehlentscheidungen ist die Hauptaufgabe der Differentialdiagnostik zwischen stotternden und entwicklungsunflüssigen Kindern. Während der Diagnostiker und Therapeut sich früher bei dieser Unterscheidung in erster Linie auf seine Intuition und berufliche Erfahrung verlassen mußte, wenn er von seinem theoretischen Verständnis über das Kinderstottern überhaupt von einer Differenzierbarkeit ausging, stehen heute eine ganze Reihe von Verhaltenskriterien und Richtlinien zur Verfügung, die diese Unterscheidung erleichtern und zuverlässiger machen sollen. Die vor allen Dingen in den letzten 6 Jahren entwickelten komplexen differentialdiagnostischen Strategien (Adams, 1980, 1984; Conture, 1982; Cooper & Cooper, 1985; Culp, 1984; Curlee, 1980; Gregory, 1985; Gregory & Hill, 1980; Hayhow, 1983; Johnson, 1980; Leith, 1984; Riley, 1984; Stocker, 1980; van Riper, 1982; Wall & Myers, 1984) sind aus einem verstärkten klinischen Forschungsinteresse an sehr jungen unflüssig sprechenden Kindern, aus den Ergebnissen der Grundlagenforschung zur Ätiologie und Phänomenologie des Stotterns und natürlich aus den klinischen Alltagserfahrungen von Diagnostikern und Therapeuten hervorgegangen. Neben komplexen differentialdiagnostischen Konzepten, die für die Unterscheidung häufig eine Vielzahl von quantitativ und qualitativ beschreibbaren Parametern heranziehen, existieren auch enger dimensionierte Strategien, die bestimmte quantitative Merkmale als Unterscheidungskriterium betrachten (Costello, 1983; Rustin & Cook, 1983; Ryan & van Kirk, 1982, 1983; Shames & Egolf, 1976; Shine, 1985; Zwitman, 1978) oder das Vorhandensein bestimmter Erlebens- und Einstellungskonstellationen wie z.B. das sogenannte Störungsbewußtsein des Kindes zum wichtigsten Kriterium machen (Hood, 1978; Luper & Mulder, 1964; Selmar, 1981).

Die meisten der heute von Diagnostikern und Therapeuten benutzten differentialdiagnostischen Strategien gehen in irgendeiner Weise auf die von van Riper (1971) erstmals veröffentlichten "Richtlinien für die klinische Differenzierung von normalen und pathologischen Sprechunflüssigkeiten" zurück, die unverändert auch in der 2. überarbeiteten Neuauflage seines Werkes "The nature of stuttering" (1982) erscheinen (vgl. Abb. 21). Es handelt sich dabei um eine Zusammenstellung von Variablen, die van Riper aufgrund seiner eigenen klinischen Erfahrung und seines theoretischen Wissensstandes für die Differenzierung als relevant erachtete: qualitative und quantitative Aspekte der Sprechunflüssigkeit, Aspekte der Phonation und der Artikulation sowie Parameter, die Einstellungs- und Erlebenskomponenten betreffen. Anhand dieser Richtlinien können sehr schön einige grundsätzliche Probleme bei der Differentialdiagnostik aufgezeigt werden:

1. Es stellt sich die Frage, ob der Variablenkatalog vollständig ist oder sich darunter ungeeignete, nicht relevante Verhaltensklassen befinden.

2. Die Qualität der Items ist z.T. sehr unbefriedigend. So

VERHALTENSKLASSE	STOTTERN	NORMALE SPRECHUNFLÜSSIGKEIT
SILBENWIEDERHOLUNGEN:		
1. ANZAHL	MEHR ALS ZWEI	WENIGER ALS ZWEI
2. ANZAHL PRO 100 WÖRTER	MEHR ALS ZWEI	WENIGER ALS ZWEI
3. TEMPO	SCHNELLER ALS NORMAL	NORMALES TEMPO
4. REGELMÄBIGKEIT	UNREGELMÄBIGKEIT	REGELMÄBIG
5. SCHWA-LAUT	HÄUFIG BEOBACHTBAR	NICHT/SELTEN BEOBACHTBAR
6. ATMUNG	HÄUFIG UNTERBROCHEN	SELTEN UNTERBROCHEN
7. SPANNUNG BEI STIMMGEBUNG	HÄUFIG AUFTRETEND	NICHT AUFTRETEND
DEHNUNGEN:		
8. DAUER	LÄNGER ALS 1 SEKUNDE	KÜRZER ALS 1 SEKUNDE
9. AUFTRETENSHÄUFIGKEIT	MEHR ALS 1 MAL PRO 100 WÖRTER	WENIGER ALS 1 MAL PRO 100 WÖRTER
10. GLEICHMÄBIGKEIT	UNREGELMÄBIG/UNTERBROCHEN	GLEICHMÄBIG
11. SPANNUNG	WICHTIG WENN VORHANDEN	NICHT VORHANDEN
12. STIMMHAFT	MGLW. VERÄNDERUNG DER TONHÖHE	KEIN TONHÖHENANSTIEG
13. STIMMLOS	UNTERBRECHUNG DER ATMUNG	UNVERÄNDERTES ATEMMUSTER
14. BEENDIGUNG	PLÖTZLICH, ABRUPT	GRADUELLER ÜBERGANG
STILLE PAUSE:		
15. INNERHALB DES WORTES	MGLW. VORHANDEN	NICHT VORHANDEN
16. VOR DEM SPRECHEINSATZ	UNGEWÖHNLICH LANG	NICHT AUFFÄLLIG
17. NACH EINER SPRECHUNFLÜSSIGKEIT	MGLW. VORHANDEN	NICHT VORHANDEN
STIMMGEBUNG:		
18. MELODIE	EINGESCHRÄNKT, MONOTON	NORMAL
19. PHONATIONSSTOP	MGLW. VORHANDEN	NICHT VORHANDEN
20. VOCAL FRY*	MGLW. VORHANDEN	GEWÖHNLICH NICHT VORHANDEN
ARTIKULATIONSSTELLUNG:		
21. ANGEMESSENHEIT	MGLW. UNANGEMESSEN	ANGEMESSEN
REAKTION AUF STRESS:		
22. ART	VERMEHRT UNFLÜSSIGKEITEN	VERMEHRT NORMALE SPRECHUN-FLÜSSIGKEITEN
ANZEICHEN FÜR STÖRUNGSBEWUBTSEIN:		
23. FRUSTRATION	MGLW. VORHANDEN	NICHT VORHANDEN
24. LAUTGEBUNDENHEIT	MGLW. VORHANDEN	NICHT VORHANDEN
25. STARTER	MGLW. VORHANDEN	NICHT VORHANDEN
26. BLICKKONTAKT	MGLW. VERÄNDERT	NORMAL

* UNTER "VOCAL FRY" VERSTEHT MAN DIE PHONATION MIT GRUNDFREQUENZEN, DIE IM FREQUENZBEREICH UNTERHALB DES BRUST- UND MODALREGISTERS LIEGEN UND BIS ZU WENIGEN HZ REICHEN KÖNNEN (KLINGHOLZ & MARTIN, 1983).

ABB.21 RICHTLINIEN FÜR DIE KLINISCHE DIFFERENZIERUNG VON NORMALEN UND PATHOLOGISCHEN SPRECHUNFLÜSSIGKEITEN (NACH VAN RIPER, 1982) müßten solche Begriffe wie Stress (Item 22) oder Frustration (Item 23) operationalisiert werden, damit reliable Beobachtungen und Messungen möglich sind.

3. Die z.T. schlechte Itemqualität führt zu Problemen bei der Quantifizierung der angeführten Verhaltensklassen. Welche Kriterien sollen angelegt werden, um zu entscheiden, wann die Artikulation (Item 21) bei einem 4- bis 5jährigen Kind angemessen ist, wann unangemessen? Es müßten normative Bezugsgrößen zur Verfügung stehen, die alters- und entwicklungsbedingte Unterschiede berücksichtigen.

4. Es muß davon ausgegangen werden, daß die aufgeführten Verhaltensklassen in ihrer differentialdiagnostischen Potenz Unterschiede aufweisen und daß sie unterschiedlich aussagekräftig sind. Die Gewichtung der einzelnen Items ist jedoch noch weitgehend unbekannt. Es ist unklar, ob z.B. die Beobachtung, daß während des Sprechens "stille Pausen innerhalb eines Wortes" (Item 15) auftreten, für die Differentialdiagnose stärker, weniger oder gleich aussagekräftig ist wie Beobachtungen, die die Häufigkeit (Item 9) oder Dauer von Dehnungen (Item 8) betreffen. Die gleiche Frage stellt sich natürlich auch, wenn man von Merkmalskombinationen ausgeht.

Mit einem solchen Katalog werden zwar Verhaltensklassen vorgegeben, auf die im diagnostischen Prozeß die Aufmerksamkeit gerichtet werden soll. Bei der methodischen Umsetzung und vor allen Dingen bei der Interpretation ist der Kliniker jedoch wieder weitgehend auf seinen individuellen Erfahrungs- und Wissenshintergrund angewiesen, der bekannterweise höchst unterschiedlich sein kann. Van Riper hat auf einige dieser Probleme selbst verwiesen, er verzichtet jedoch auf jede Bewertung und Gewichtung der aufgeführten Items.

Im folgenden sollen nun einige der angesprochenen differentialdiagnostischen Ansätze dargestellt werden, die dem Therapeuten durch die Vorgabe von eindeutigeren Entscheidungskriterien oder normativen Bezugsdaten Entscheidungshilfen vermitteln wollen.

C.I.2.1 Differentialdiagnostischer Ansatz von Adams (1977, 1980, 1984)

Adams (1977) entwickelte in einer ersten Version Kriterien und Richtlinien für die Differentialdiagnose zwischen normalen Entwicklungsunflüssigkeiten und beginnendem Stottern (Abb.22). Bei der klinischen Anwendung gilt dabei folgende Faustregel: Je mehr Kriterien bei einem Kind zutreffen, desto wahrscheinlicher liegt ein beginnendes Stottern vor. In einer revidierten Version, in die zusammenfassend auch andere differentialdiagnostische Ansätze eingearbeitet wurden, legt Adams (1984) folgende Profilcharakteristika vor:

1. Teilwortwiederholungen und Dehnungen, die bei mindestens 7 % aller gesprochenen Wörter auftreten.
2. Die Teilwortwiederholungen umfassen mindestens drei Wiederholungseinheiten (z.B. /ba-ba-ba-bal/ gegenüber /ba-ba-bal/).
3. Bei den Teilwortwiederholungen kommt in der wiederholten Silbe anstelle des korrekten Vokals häufig der Schwa-Laut vor (z.B. /bə-bə-bal/ vs. /ba-ba-bal/).
4. Die Dehnungen dauern länger als eine Sekunde.
5. Die Schwierigkeit, die Stimmgebung zu starten oder aufrechtzuerhalten oder die Atmung in Gang zu setzen, ist mit Teilwortwiederholungen und Dehnungen gekoppelt.

Über diese Sprechunflüssigkeitscharakteristika hinaus müssen im differentialdiagnostischen Prozeß zusätzlich folgende Variablen berücksichtigt werden: genetische und dispositionelle Komponente; Entwicklungsverlauf (stetige Zunahme, phasenmäßiges Auftreten mit zunehmendem bzw. abnehmendem Trend); Reaktionen des Kindes und der Umgebung auf die Sprechunflüssigkeiten; Gesamtbild der Einzelinformationen auf dem Hintergrund der gesamten Lebensgeschichte des Kindes. Wenn das Kind kein oder nur ein Merkmal des Profils zeigt, sind die Sprechunflüs-

Diagnostik 175

KRITERIUM	INTERPRETATIONSRICHTLINIEN	
	"ENTWICKLUNGSUNFLÜSSIG"	"BEGINNENDES STOTTERN"
GESAMTHÄUFIGKEIT DER SPRECH-UNFLÜSSIGKEITEN PRO 100 WORTE (UNABHÄNGIG VON DER ART)	9% ODER WENIGER	MINDESTENS 10%
VORHERRSCHENDER SPRECHUNFLÜSSIG-KEITSTYPUS	GANZWORT- UND SATZTEILWIEDER-HOLUNGEN, INTERJEKTIONEN UND UMSTELLUNGEN	TEILWORTWIEDERHOLUNGEN, HÖRBARE UND STIMMLOSE DEHNUNGEN, WORT-ABBRÜCHE
FREQUENZ DER WIEDERHOLUNGEN PRO TEILWORTWIEDERHOLUNG	NICHT MEHR ALS 2 MAL Z.B. /ba-ba-ba1/	MINDESTENS 3 MAL Z.B. /ba-ba-ba-ba1/ HÖRBARE UND STIMMLOSE DEHNUNGEN, WORTABBRÜCHE
SUBSTITUTION VON "SCHWA" AN-STELLE DES ZU SPRECHENDEN VOKALS BEI TEILWORTWIEDER-HOLUNGEN	KEIN AUFTRETEN VON "SCHWA" BEI TEILWORTWIEDERHOLUNGEN	"SCHWA" BEI TEILWORTWIEDERHOLUNGEN Z.B. /ba-ba-ba-ba1/
SCHWIERIGKEITEN BEIM STIMMEIN-SATZ ODER BEI DER ATMUNG SIND AN TEILWORTWIEDERHOLUNGEN UND DEHNUNGEN GEKOPPELT.	KEINE ODER NUR GERINGFÜGIGE SCHWIERIGKEITEN. SPRECHUNFLÜSSIG-KEITEN SIND KURZ UND ANSTRENGUNGS-FREI. STIMMGEBUNG UND ATMUNG ZWI-SCHEN DEN WIEDERHOLTEN EINHEITEN SIND KONTINUIERLICH	HÄUFIGE SCHWIERIGKEITEN ZU BEGINN UND IM VERLAUF DER STIMMGEBUNG UND BEI DER ATMUNG. SEHR HÄUFIG IN VERBINDUNG MIT TEILWORTWIEDERHOLUNGEN, DEHNUNGEN UND WORTABBRÜCHEN. DESHALB SIND DIESE SPRECHUNFLÜSSIGKEITEN MIT MEHR ANSTRENGUNG VERBUNDEN, DAUERN LÄNGER AN UND TRETEN AN DEN ÜBER-GÄNGEN VON STIMMLOSEN ZU STIMMHAFTEN LAUTEN AUF.

ABB.22 KRITERIEN UND RICHTLINIEN FÜR DIE DIFFERENTIALDIAGNOSTISCHE UNTERSCHEIDUNG ZWISCHEN NORMALEN UNFLÜSSIGKEITEN UND DEM BEGINNENDEN STOTTERN (NACH ADAMS, 1977)

sigkeiten normal; wenn es zwei oder drei Merkmale aufweist, liegt ein uneindeutiges klinisches Bild vor; bei vier oder mehr Merkmalen handelt es sich um Stottern.

C.I.2.2 "Case Selection Strategy for young disfluent children" von Richard F. Curlee (1980)

Der differentialdiagnostische Ansatz von Curlee orientiert sich an den klinischen Forschungsergebnissen zum Beginn des Stotterns, an dem Wissen über die Gesetzmäßigkeit der Remission bei Kindern und an den Forschungsbefunden über die grundlegenden Sprechcharakteristika von Vorschulkindern. Curlee bezieht sich dabei relativ stark auf die "Richtlinien" von van Riper, wobei er seine klinischen Erfahrungen mit 18 stotternden Vorschulkindern, die er im Verlauf von 4 Jahren gesehen hat, einfließen läßt. Folgende Annahmen liegen dem Ansatz zugrunde:

1. Die meisten Kinder, die zu stottern beginnen, verlieren dieses wieder im Laufe der Zeit, ob sie nun eine Therapie erhalten oder nicht.

2. Bei den meisten Kindern verliert sich die Störung bereits wieder in der frühen Kindheit oder bis zur Adoleszenz.

3. Diejenigen Kinder, bei denen sich das Stottern nicht verliert, weisen häufig eines oder mehrere der folgenden Charakteristika auf:
   - Die Sprechunflüssigkeiten sind in typischer Weise durch Ankämpfreaktionen, Anspannung und durch schwere stimmliche oder artikulatorische Verkrampfungen gekennzeichnet.
   - Die betroffenen Personen fürchten das Stottern so sehr, daß sie häufig das Sprechen in bestimmten Sprechsituationen vermeiden.
   - Die betroffenen Personen sehen sich selbst als durch ihr Sprechproblem ganz wesentlich in ihrer Entfaltung und Selbstverwirklichung beeinträchtigt.

Diese Merkmale werden als Remissionsbarrieren betrachtet. Der differentialdiagnostische Ansatz versucht entsprechend schwerpunktmäßig solche Charakteristika aufzuspüren, die gegen eine spontane Remission sprechen oder die Wahrscheinlichkeit eines chronischen Verlaufs erhöhen.

In der diagnostischen Eingangsphase werden die Eltern des Kindes zu Aspekten der medizinischen und psychosozialen Lebensgeschichte des Kindes befragt, das Kind wird in einer unstrukturierten Spielsituation mit einem oder beiden Elternteilen und in einer weiteren Spielsituation mit dem Untersucher beobachtet, wobei dieser kommunikative Stressoren einbringt, die nach Art und Wirkung variiert werden. Z.B. kommentiert der Untersucher das Spiel zu Beginn mit klientenzentrierten Anmerkungen, geht dann langsam zu direktiven Fragen über und fordert schließlich spezifische Detailinformationen vom Kind. Als weitere kommunikative Stressoren werden angegeben: Aufforderung zum Schnellersprechen, Unterbrechen bei Antworten des Kindes, gezieltes Nicht-Hinhören bei Äußerungen des Kindes, Aufforderung zur Wiederholung eines gesprochenen Satzes. Zusätzlich wird versucht, mit Hilfe von Rollenspielen und anderen Spielaktivitäten eine emotionale Betroffenheit beim Kind herzustellen und Erregung zu provozieren.

Zur Beurteilung der Sprechunflüssigkeiten werden dann folgende 7 Merkmale herangezogen und als Ausdruck von Chronizität interpretiert:

1. Teilwortwiederholungen von zwei oder mehr Einheiten pro Wiederholung bei zwei oder mehr Prozent der gesprochenen Wörter; zunehmendes Tempo der Wiederholungen; Substitution der richtigen Vokale durch "Schwa-Laute" oder "Uh-Laute" während der Silbenwiederholungen; deutlich wahrnehmbare stimmliche Verkrampfungen.

2. Dehnungen länger als eine Sekunde bei zwei oder mehr Prozent der gesprochenen Wörter, Anstieg von Lautstärke, Tonhöhe und plötzlicher Abbruch der Dehnungen.

3. Unwillkürliche Blockierungen oder Verzögerungen, die den Sprechfluß länger als zwei Sekunden unterbrechen.

4. Mitbewegungen, Augenzwinkern, tremorartige Bewegungen an Lippen und Zunge oder andere Anzeichen von Ankämpfreaktionen, die mit dem Auftreten der Sprechunflüssigkeiten zusammenhängen.

5. Wahrnehmbare emotionale Reaktionen oder mit dem Sprechen assoziiertes Vermeidungsverhalten.

6. Bemerkungen und Klagen darüber, wegen der eingeschränkten Sprechfertigkeit nicht richtig zu funktionieren.

7. Deutliche Veränderung der Häufigkeit und des Schweregrades der Sprechunflüssigkeiten in Abhängigkeit von der Sprechsituation und der Sprechaufgabe.

Wenn diese Merkmale für ein Kind nicht zutreffen und es stattdessen nur leichte und anstrengungsfreie Wiederholungen und Dehnungen zeigt und es keine Anzeichen dafür gibt, daß sich bereits ein Bewußtsein der Störung herausgebildet hat und auch die Elternberichte in diesem Sinne ausfallen, wird davon ausgegangen, daß das Kind normale Entwicklungsunflüssigkeiten hat.

C.I.2.3 Differentialdiagnostische Vorgehensweise von
Linda J. Johnson (1980)

Zur differentialdiagnostischen Unterscheidung von entwicklungsunflüssigen und stotternden Kindern schlägt Johnson einen mehrdimensionalen Kriterienkatalog vor, der verschiedene quantitative und qualitative Aspekte des Sprechverhaltens (vgl. Abb.23) sowie vier Faktoren beinhaltet, die aufgrund von Forschungsergebnissen als prognostisch aussagekräftig gelten können.

- Vorliegen einer familiären Belastung (Kidd, 1978,1983),
- Zeitraum zwischen Erstauftreten der Sprechunflüssigkeiten und Konsultation eines Sprachpathologen (Panelli et al.,1978),
- Einstellungen und Überzeugungen der Eltern, das Stottern und seine Ursachen betreffend (Fowlie & Cooper, 1978; Zenner et al., 1978),
- Gesamtentwicklungsstand des Kindes bzgl. Sprache, Motorik und Persönlichkeit.

Die bei einem Kind vorfindbaren Sprechcharakteristika werden unter Berücksichtigung der Ausprägung der vier genannten Faktoren in ihrer Bedeutung für einen chronischen Status oder Verlauf interpretiert. Wenn ein Kind zum Beispiel weniger als 7,28% unflüssige Silben zeigt, Dehnungen in einer Häufigkeit von weniger als 1% auftreten, die Frequenz der Teilwortwiederholungen höchstens zwei oder drei ist und nur gelegentlich der "Schwa-Laut" als Starter benutzt wird, würde Johnson die Bewertung abgeben, daß das Kind gerade eine Phase von normalen Entwicklungsunflüssigkeiten durchläuft. Wenn sich jedoch herausstellen sollte, daß der Großvater des Kindes gestottert hat, seit dem Erstauftreten der Sprechunflüssigkeiten bereits zwei Jahre vergangen sind und die Eltern äußerst besorgt sind und die Sprechweise des Kindes streng überwachen, würde die Einschätzung eher in die Richtung eines chronischen Stotterns gehen.

ENTWICKLUNGSUNFLÜSSIGKEITEN

≤ 2,47% UNFLÜSSIGE SILBEN
≤ 6 SPRECHUNFLÜSSIGKEITEN PRO 100 WÖRTER
1 BIS 3 SILBENWIEDERHOLUNGEN PRO TEILWORTWIEDERHOLUNG
GANZWORTWIEDERHOLUNGEN
SATZWIEDERHOLUNGEN
INTERJEKTIONEN
UMSTELLUNGEN
ALTERSENTSPRECHENDE SPRACHENTWICKLUNG
≤ 3 SPRECHUNFLÜSSIGKEITSTYPEN

BEGINNENDES STOTTERN

≥ 7,28% UNFLÜSSIGE SILBEN
> 3 SILBENWIEDERHOLUNGEN
SPRECHTEMPOERHÖHUNG BEI WIEDERHOLUNGEN
DEHNUNGEN LÄNGER ALS 1 SEKUNDE
> 1 DEHNUNG PRO 100 WÖRTER
UNGEWÖHNLICH LANGE STILLE PAUSEN VOR ÄUßERUNGSBEGINN
SCHWA-LAUT ALS STARTER
SCHWA-LAUT ERSETZT VOKALE BEI WIEDERHOLUNGEN
UNTERBRECHUNGEN DER ATMUNG WÄHREND WIEDERHOLUNGEN UND/ODER DEHNUNGEN
ABNORME BEENDIGUNG DES ATEMVORGANGS ODER DER STIMMGEBUNG

ABB.23 SPRECHCHARAKTERISTIKA VON ENTWICKLUNGSUNFLÜSSIGEN UND STOTTERNDEN KINDERN (NACH JOHNSON, 1980)

C.I.2.4 Differentialdiagnostischer Ansatz von Gregory und Hill (1980) und das Konzept der " danger signs" von Ainsworth (1978) und Walle (1977)

Der diagnostischen Vorgehensweise von Gregory und Hill (vgl. dazu auch Gregory, 1978, 1984; Stang, 1982) liegt die Vorstellung zugrunde, daß sich die bei Kindern auftretenden Sprechunflüssigkeiten hinsichtlich ihrer qualitativen Ausprägung auf einem Kontinuum anordnen lassen und daß sich die Auftretenswahrscheinlichkeit der Sprechunflüssigkeitstypen erhöht, je mehr sie sich den beiden Endpunkten des Kontinuums nähern. Theoretischer Bezugspunkt für dieses Modell sind klinische und experimentelle Forschungsergebnisse über das Sprechflüssigkeitsverhalten von stotternden und nicht-stotternden Kindern. Für die klinische Anwendung haben die Autoren ein Kontinuum des Sprechflüssigkeitsverhaltens entwickelt, auf dem ein Kind nach der Art seiner Sprechunflüssigkeiten lokalisiert werden kann. Unter Hinzunahme von Informationen über die medizinische, psychosoziale und entwicklungsmäßige Vorgeschichte, über die auditive Verarbeitungskapazität, das rezeptive und expressive Sprachvermögen des Kindes sowie über qualitative Aspekte der Eltern-Kind-Interaktion können dann differentielle Indikationsentscheidungen für die Beratung und Therapie getroffen werden.

Abbildung 24 zeigt das Sprechunflüssigkeitskontinuum. In der Spalte 1 sind die für die Sprechweise von Vorschulkindern typischen Sprechunflüssigkeiten aufgeführt. Die Anordnung auf dem Kontinuum repräsentiert eine hypothetische Häufigkeitsverteilung, wonach z.B. "Pausen (ohne Phonation)" bei normalsprechenden Kindern häufiger auftreten als die Umstellung von Satzteilen oder Sätzen. Die Spalte 2 enthält Sprechunflüssigkeitstypen, die seltener in der Sprechweise von Kindern zu beobachten und in ihrer Aussagekraft relativ schwer zu interpretieren sind. Sie werden von Gregory und Hill als "borderline

Diagnostik 183

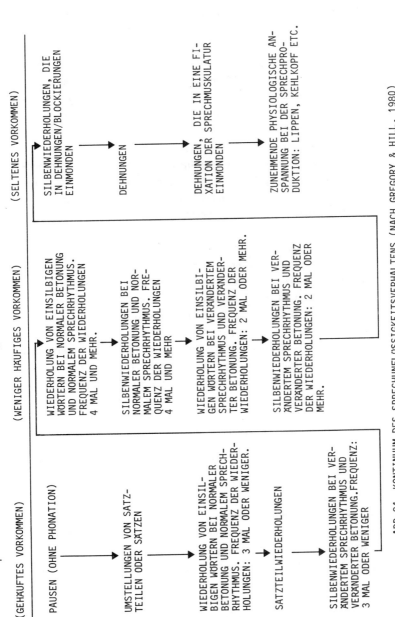

ABB.24 KONTINUUM DES SPRECHUNFLÜSSIGKEITSVERHALTENS (NACH GREGORY & HILL, 1980)

atypical disfluencies" bezeichnet. Zur Orientierung schlagen sie folgendes Kriterium vor: Wenn in einer größeren Sprechprobe (500 Wörter und mehr) mindestens zwei dieser Sprechunflüssigkeitstypen pro 100 Wörtern auftreten und wenn dabei besonders die Atmung oder Phonation zwischen den Wiederholungen unterbrochen wird oder der "Schwa-Laut" anstelle eines Vokals auftritt, dann sollte der Therapeut davon ausgehen, daß es sich um pathologische Sprechunflüssigkeiten handelt. In der Spalte 3 sind Sprechunflüssigkeitstypen aufgeführt, die bei Kindern noch seltener auftreten. Wenn Dehnungen und Blockierungen in der Größenordnung von 1% oder häufiger in einer größeren Sprechprobe auftreten, spricht das für ein ernstzunehmendes Stotterproblem, besonders wenn dabei ein deutlicher Spannungsanstieg und Muskelfixierungen zu beobachten sind.

Das Konzept der "danger signs" (Ainthworth, 1978) stellt einen etwas vereinfachten, aber im Prinzip ähnlichen Lösungsversuch für die Differentialdiagnostik von normalen Entwicklungsunflüssigkeiten und beginnendem bzw. chronischem Stottern bei Kindern dar. Es richtet sich mit den Vorgaben in erster Linie an die Eltern sprechunflüssiger Kinder, denen Beobachtungskriterien an die Hand gegeben werden, um ein besseres Verständnis für die beobachteten Sprechunflüssigkeiten entwickeln und frühzeitig entscheiden zu können, wann ein Fachmann zu Rate gezogen werden muß. Als "danger signs" werden 8 Symptomklassen (vgl. Abb.25) bezeichnet, die sich in einer hypothetischen Dichotomie in zweierlei Hinsicht von normalen Sprechunflüssigkeiten unterscheiden:

1. Die drei ersten Symptomklassen (multiple Wiederholungen, Schwa-Laut, Dehnungen) bewirken eine Deformierung des Sprechmusters, die bei vielen Kindern zu beobachten ist, jedoch nicht notwendigerweise zu einer Beeinträchtigung der Kommunikation führen muß. Bei einigen Kindern kann es dabei aber zu einer beträchtlichen Kommunikationseinschränkung kommen, wenn

1. MULTIPLE WIEDERHOLUNGEN

2. SCHWA-LAUT

3. DEHNUNGEN

― ― ― ― ― ― ― ― ― ― ― ― ― ― ― ― ―

4. TREMOR DER AM SPRECHVORGANG BETEILIGTEN MUSKULATUR

5. ANSTIEG VON STIMMHÖHE UND LAUTSTÄRKE BEI SPRECHUNFLÜSSIGKEITEN

6. BLOCKIERUNGEN UND VERSPANNUNGEN (LIPPEN, ZUNGE, HALS)

7. ANGSTREAKTIONEN IM ZUSAMMENHANG MIT DEM SPRECHEN

8. VERMEIDUNGSREAKTIONEN BZGL. BESTIMMTER LAUTE, WÖRTER, SPRECHSITUATIONEN

ABB.25 "DANGER SIGNS". KRITISCHE MERKMALE FÜR DIE UNTERSCHEIDUNG ZWISCHEN "ENTWICKLUNGSSTOTTERN" UND "BEGINNENDEM CHRONISCHEN STOTTERN" (NACH AINSWORTH, 1978; WALLE, 1977)

nämlich diese Symptomklassen sehr häufig und in vielen Sprechsituationen auftreten. Wenn das der Fall ist, werden sie als Ausdruck eines beginnenden Stotterns betrachtet.

2. Die folgenden drei Symptomklassen unter der Trennungslinie treten auf, wenn das Kind - bewußt oder unbewußt - auf seine eigenen Sprechunflüssigkeiten zu reagieren beginnt. Es entstehen dann Symptome und Verhaltensweisen, die den Redefluß in ganz erheblichem Maße stören können und die Kommunikation erschweren. Ferner gilt es als Warnsignal für ein beginnendes bzw. chronisches Stottern, wenn das Kind im Zusammenhang mit dem Sprechen negative Gefühle (z.B. Angst, Frustration etc.) äußert oder wenn es damit beginnt, Strategien zu entwickeln, um bestimmte Laute, Wörter oder Sprech- und Kommunikationssituationen zu vermeiden.

In dem von Walle (1974) entwickelten Film "The Prevention of Stuttering: Part I. Identifying the danger signs" werden die Symptomklassen im einzelnen vorgestellt. Anhand von Beispielen können die Eltern diese im Sinne eines Wahrnehmungstrainings kennen- und identifizieren lernen. Es wird damit gleichzeitig eine sprachliche Verständigungsbasis zwischen Eltern und Therapeut geschaffen, die einen fruchtbaren Austausch über Beobachtungen in der natürlichen Umgebung des Kindes erleichtert.

C.I.2.5 Checkliste zur Einschätzung der Wahrscheinlichkeit eines chronischen Stotterverlaufs bei Kindern (Cooper & Cooper, 1985)

Die Checkliste zur Einschätzung der Wahrscheinlichkeit eines chronischen Stotterverlaufs bei Kindern (vgl. Abb.26) ist die überarbeitete Version der 1973 veröffentlichten "Cooper Chronicity Prediction Checklist for Stuttering" und ist Bestandteil eines umfassenderen diagnostischen Ansatzes, der im Rahmen der "Cooper Personalized Fluency Control Therapy, Revised (PFCT-R)" realisiert wird (s.Kap.B.III.3.5). Die Checkliste enthält 27 Fragen, die der Therapeut nach der Exploration der Eltern und der Untersuchung des Kindes mit "ja" oder mit "nein" zu beantworten hat. Die Items betreffen drei Themenbereiche, die für die Wahrscheinlichkeit eines chronischen Verlaufs von Bedeutung sind: biographische Merkmale bzgl. familiärer Belastung, Erstauftreten und Verlauf der Sprechunflüssigkeiten; Einstellungen des Kindes zu seinen Sprechunflüssigkeiten; Merkmale der Sprechunflüssigkeiten, der Atmung, der Sprachmelodie, des Blickkontaktverhaltens und der motorischen Begleitsymptomatik.

Die Anzahl der "Ja"-Antworten wird zur Einschätzung der Chronizität benutzt, wobei für ein Kind, für das 0 bis 6 "Ja"-Antworten zutreffen, die Wahrscheinlichkeit einer Remission als hoch veranschlagt wird; bei 7 bis 15 "Ja"-Antworten ist eine sorgfältige Beobachtung des weiteren Verlaufs notwendig; bei 16 bis 27 "Ja"-Antworten wird ein chronischer Verlauf des Stotterns wahrscheinlich. Die Checkliste ist von ihrem Stellenwert her eher als Hilfs- und Zusatzmethode im Rahmen der klinischen Entscheidungsfindung zu sehen. Die Autoren warnen davor, die Differentialdiagnostik ausschließlich auf der Grundlage dieser Checkliste vorzunehmen und geben zusätzlich Schlüsselvariablen zum Schweregrad und zu den Reaktionen der Eltern und des Kindes selbst auf sein Stottern für die Unterscheidung zwischen entwicklungsunflüssigen und stotternden Kindern an:

DIESE CHECKLISTE IST FÜR KINDER IM ALTER VON 3 BIS 8 JAHREN ENTWICKELT WORDEN. DIE BEANTWORTUNG DER FRAGEN ERFORDERT DIE MITARBEIT DER ELTERN. JEDE FRAGE SOLLTE ERLÄUTERT UND MIT DEN ELTERN EINGEHEND BESPROCHEN WERDEN. DIE ENTSPRECHENDE ANTWORTKATEGORIE PRO FRAGE BITTE MIT EINEM (X) KENNZEICHNEN.

JA NEIN WEIß NICHT

I. BIOGRAPHISCHE INDIKATOREN FÜR EINEN CHRONISCHEN STOTTERVERLAUF

1. KOMMT CHRONISCHES STOTTERN IN DER FAMILIE VOR? ....
2. NIMMT DER SCHWEREGRAD DER SPRECHUNFLÜSSIGKEITEN (HÄUFIGKEIT, DAUER, KONSISTENZ) ZU?.....
3. TRATEN DIE SPRECHUNFLÜSSIGKEITEN ERSTMALS EHER IN DER FORM VON BLOCKIERUNGEN AUF?.......
4. BESTEHEN DIE SPRECHUNFLÜSSIGKEITEN ÜBERDAUERND SEIT DEM ERSTAUFTRETEN?.................
5. BESTEHEN DIE SPRECHUNFLÜSSIGKEITEN SEIT 2 JAHREN ODER LÄNGER?.........................

II. INDIKATOREN FÜR EINEN CHRONISCHEN STOTTERVERLAUF AUF DER EINSTELLUNGSEBENE

1. NIMMT DAS KIND SEINE EIGENEN SPRECHUNFLÜSSIGKEITEN WAHR?..............................
2. ERLEBT DAS KIND WEGEN SEINER SPRECHUNFLÜSSIGKEITEN KOMMUNIKATIVE ANGST ODER FURCHT?.....
3. BEFÜRCHTET DAS KIND, DAß SICH SEINE SPRECHPROBLEME VERSCHLIMMERN?......................
4. VERMEIDET DAS KIND SPRECHSITUATIONEN?..
5. ZEIGT DAS KIND BZGL. SEINER SPRECHUNFLÜSSIGKEITEN ÄRGER ODER FRUSTRATIONSGEFÜHLE?.......

III. INDIKATOREN FÜR EINEN CHRONISCHEN STOTTERVERLAUF AUF DER VERHALTENSEBENE

1. GEHÖREN ZU DEN SPRECHUNFLÜSSIGKEITEN DEHNUNGEN/ LAUTDEHNUNGEN?........................
2. BESTEHEN DIE WIEDERHOLUNGEN WENIGER AUS GANZWORT- ODER SATZWIEDERHOLUNGEN UND HÄUFIGER AUS TEILWORTWIEDERHOLUNGEN?..
3. WERDEN DIE TEILWORTWIEDERHOLUNGEN VON SICHTBAREN STRESS- UND ANSPANNUNGSREAKTIONEN BEGLEITET?..
4. TRETEN DIE TEILWORTWIEDERHOLUNGEN MEHR ALS 3 X BEIM SELBEN WORT AUF?..................
5. TRITT BEI DEN SILBENWIEDERHOLUNGEN EIN ERHÖHTES SPRECHTEMPO AUF?......................
6. WIRD WÄHREND DER SILBENWIEDERHOLUNGEN DER SCHWA-LAUT INADÄQUAT PRODUZIERT?............
7. IST DER ATEMSTROM WÄHREND DER WIEDERHOLUNGEN HÄUFIG UNTERBROCHEN?.....................
8. DAUERN DIE DEHNUNGEN LÄNGER ALS 1 SEKUNDE AN?..
9. BETRÄGT DER PROZENTUALE ANTEIL DER DEHNUNGEN AN DEN SPRECHUNFLÜSSIGKEITEN MEHR ALS 1%..
10. TRETEN DIE DEHNUNGEN UNRUND UND UNTERBROCHEN AUF?....................................
11. TRETEN BEI DEHNUNGEN SICHTBARE ANSPANNUNGSREAKTIONEN AUF?............................
12. WERDEN DIE DEHNUNGEN PLÖTZLICH BEENDET? (KEINE GLEITENDEN ÜBERGÄNGE)..................
13. IST DER ATEMSTROM BEI STIMMHAFTEN LAUTEN UNTERBROCHEN?...............................
14. SIND DIE PAUSEN (SCHWEIGEN) VOR ÄUßERUNGSBEGINN UNGEWÖHNLICH LANG?....................
15. IST DIE SPRECHMELODIE EINGESCHRÄNKT UND MONOTON?.....................................
16. KOMMT ES WÄHREND EINER SPRECHUNFLÜSSIGKEIT ZUM ABBRUCH DES BLICKKONTAKTS?.............
17. KOMMT ES WÄHREND EINER SPRECHUNFLÜSSIGKEIT ZU BEOBACHTBAREN VERZERRUNGEN DES GESICHTS ODER ZU KÖRPERBEWEGUNGEN?..

GESAMT DER JA-ANTWORTEN

0 - 6 JA-ANTWORTEN: REMISSION WAHRSCHEINLICH
7 - 15 JA-ANTWORTEN: SORGFÄLTIGE BEOBACHTUNG NOTWENDIG
16 - 27 JA-ANTWORTEN: CHRONISCHER VERLAUF DES STOTTERNS WAHRSCHEINLICH

ABB.26 CHECKLISTE ZUR EINSCHÄTZUNG DER WAHRSCHEINLICHKEIT EINES CHRONISCHEN STOTTERVERLAUFS BEI KINDERN (NACH COOPER & COOPER, 1985)

A. Schweregrad

1. Häufigkeit: Wenn die Sprechunflüssigkeiten des Kindes über einen Zeitraum von 6 Monaten in den meisten Sprechsituationen regelmäßig bei 5% der gesprochenen Wörter oder mehr liegen, kann die Auftretenshäufigkeit als Indikator für einen chronischen Verlauf herangezogen werden.
2. Dauer: Wenn die durchschnittliche Dauer der Sprechunflüssigkeit zwei Sekunden oder mehr beträgt, ist das ein Hinweis für Chronizität.
3. Artikulationsmuster: Wenn das Sprechunflüssigkeitsmuster durch eine Vielzahl von Artikulationsversuchen gekennzeichnet ist, mit denen das Kind versucht, seine Sprechunflüssigkeit zu überwinden (im Gegensatz zu einfachen, wiederholten Bewegungen), kann das daraus resultierende komplexe Artikulationsmuster als Ausdruck eines chronischen Stotterproblems betrachtet werden.
4. Begleitsymptomatik: Wenn die Sprechunflüssigkeiten des Kindes durch Bewegungen im Gesichts- oder Gesamtkörperbereich wie Augenzwinkern oder Armschlenkern begleitet werden und es zu einem beobachtbaren deutlichen Anstieg der Spannungsverhältnisse im Gesamtkörperbereich kommt, muß von einem chronischen Stottern ausgegangen werden.

B. Reaktionen des Kindes

Wenn das Kind im Zusammenhang mit seinem unflüssigen Sprechen und den Reaktionen anderer Personen darauf negative Gefühle entwickelt hat, kann dieses als Hinweis für Chronizität betrachtet werden.

C. Reaktionen der Eltern

Wenn die Eltern gegenüber den Sprechunflüssigkeiten ihres Kindes negative Gefühle entwickelt haben oder Einstellungen zeigen, die der Therapeut für das Kind als schädlich erachtet, ist eine Einbeziehung der Eltern in das Therapieprogramm notwendig.

C.I.2.6 "Stocker Probe Technique" (Stocker, 1980)

Die "Stocker Probe Technique" beinhaltet ein an der Sprache des Kindes ansetzendes Therapieprogramm (vgl. dazu die Beschreibung in Kap.B.III.2.1.1) für stotternde Kinder ab dem dritten Lebensjahr und eine standardisierte Eingangsdiagnostik, mit der eine Unterscheidung von stotternden und entwicklungsunflüssigen Kindern getroffen werden kann. Der Therapeut stellt zunächst eine Interaktionssituation mit dem Kind her, in der er zu festgelegten Kleinspielzeugen, die aus dem Erfahrungsraum von amerikanischen Vorschulkindern stammen, bestimmte Fragen stellt oder Bitten äußert. Die Art dieser Fragen und Bitten legt das Niveau der kommunikativen Verantwortlichkeit fest, mit der das Kind antworten kann. Das theoretische Konzept des Ansatzes unterscheidet 5 Niveaus kommunikativer Verantwortlichkeit, denen spezifische Fragentypen zugeordnet sind (vgl. dazu Abb.8; Kap.B.III.2.1.1).

In der Eingangsdiagnostik werden dem Kind zu insgesamt 10 Gegenständen jeweils 5 Fragen gestellt, die, in zufälliger Anordnung vorgegeben, die 5 "levels of demand" repräsentieren. Die Antworten des Kindes werden bei jedem Gegenstand und auf jedem "level of demand" als flüssig oder unflüssig klassifiziert. Auf diese Weise kann für jeden "level of demand" die Anzahl der Sprechunflüssigkeiten ermittelt werden, ferner deren Gesamtzahl. Auf der Basis von klinischen Einschätzungen werden für die Interpretation folgende Orientierungswerte empfohlen:

1 - 10 Sprechunflüssigkeiten	= normal bis leicht
11 - 20 Sprechunflüssigkeiten	= mittelschwer
21 - 30 Sprechunflüssigkeiten	= schwer
31 und mehr Sprechunflüssigkeiten	= sehr schwer

Neben diesen quantitativen Kriterien wird zur Unterscheidung von stotternden und entwicklungsunflüssigen Kindern auch auf qualitative Merkmale verwiesen. Den klinischen Erfahrungen von Stocker zufolge sollen sich die beiden Gruppen hinsichtlich der Konsistenz, mit der ihre Sprechunflüssigkeiten in Beziehung zum Niveau der kommunikativen Verantwortlichkeit stehen, unterscheiden. Für ein stotterndes Kind soll es dabei charakteristisch sein, daß es seine Sprechunflüssigkeit verliert, sobald der "level of demand" reduziert wird, und daß sie weiter bestehen bleibt, wenn der "level of demand" beibehalten oder erhöht wird. Bei entwicklungsunflüssigen Kindern soll dagegen zu beobachten sein, daß sie weniger sensitiv auf Veränderungen des "level of demand" reagieren und sowohl flüssige als auch unflüssige Äußerungen unabhängig vom jeweils benutzten Niveau der kommunikativen Verantwortlichkeit auftreten.

C.I.2.7 "The Preschool Fluency Baseline Record" von Delva M. Culp (1984)

Bei dem "Preschool Fluency Baseline Record" handelt es sich um ein standardisiertes und normiertes Diagnostikum zur eingehenden Untersuchung des Sprechverhaltens von Kindern mit der Verdachtsdiagnose "Stottern". Zusätzliche Informationen werden zur medizinischen und psychosozialen Lebensgeschichte des Kindes erhoben. Darüber hinaus kommt routinemäßig eine Testbatterie zur Anwendung, mit deren Hilfe eine Einschätzung von Hörfähigkeit, rezeptiven und expressiven Sprachleistungen, Artikulation, Mundmotorik, Visuomotorik etc. vorgenommen wird. Die Vorgehensweise besteht darin, daß der Therapeut zunächst 5 Sprechproben mit einer Länge von jeweils 150 Wörtern erhebt, wobei die Sprechsituationen in etwa repräsentativ für die alltäglichen kommunikativen Interaktionen eines Vorschulkindes sein sollen. Die 5 Sprechsituationen sind: Monolog (Bildbeschreiben), Dialog (Gespräch über vertrautes Thema), Nacherzählen (Bildergeschichte), Spiel (Interaktion mit Spielzeug und/oder Therapeut), Stress (Einführen von alltäglichen kommunikativen Stressoren wie Unterbrechen, Zeitdruck, Konkurrenz etc.). Diese Sprechproben werden aufgezeichnet und anschließend direkt vom Band oder nach vorheriger Wort-für-Wort-Transkription einer qualitativen und quantitativen Analyse unterzogen, deren Ergebnisse auf einem Protokollbogen (vgl. Abb.27) zusammenfassend niedergelegt werden. Für jede Sprechsituation getrennt, werden die Prozentsätze der beobachteten Sprechunflüssigkeitstypen berechnet und mit den normativen Daten einer Vergleichspopulation von 30 flüssig sprechenden Kindern im Alter von 3 bis 5 Jahren verglichen. Über den quantitativen Vergleich hinaus ist auch eine gezielte klinische Beobachtung der Anspannung beim Sprechen, der Prosodie und der Sprechgeschwindigkeit, der Dauer der drei längsten Sprechunflüssigkeiten, der Begleitsymptomatik und der Einstellungen des Kindes gegenüber der Kommunikation im allgemeinen vorgesehen.

NAME: WOLFGANG F.

GEB. AM:

UNTERSUCHUNGSDATUM:

UNTERSUCHER: XYZ

ART DER SPRECHUNFLÜSSIGKEIT	STANDARDSPRECHSITUATIONEN					
	MONOLOG	DIALOG	NACHERZÄHLEN	SPIEL	STRESS	TOTAL
TEILWORT-WIEDERHOLUNG	5	8	4	8	7	32
WORTWIEDERHOLUNG	1	1	1	0	2	5
SATZWIEDERHOLUNG	0	0	0	3	1	4
UMSTELLUNG	0	0	0	0	0	0
DYSRHYTHMISCHE PHONATION	0	2	2	2	1	7
INTERJEKTION	2	9	3	3	0	17
SPANNUNGSVOLLE PAUSEN	0	0	2	0	0	2
SONSTIGE	0	0	0	0	0	0
SUMME TOTAL	8	20	12	16	11	67
%-SATZ DER SPRECHUNFLÜSSIGK.	5,33	13,33	8,0	10,67	7,33	8,93%

ZUSÄTZLICHE BEOBACHTUNGEN:

1. ANSPANNUNG: INTERMITTIEREND AN LIPPEN

2. PROSODIE: UNAUFFÄLLIG

3. SPRECHGESCHWINDIGKEIT: 110 (WORTE/MINUTE MIT UNFLÜSSIGKEITEN)

4. DAUER DER 3 LÄNGSTEN SPRECHUNFLÜSSIGKEITEN (IN SEK. ODER SILBEN):
   5 SILBEN
   4 SILBEN
   4 SILBEN

5. BEGLEITSYMPTOMATIK: KEINE

6. EINSTELLUNG DES KINDES ZUR KOMMUNIKATION: KEINE OFFENEN ANZEICHEN FÜR BEWUßTSEIN/BESORGNIS. WOLFGANG FÜHRT BEIM SPRECHEN HÄUFIG DIE HAND AN DEN MUND.

BEWERTUNG: DEUTLICHES SPRECHUNFLÜSSIGKEITSPROBLEM

VORSCHLAG: AUFNAHME DER THERAPIE

ABB.27 ZUSAMMENFASSENDER PROTOKOLLBOGEN DES "PRESCHOOL FLUENCY BASELINE RECORD" AM BEISPIEL EINES KINDES (NACH CULP, 1984)

Im Therapieansatz von Culp (vgl. Kap.B.III.3.1) ist die Diagnose "Stottern" oder "nicht entwicklungsunflüssig" immer mit der Aufnahme des Kindes in die Therapie verbunden, wobei klare Entscheidungskriterien vorgegeben werden. Das Kind muß ein oder mehrere der folgenden Charakteristika in der Untersuchungssituation gezeigt haben:

1. ein hoher Prozentsatz von Sprechunflüssigkeiten:
   a) mindestens 10% Sprechunflüssigkeiten in einer oder mehreren der 5 Sprechsituationen,
   b) mindestens 7% Sprechunflüssigkeiten in zwei oder mehr der 5 Sprechsituationen,
   c) mindestens 5% Sprechunflüssigkeiten (eine Standardabweichung über dem Mittelwert) in allen 5 Sprechsituationen;
2. Anspannungsreaktionen in Verbindung mit dem Sprechen und/oder eine signifikante Anzahl von dysrhythmischen Phonationen, spannungsvolle Pausen und/oder multiple Teilwort- oder Ganzwortwiederholungen;
3. eine Dyskoordination der Sprechmechanismen und/oder leichte Sprachprobleme in Verbindung mit der Existenz entweder quantitativ oder qualitativ signifikanter Sprechunflüssigkeiten;
4. ein ungünstiges Selbstkonzept als Sprecher in Verbindung mit dem Vorhandensein entweder quantitativ oder qualitativ signifikanter Sprechunflüssigkeit;
5. ein familiäres Auftreten von Redeflußstörungen in Verbindung mit entweder quantitativ oder qualitativ signifikanter Sprechunflüssigkeit;
6. ein Elternteil und/oder ein Lehrer, der sich wegen der Sprechunflüssigkeit des Kindes große Sorgen macht, in Verbindung mit entweder quantitativ oder qualitativ signifikanter Sprechunflüssigkeit.

Die angeführten Kriterien wurden z.T. durch empirische Daten aus dem Vergleich der Sprechunflüssigkeitstypen bei als flüssig geltenden und in der Sprechflüssigkeit gestörten Vorschulkindern abgeleitet (vgl. dazu Abb.28).

Diagnostik 195

	DURCHSCHNITTSWERTE		
	NORMALE VP	SPRECHFLUßGESTÖRTE VP	T-WERT
TEILWORTWIEDERHOLUNGEN	3.80	39.03	5.80*
GANZWORTWIEDERHOLUNGEN	5.97	11.67	3.07*
SATZWIEDERHOLUNGEN	5.20	6.97	1.39
UMSTELLUNGEN	4.40	3.53	0.80
DYSRHYTHMISCHE PHONATIONEN	0.23	7.00	3.59*
INTERJEKTIONEN	6.23	11.73	2.50
SPANNUNGSVOLLE PAUSEN	0.03	3.90	2.63*
SONSTIGE	0.10	0.57	1.95

* P > .01

ABB.28 VERGLEICH DER SPRECHUNFLÜSSIGKEITSTYPEN BEI NORMALEN UND IN DER SPRECHFLÜSSIGKEIT GESTÖRTEN VERSUCHSPERSONEN (NACH CULP, 1984)

Zusammenfassend kann gesagt werden, daß der diagnostische Teil des Vorschulprogramms zur Entwicklung der Sprechflüssigkeit eine ganze Reihe von Vorteilen aufweist: Der "Fluency Baseline Record" erbringt eine umfangreiche Stichprobe von typischen Kommunikationsaktivitäten von Vorschulkindern in kurzen 20- bis 30minütigen Sitzungen. Darüber hinaus ermöglicht er eine reliable und objektive Messung (Prozentsatz von Sprechunflüssigkeiten bezogen auf das Gesamtgesprochene), die in quantitativer Hinsicht mit den Sprechunflüssigkeiten von flüssigen 3- bis 5jährigen Kindern in vergleichbaren Sprechsituationen verglichen werden können. Die diagnostische Vorgehensweise schließt eine Analyse der Arten der auftretenden Sprechunflüssigkeiten ein, die für die Differentialdiagnose ebenso wichtig sein kann wie für die Beobachtung des Therapiefortschritts. Die Information über die Leistungsfähigkeit des Kindes in unterschiedlichen Gesprächssituationen ermöglicht es dem Sprachtherapeuten, eine Hierarchie von Schwierigkeiten zu erstellen, die in der Therapie bearbeitet werden können. Darüber hinaus beinhaltet der "Fluency Baseline Record" eine Flexibilität für wichtige klinische Beobachtungen und Einschätzungen, die in eine differentialdiagnostische Abgrenzung eingehen können.

C.I.2.8 "Stuttering Prediction Instrument for Young Children (SPI)" von Riley (1984)

Das "Stuttering Prediction Instrument for Children" ist ein standardisiertes und normiertes Untersuchungsverfahren für die Diagnostik von unflüssig sprechenden Kindern, mit dem eine Einschätzung des Schweregrads der Sprechunflüssigkeiten und des Stotterns vorgenommen werden kann und eine Einschätzung des wahrscheinlichen Verlaufs möglich ist. Dem diagnostischen Ansatz liegt die Überzeugung zugrunde, daß sich normale Sprechunflüssigkeiten von pathologischen Sprechunflüssigkeiten unterscheiden.

Normale Sprechunflüssigkeiten sind:

1. mehrsilbige Ganzwortwiederholungen,
2. Wiederholungen von Satzteilen mit zwei oder mehr Wörtern,
3. Neubeginn von Äußerungen oder Umstellungen von Sätzen,
4. Einschübe, die prinzipiell flüssig sind,
5. Pausen, die zur linguistischen Planung oder für einen Kommunikationseffekt wichtig sind.

Pathologische Sprechunflüssigkeiten sind:

1. Teilwortwiederholungen, bei denen Laute oder Silben (einschließlich einsilbiger Wörter) wiederholt werden. Die Einschätzung des Schweregrades von Wiederholungen wird mit zwei Variablen vorgenommen:
    a) Anzahl der wiederholten Versuche, die dem erfolgreichen Sprechen eines Wortes vorausgehen;
    b) Ausmaß der qualitativen Veränderung, die bei dem wiederholten Laut- oder Silbenmaterial vorgenommen wird, wenn man es mit einer normalen Serie von gesprochenen Lauten oder Silben vergleicht. Beispiel: Substitution des ursprünglichen Ziellautes durch den Schwa-Laut oder abrupt einsetzende Artikulationsbewegungen anstelle von ineinander übergehende Lauten etc.

2. Vokaldehnungen, die 1,5 Sekunden oder länger andauern. Je länger ein Vokal gedehnt wird, desto wahrscheinlicher ist es, daß er pathologische Elemente beinhaltet (z.B. hinsichtlich Lautstärke und Stimmklang).
3. Phonationsstop, der eine halbe Sekunde oder länger andauert. Diese Stops beinhalten vollständige Blockierungen und schwere Glottisverkrampfungen, die aus einem nichthörbaren Krampf oder aus einem hörbaren, jedoch stimmlosen Phonationsversuch resultieren.
4. Artikulationsstop, der eine halbe Sekunde oder länger andauert. Dieses abnorm lange Innehalten bei der Artikulation beinhaltet vollständige Blockierungen und starke Verkrampfungen, die einen nichthörbaren Krampf anzeigen oder gedehnte, konsonantenähnliche Laute hervorbringen. Die Artikulationsstellung kann dem Ziellaut angemessen sein, nicht jedoch die Dauer, mit der sie aufrechterhalten wird.
5. Motorische Begleitphänomene wie Veränderungen der Mimik, Bewegungen des Gesamtkörpers oder einzelner Teile; Verhaltensweisen wie Schnüffeln, Zungeschnalzen, Abbruch des Blickkontakts etc.
6. Andere Begleiterscheinungen in Form von Verhaltensweisen oder Einstellungen, die nicht notwendigerweise während des Stottermoments sichtbar werden, jedoch Bestandteil des allgemeinen Kommunikationsverhaltens sind, z.B. Ausdruck von Frustrationserleben im Zusammenhang mit der Kommunikationsfähigkeit, Vermeiden von Lauten, Wörtern und Sprechsituationen und/oder ein ungünstiges Zuhörerverhalten in bezug auf das Stottern (Zeitdruck, Hänseln etc.).

Die Durchführung des SPI beinhaltet 3 Arbeitsschritte:

1. Elternbefragung: Mit Hilfe von 10 fest vorgegebenen Fragen werden Informationen über den Beginn und den bisherigen Verlauf der Sprechunflüssigkeiten, über die heriditäre Belastung

der Familie und über die Reaktionen des Kindes und anderer Personen auf das Stottern erhoben. Für die Items, die die Reaktionen auf das Stottern betreffen, sind gewichtete Antwortalternativen vorgegeben, so daß die erzielten Subtestwerte das Ausmaß ungünstiger Reaktionen auf das Stottern repräsentieren.

2. Untersuchung des Kindes: der Therapeut stellt eine Gesprächssituation mit dem Kind her (als Stimulusmaterial stehen 20 Stituationsbilder zur Verfügung), in der das Ziel verfolgt wird, eine 10minütige Sprechprobe des Kindes zu erheben, während der der Therapeut so wenig wie möglich sprechen soll.

3. Auswertung der Sprechprobe: Die Analyse der auf Tonband aufgezeichneten Sprechprobe erfolgt auf der Basis von mindestens 100 Wörtern. Dabei werden folgende Aspekte des Sprechunflüssigkeitsverhaltens einer Feinanalyse unterzogen: Häufigkeit und Art von Laut- und Silbenwiederholungen, Art und Dauer der Dehnungen und Blockierungen, Häufigkeit des Auftretens von pathologischen Sprechunflüssigkeiten. Für die drei untersuchten Bereiche werden dann Subtestgesamtwerte errechnet, die das Ausmaß der untersuchten qualitativen und quantitativen Aspekte des Stotterns beschreiben.

Die in den einzelnen Untertestbereichen ermittelten Subtestgesamtwerte können zu einem Gesamttestwert zusammengefaßt werden, der dann mit den Normwerten einer Vergleichspopulation von 85 stotternden Kindern im Alter von 3 bis 8 Jahren verglichen werden kann. Dadurch ist eine Einschätzung des Schweregrades und eine Zuordnung zu folgenden Gruppen möglich: sehr leichtes, leichtes, mittelschweres und sehr schweres Stottern. Die differentialdiagnostische Unterscheidung zu normal unflüssigen Kindern wird getroffen, indem der erzielte Gesamttestwert eines Kindes mit den Normwerten einer Vergleichspopulation von 17 spontan remittierten sprechunflüssigen Kindern verglichen wird. Zusätzlich zu diesen psychometrisch ermittelten Orientierungsdaten werden noch entsprechende klinische Kriterien für die Einschätzung herangezogen, wann ein Stottern als nichtchronisch zu betrachten ist. Sie entsprechen den Items des SPI, die auch aufgrund einer statistischen Analyse am besten dazu geeignet waren, chronische Stotterer und nicht-chronische Stotterer zu unterscheiden.

C.I.2.9 Differentielles Indikationsmodell von Conture

Von Conture (1982) wurde ein differentielles Indikationsmodell auf der Basis von klinischen Kriterien für die Behandlung und Beratung beim kindlichen Stottern entwickelt, in dem Merkmale des Sprechverhaltens des Kindes sowie Verhaltens- und Einstellungsmerkmale der Eltern berücksichtigt werden (vgl. Abb.29). Der Abstufung der aufgeführten Variablen beim Kind und bei den Eltern liegt die Vorstellung eines Chronizitätskontinuums zugrunde, an das unterschiedliche Interventionen gebunden sind. Das Ziel besteht dabei nicht darin, die Inhalte und Abfolge in einer Therapie im einzelnen festzulegen, sondern eher im Sinne einer Screening-Untersuchung zu entscheiden, wie schwerwiegend das Problem ist und welche Art von Betreuung im Einzelfall angebracht ist. Mit Hilfe der aufgeführten Kriterien soll z.B. der Kinderarzt entscheiden können, ob er eine sinnvolle Beratungs- und Überwachungsfunktion übernehmen kann oder wann es unbedingt notwendig ist, ein unflüssig sprechendes Kind einem mit dem Störungsbild Stottern vertrauten Fachmann zur Diagnostik und weiteren Entscheidung vorzustellen.

A SPRECHVERHALTEN DES KINDES	B VERHALTENSWEISEN UND EINSTELLUNGEN DER ELTERN	C BERATUNGS-/BEHANDLUNGSVORSCHLAG
VORWIEGEND LAUT-/SILBENWIEDERH.; ADÄQUATER BLICKKONTAKT; GERINGFÜG. DEHNUNGEN; SPANNUNGSFREIE, LOCKERE LAUT-/SILBENWIEDERHOLUNGEN	1A. ANGEDEUTETE, JEDOCH NICHT PRONONCIERTE ÜBERZEUGUNG, DAß ES SICH UM STOTTERN HANDELT 1B. SCHNELLES BIS SEHR SCHNELLES SPRECHTEMPO BEI MINDEST. EINEM ELTERNTEIL 1C. UNGÜNSTIGES TURN-TAKING-VERHALTEN BEI DEN ELTERN 1D. ROUTINEMÄßIGES KRITISIEREN UND ABPRÜFEN DER SPRECH- UND SPRACHFÄHIGKEITEN DES KINDES	1A. BERATUNG UND INFORMATION DER ELTERN BZGL. DER ENTWICKLUNG, BESONDERS DER SPRACH- UND SPRECHENTWICKLUNG DES KINDES 1B. ÜBERGABE VON INFORMATIONS- UND BERATUNGSBROSCHÜRE 1C. ÄRZTL. ÜBERWACHUNG DES VERLAUFS VON SPRECH- UND SPRACHENTWICKLUNG. FALLS VERSCHLECHTERUNG DES SPRECHVERHALTENS BEIM KIND ODER PERSISTENZ DER LAUT- UND SILBENWIEDERHOLUNGEN NACH 6 MONATEN → VORSTELLUNG BEI EINEM 'STOTTERSPEZIALISTEN'
LAUT-/SILBENWIEDERHOLUNGEN UND DEHNUNGEN WIE UNTER A1; JEDOCH: GERINGER BLICKKONTAKT, GERINGE ANSPANNUNGSZEICHEN UND MOTORISCHE BEGLEITPHÄNOMENE (KOPF, HALS ETC.) BEIM SPRECHEN	2. ELTERN SIND ÜBERZEUGT, DAß SICH DAS UNFLÜSSIGE SPRECHMUSTER GEFESTIGT HAT UND ZEIGEN EINES ODER MEHRERE MERKMALE VON 1B, 1C, 1D	2. BERATUNG UND INFORMATION DER ELTERN, GGF. ÜBERGABE VON INFORMATIONS- UND BERATUNGSBROSCHÜRE; KEINE ÄRZTLICHE ÜBERWACHUNGSPHASE, SONDERN VORSTELLEN BEI EINEM 'STOTTERSPEZIALISTEN'
VORWIEGEND LAUTDEHNUNGEN, SCHLECHTER BLICKKONTAKT; VIELE UNANGEMESSENE VERSPANNUNGEN UND MITBEWEGUNGEN WÄHREND DES SPRECHENS UND BESONDERS WÄHREND DES STOTTERNS	3. WIE B2, JEDOCH SIND DIE ELTERN ÜBERZEUGT, DAß DAS STOTTERN OFFENSICHTLICH UND CHRONISCH IST	3. C 1B UND VORSTELLUNG BEI EINEM 'STOTTERSPEZIALISTEN' ZUR DIAGNOSTIK UND GGF. ZUR THERAPIE
DIE VERHALTENSWEISEN UNTER A3 SIND HÄUFIGER, STÄRKER UND ÜBERDAUERND VORHANDEN, DAS KIND DRÜCKT ÄNGSTE AUS, VERMEIDET LAUTE, WORTE, ZUHÖRER UND SPRECHSITUATIONEN	4. WIE B3	4. DIREKTE VORSTELLUNG BEI EINEM 'STOTTERSPEZIALISTEN', KEINE WEITERGEHENDE BERATUNG ODER INFORMATIONSVERGABE

ABB.29 KLINISCHE KRITERIEN FÜR DIE BEHANDLUNG UND BERATUNG BEIM KINDLICHEN STOTTERN IN ABHÄNGIGKEIT VOM SPRECHVERHALTEN DES KINDES UND VERHALTENS- UND EINSTELLUNGSMERKMALEN DER ELTERN (NACH CONTURE, 1982)

C.I.3 Quantitative und qualitative Einzelkriterien zur Unterscheidung von Entwicklungsunflüssigkeit und Stottern

Die bisher dargestellten differentialdiagnostischen Ansätze zur Unterscheidung Entwicklungsunflüssigkeit oder Stottern dürften in etwa das momentan zur Verfügung stehende Handlungswissen repräsentieren. Neben diesen zusammengesetzten Kriterienkatalogen und komplexen Verhaltensprofilen existieren auch Ansätze, die aus theoretischen und pragmatischen Erwägungen heraus eine differentielle Diagnostik für überflüssig oder zu aufwendig halten und davon ausgehen, daß dasselbe Ziel einer Unterscheidung mit viel einfacheren und weniger Parametern erreicht werden kann. So werden z.B. in vielen lerntheoretisch fundierten Therapieansätzen quantitative Stottermaße zur Eingangs- und Verlaufsdiagnostik verwendet, die auch die differentialdiagnostische Unterscheidung zwischen normalen und gestotterten Sprechunflüssigkeiten bei Kindern leisten sollen. Costello (1983) betrachtet Sprechunflüssigkeiten bei Kindern dann als Ausdruck von Stottern, wenn sie die Häufigkeitsmarke von 5% am Gesprochenen überschreiten. Bei Ryan und van Kirk (1982) liegt das Kriterium bei 0,5% oder mehr pathologische Sprechunflüssigkeiten pro Minute reiner Sprechzeit, bei Shine (1985) liegt der kritische Wert bei 3% Sprechunflüssigkeit. Wie die Zusammenstellung in Abbildung 30 zeigt, sind bei Berücksichtigung aller dargestellten Ansätze eine Vielzahl von quantitativen Indizes in Gebrauch, deren Interpretation und Vergleichbarkeit äußerst schwierig ist, weil ihre Gewichtung für die Differentialdiagnose nicht transparent ist und sie in der Regel mit völlig unterschiedlichen Methoden erhoben werden, was z.B. den Umfang der Sprechprobe, die Sprechsituation und die Auszählmethode betrifft.

Eine andere eher eindimensionale Akzentsetzung ist die Konzentration auf Einstellungs- und Erlebensmerkmale als Hauptkriterium für die Unterscheidung zwischen chronischem Stottern

QUANTITATIVE INDIZES		AUTOREN
< 10%	SPRECHUNFLÜSSIGKEITEN/100 WÖRTER	ADAMS (1977)
< 7%	DER GESPROCHENEN WÖRTER UNFLÜSSIG	ADAMS (1984)
< 5%	INTRAMORPHEM AUFTRETENDE SPRECHUNFLÜSSIGKEITEN	CONTURE (1982)
< 5%	SPRECHUNFLÜSSIGKEITEN AUF WORTBASIS	COSTELLO (1983)
< 5%	UNFLÜSSIG IN ALLEN 5 STANDARDSPRECHSITUATIONEN	CULP (1984)
< 7%	UNFLÜSSIG IN MINDESTENS 2 STANDARDSPRECHSITUATIONEN	CULP (1984)
< 10%	UNFLÜSSIG IN MINDESTENS 1 STANDARDSPRECHSITUATION	CULP (1984)
< 6%	UNFLÜSSIGKEITEN/100 WÖRTER	JOHNSON (1980)
< 3%	SPRECHUNFLÜSSIGKEIT PRO MINUTE	SHINE (1985)
< 3%	DER GESPROCHENEN WÖRTER UNFLÜSSIG	RILEY (1984)
< 0,5%	PATHOLOGISCHE SPRECHUNFLÜSSIGKEITEN PRO MINUTE	RYAN (1982)
< 3	WIEDERHOLUNGEN PRO TEILWORTWIEDERHOLUNG	ADAMS (1980)
< 3	WIEDERHOLUNGEN PRO TEILWORTWIEDERHOLUNG	COOPER & COOPER (1985)
< 2	WIEDERHOLUNGEN BEI MINDESTENS 2% DER GESPROCHENEN WÖRTER	CURLEE (1980)
< 2	WIEDERHOLUNGEN BEI VERÄNDERTER BETONUNG UND VERÄND. RHYTHMUS	GREGORY & HILL (1980)
< 3	WIEDERHOLUNGEN PRO SILBENWIEDERHOLUNG	JOHNSON (1980)
< 2	SILBENWIEDERHOLUNGEN PRO WORT	VAN RIPER (1982)
< 2	SILBENWIEDERHOLUNGEN PRO WORT	ZWITMAN (1978)
< 1	SEKUNDE ANDAUERNDE DEHNUNG	ADAMS (1984)
< 1	SEKUNDE ANDAUERNDE DEHNUNG	COOPER & COOPER (1985)
< 1	SEKUNDE ANDAUERNDE DEHNUNG BEI MINDESTENS 2% DER GESPR.WÖRTER	CURLEE (1980)
< 2	SEKUNDEN ANDAUERNDE UNWILLKÜRLICHE VERZÖGERUNG/BLOCKIERUNG	CURLEE (1980)
< 1,5	SEKUNDEN ANDAUERNDE DEHNUNGEN	RILEY (1984)
< 1	SEKUNDE ANDAUERNDE DEHNUNG PRO 100 WÖRTER	VAN RIPER (1982)
< 1	SEKUNDE ANDAUERNDE STIMMHAFTE DEHNUNG	ZWITMAN (1978)
< 1%	ANTEIL VON DEHNUNGEN AN DEN GESAMTSPRECHUNFLÜSSIGKEITEN	COOPER & COPPER (1985)
< 1	DEHNUNG/100 WÖRTER	JOHNSON (1980)
< 0,5	SEKUNDEN ANDAUERNDE ARTIKULATIONSSTOPS	RILEY (1984)
< 0,5	SEKUNDEN ANDAUERNDE PHONATIONSSTOPS	RILEY (1984)
< 3	UNTERSCHIEDLICHE SPRECHUNFLÜSSIGKEITSTYPEN	JOHNSON (1980)

ABB.30 QUANTITATIVE INDIZES ZUR UNTERSCHEIDUNG VON NORMALEN UND PATHOLOGISCHEN SPRECHUNFLÜSSIGKEITEN. KRITERIEN VERSCHIEDENER AUTOREN.

und normaler Entwicklungsunflüssigkeit. Differentialdiagnostisches Leitkriterium ist dabei die Frage, ob das Kind sich seiner Sprechunflüssigkeiten bewußt ist und diese als aversiv oder störend empfindet oder ob die Störungen des Redeflusses bereits in das Selbstkonzept des Kindes Eingang gefunden haben. Eine reliable und valide Erfassung solcher hypothetischer Konstrukte wie "Störungsbewußtsein" oder "Selbstkonzept" ist jedoch eine bei Vorschulkindern kaum lösbare diagnostische Aufgabenstellung. Während für Stotterer anderer Altersgruppen immerhin auf einige informelle und formelle Testverfahren zurückgegriffen werden kann (vgl. dazu die Zusammenstellung von Hood, 1978), mit deren Hilfe Hypothesen über Einstellungs- und Erlebensmerkmale im Zusammenhang mit dem Stottern oder der Kommunikation insgesamt aufgestellt werden können, ist der unmittelbare Zugang zu solchen Einstellungen und Gefühlen wegen des entwicklungsbedingten Fehlens von metalinguistischen Fertigkeiten bei Vorschulkindern weitgehend verbaut. Sehr junge Kinder können keine zuverlässige Einschätzung ihrer Schwierigkeiten beim Sprechen geben; sie sind kognitiv häufig noch nicht dazu in der Lage, ihre Gefühle und Einstellungen differenziert wahrzunehmen, und verfügen über nur unzureichende Möglichkeiten, diese dann adäquat sprachlich verschlüsselt mitzuteilen. Wir sind also in viel stärkerem Ausmaß als bei Jugendlichen und Erwachsenen auf indirekte, abgeleitete Indikatoren und Maße angewiesen, d.h., daß wir bestimmte Verhaltensweisen, die direkt vom Diagnostiker beobachtet werden können oder die von den Bezugspersonen des Kindes mitgeteilt werden, als Ausdruck eines "Störungsbewußtseins" interpretieren müssen, ohne daß eine Rückversicherung beim Kind, ob die Hypothese auch richtig ist, möglich ist. Die Validität und Reliabilität der Erfassung solcher Konstrukte dürfte in dem Ausmaß schwinden, in dem auf sogenannte projektive Tests zurückgegriffen wird. Dem Spielraum der interpretativen Kreativität des Diagnostikers z.B. beim Mann-Zeichen-Test (MZT), der Familie in Tieren (Brehm-Gräser, 1970) und dem Erzähltest von Thomas oder den C.A.T.- bzw. T.A.T.-

Tafeln (Bellak & Bellak, 1949; Murray, 1971) sind keine Grenzen gesetzt. Der bei diesen Testinstrumenten häufig zugrundeliegende tiefenpsychologische Bezugsrahmen kann auch dazu verleiten, die ursprünglich vielleicht eher pragmatisch bestimmte Zielsetzung beim Einsatz derartiger Verfahren zu verlassen und den Versuch zu unternehmen, allein aufgrund eines solchen projektiven Testes eine Persönlichkeitsbeschreibung des Kindes und seiner familiären und psychosozialen Bezüge abzugeben, womit dann die diagnostische Aussagekraft solcher Tests erheblich überstrapaziert würde. Es soll dabei nicht in Frage gestellt werden, daß projektive Tests im Einzelfall einen explorativen Wert haben können, wenn die ihnen innewohnenden interpretativen Grenzen gewahrt bleiben und die erhaltenen Informationen zur Ergänzung der sonstigen Daten herangezogen werden.

Ein anderer Zugang zur Frage des Vorliegens eines Störungsbewußtseins ist die direkte Beobachtung des Sprech- und Kommunikationsverhaltens des Kindes. Bestimmte Sekundärsymptome und Merkmale des sprachlichen Kommunikationsverhaltens können dabei als Ausdruck eines Störungsbewußtseins interpretiert werden. Auch hier ist der interpretative Spielraum recht groß. Conture (1982) verweist dabei auch auf die Bedeutung von nichtsprachlichen Verhaltensweisen (Zuhörer-Sprecher-Blickkontakt, Mimik, Gestik). Seinen Erfahrungen zufolge ist die genaue Beobachtung des Blickkontaktverhaltens des Kindes zu seinem Zuhörer die zuverlässigste Methode, um festzustellen, ob das Kind sich selbst seiner Sprechprobleme bewußt ist. Neben der Art und Häufigkeit der Sprechunflüssigkeiten zieht er das Blickkontaktverhalten als drittes Kriterium für die Unterscheidung zwischen normalen Unflüssigkeiten und Stottern heran. Wenn ein Kind zu 50% oder mehr während des Gesprächs mit einem Erwachsenen den Blickkontakt vermeidet oder unterbricht, besonders wenn es unflüssig spricht, hat das Kind mit großer Wahrscheinlichkeit ein Bewußtsein davon, daß irgendetwas mit seiner

Sprache nicht in Ordnung ist. Die regelmäßige Unterbrechung des Blickkontaktes wird unabhängig davon, was das Kind selbst sagt oder seine Eltern schildern, als Ausdruck der Sensibilität des Kindes für die Störungen seines Sprechablaufs interpretiert.

C.I.4 Zusammenfassung und Diskussion

Insgesamt zeigt sich ein Trend dahin, die Differentialdiagnose zwischen Entwicklungsunflüssigkeit und Stottern auf der Basis von mehreren Parametern vorzunehmen, wobei Art und Häufigkeit der Sprechunflüssigkeiten besonders häufig berücksichtigt und in den meisten Ansätzen z.T. mit erheblichem zeitlichen Aufwand einer sorgfältigen Feinanalyse unterzogen werden. Darüber hinaus werden auch Einstellungs- und Erlebensparameter beim Kind und seinen Bezugspersonen, ebenso Verlauf und Stabilität der Sprechunflüssigkeiten in Abhängigkeit von personellen und situativen Einflußgrößen berücksichtigt. Die vorgestellten Ansätze nehmen ausnahmslos für sich in Anspruch, für die differentialdiagnostische Aufgabenstellung tauglich zu sein. Die meisten Autoren verweisen auf ihre klinischen Erfahrungen mit dem eigenen Ansatz und auf den Bezug der von ihnen vorgeschlagenen Unterscheidungskriterien zu den bisher vorliegenden grundlagenwissenschaftlichen Forschungsergebnissen über das Sprechflüssigkeitsverhalten von stotternden und nichtstotternden Kindern, wobei sie sich auf Arbeiten über die Remission des Stotterns beziehen. Es fällt auf, daß sich die zur Differentialdiagnostik herangezogenen Merkmalsprofile relativ stark ähneln. Adams (1984) vertritt die Auffassung, daß diese Profilähnlichkeiten nicht das Ergebnis einer gegenseitigen Beeinflussung sind, sondern daß sie vielmehr die unabhängig voneinander entwickelten Arbeitsergebnisse verschiedener Therapeuten darstellen. Das hohe Maß der Übereinstimmung wird von ihm deshalb als Beleg für die Validität und Glaubhaftigkeit der vorliegenden Merkmalsprofile betrachtet. Diese optimistische Einschätzung kann jedoch nicht darüber hinwegtäuschen, daß es bisher keine Forschungsarbeiten gibt, die belegen könnten, daß Kinder, die bestimmte Profile aufweisen, sich dann auch tatsächlich zu Stotterern entwickeln im Gegensatz zu anderen Kindern mit demgegenüber veränderten Merkmalsprofilen.

Es ist gegenwärtig noch nicht möglich, die für die differentialdiagnostische Unterscheidung und die Prognose relevanten Variablen eindeutig zu bestimmen und exakt zu messen. Es fehlen Forschungsdaten über die Verlaufsdynamik des Stotterns bei jungen Kindern. Eine wissenschaftliche Überprüfung und Absicherung der Kriterienkataloge ist sicher wünschenswert und notwendig, auf der anderen Seite darf unseres Erachtens der Wert der klinischen Diagnostik, vor allen Dingen, wenn sie von erfahrenen Therapeuten vorgenommen wird, nicht unterschätzt werden. Insofern können die vorgestellten Ansätze als brauchbare klinische Strategien gelten, die eine Fülle von Anregungen für die eigene diagnostische Arbeit bieten.

C.II Differentialdiagnostik des Stotterns

C.II.1 Eindimensionale versus mehrdimensionale Diagnostik

Wenn der Therapeut mit Hilfe der vorgenannten diagnostischen Strategien die Frage beantworten konnte, ob die Sprechunflüssigkeiten eines Kindes entwicklungsbedingt auftreten oder ein beginnendes oder chronisches Stottern anzeigen, ergeben sich durch diese Festlegung nicht notwendigerweise auch Hinweise für das weitere Vorgehen, ob überhaupt, in welchem Ausmaß und mit welchen Inhalten ein Kind und/oder seine Bezugspersonen Hilfestellungen benötigen.

Lautet die Diagnose eindeutig "entwicklungsunflüssig", ist damit immer auch die Entscheidung verbunden, das Kind wegen seiner Sprechunflüssigkeiten nicht in eine Therapie zu nehmen. In der Regel erfolgt eine Kurzberatung der Eltern, wobei die inhaltliche Akzentsetzung von den individuellen Informations- und Beratungsbedürfnissen abhängig gemacht wird. Wenn z.B. äußerst ungünstige Sprach- und Kommunikationsgewohnheiten der Eltern oder Geschwister offensichtlich sind, müßte dies durch Inhalt, Form und Intensität der Elternarbeit entsprechend berücksichtigt werden. In den meisten Fällen dürften jedoch eine punktuelle Beratung der Bezugspersonen und ein "Im-Auge-Behalten" des Kindes völlig hinreichend sein. Solche Beratungskonzepte, die häufig auch als "präventive Elternberatung" bezeichnet werden (Gregory, 1985), liegen in vielfältigen Varianten vor (Adams, 1984; Conture, 1982; Johnson, 1980; Wall & Myers, 1984).

Für den Fall, daß der Therapeut zum Zeitpunkt der Untersuchung keine klare Unterscheidung vornehmen kann, die Sprechunflüssigkeiten des Kindes also einen Grenzfall zum beginnenden Stottern darstellen, wird das Vorgehen sicher etwas anders ausfallen. Eine Möglichkeit besteht darin, das Kind sozusagen prophylaktisch so zu behandeln, als wäre es ein beginnender

Stotterer, oder zunächst noch die weitere Entwicklung über einen Zeitraum von 3 bis 6 Monaten abzuwarten und das Kind dabei genau zu überwachen, während mit den Eltern über die routinemäßige Information und Beratung hinaus z.B. mit Hilfe eines Elterntrainings an spezifischen Einstellungs- oder Verhaltensweisen gearbeitet wird, die für eine Stabilisierung des Kindes wichtig sind. Denkbar wäre auch eine Kurztherapie des Kindes mit begleitender intensiver Elternarbeit, wie das von Gregory (1985) vorgeschlagen wird. Auch von Adams (1984), Conture (1982), Prins (1983), Rustin und Cook (1983) und Wall und Myers (1984) sind Betreuungskonzepte für diese "Borderline"-Fälle entwickelt worden.

Wenn aufgrund der Diagnostik die Sprechweise eines Kindes eindeutig als beginnendes oder chronisches Stottern identifiziert werden kann, stellt sich für den Therapeuten die Frage, mit welchem Behandlungsansatz dem Kind und seinen Eltern optimale Hilfestellungen gegeben werden können und wie er derartige Entscheidungen rational treffen kann. Auch hier bestimmt das theoretische Verständnis des Phänomens "Stottern" zunächst ganz entscheidend die therapievorbereitende Diagnostik und später den therapeutischen Handlungsspielraum. Wenn z.B. ein Therapeut davon überzeugt ist, daß Stottern im Kindesalter grundsätzlich Ausdruck einer intrapsychisch verankerten neurotischen Fehlentwicklung oder, ebenso schmalspurig und eindimensional gesehen, Ausdruck einer "artikulomotorischen Vollzugsinsuffizienz" ist, dann bleibt die Diagnostik auch zwangsläufig auf den aus dem theoretischen Konzept abgeleiteten Gegenstandsbereich beschränkt. Der diagnostische Prozeß wird abgeschlossen, sobald die von der Theorieannahme her erwarteten Verhaltensklassen auch tatsächlich beobachtet werden konnten. Andere Beobachtungen, die nicht stimmig in das eigene Konzept passen, werden dann entweder unkommentiert aufgezählt oder als Randphänomene bei der Indikationsstellung zur Behandlung nicht berücksichtigt. Aus einem eindimensionalen theoretischen Konzept folgt eine eindimensional ausgerichtete Diagnostik, und entsprechend ausgelegt ist dann auch der Therapieansatz.

So finden sich zum Beispiel in tiefenpsychologischen Konzepten zum Stottern und in klinischen Falldarstellungen von tiefenpsychologisch orientierten Autoren häufig Hinweise, wonach stotternde Kinder auch durch Besonderheiten in der Sprachentwicklung auffallen (vgl. dazu z.B. Cluß, 1985; Coriat, 1915; Dührssen, 1962; Kemper, 1982; Staabs, 1951). Diese Beobachtungen stehen in Einklang mit den älteren und neuen Forschungsergebnissen über die Bedeutung von linguistischen Faktoren für die Entwicklung und Aufrechterhaltung des Stotterns bei Kindern (vgl. Kap.A.IV). Im Gegensatz zu den auf diesen Forschungsergebnissen aufbauenden linguistischen Therapieansätzen zum Stottern bei Kindern werden derartige Beobachtungen in den tiefenpsychologischen Ansätzen weder in der Diagnostik weiterverfolgt noch im therapeutischen Vorgehen berücksichtigt. Damit versickern äußerst wichtige Beobachtungen im theoretischen Konzept, da in diesem linguistische Faktoren als Entstehungshintergrund für das Stottern nicht definiert sind. Die Wahrnehmungseinengung hat dann eine an der Theorie und nicht am faktischen Zustandsbild des Klienten orientierte Therapieindikation zur Folge.

Der aktuelle Stand der Theoriediskussion zum kindlichen Stottern (vgl. Kap.A) zeigt, daß eindimensionale theoretische Erklärungsmodelle, gleichgültig aus welchem theoretischen oder weltanschaulichen Lager sie stammen mögen, nicht dazu in der Lage sind, das äußerst vielschichtige Problem des Stotterns zu erklären, und daß die aus ihnen abgeleiteten therapeutischen Strategien deshalb nur eine beschränkte Reichweite haben, also bestenfalls für einige wenige Stotterer hilfreich sind und keineswegs eine universelle Brauchbarkeit aufweisen. Stottern wird heute von zunehmend mehr Theoretikern und Therapeuten als multidimensionales Problem begriffen, an dem in der Regel eine

Vielzahl von Faktoren beteiligt sind, die in jedem individuellen Einzelfall mit Hilfe von spezifischen diagnostischen Arbeitsschritten herausgearbeitet werden müssen. Sobald bei einem Kind "Stottern" diagnostiziert ist, steht der Therapeut vor der Aufgabe, aus einer Vielzahl von theoretisch denkbaren Einflußgrößen diejenigen zu bestimmen, die für die Entstehung und Aufrechterhaltung des Stotterns bei dem untersuchten Kind von Bedeutung sind. Da ein diagnostischer Ansatz im klinischen Alltag eines Therapeuten realisiert wird, muß er nicht nur zuverlässige und valide Ergebnisse erbringen, wie das im klinischen Feld- oder Laborexperiment erwartet wird, sondern er muß auch ökonomisch sein, d.h., es dürfen die Belastbarkeitsgrenzen des Kindes nicht überschritten werden, und der zeitliche und kostenmäßige Aufwand muß vertretbar sein. Ein anderes allgemeines Kriterium betrifft die Nützlichkeit der Untersuchung, d.h. es wird gefordert, daß die Diagnostik so angelegt sein muß, daß aus den Ergebnissen auch Schlußfolgerungen für die Indikation zu bestimmten Therapieverfahren gezogen werden können.

Aus einem multimodalen theoretischen Verständnis des Stotterns heraus die Forderung aufzustellen, bei der Untersuchung eines stotternden Kindes alle theoretisch vorstellbaren Einflußgrößen routinemäßig zu untersuchen, wäre sicher unsinnig, da wir einige wichtige Faktoren mit großer Wahrscheinlichkeit überhaupt noch nicht kennen oder exakt bestimmen können und dieses auch aus zeitlichen Gründen im Therapiealltag gar nicht möglich wäre. Der Therapeut ist also gezwungen, sich zunächst auf eine begrenzte Anzahl von Untersuchungsbereichen zu beschränken. Er wird sich bei der Auswahl dieser Bereiche von pragmatischen und theoretischen Gesichtspunkten leiten lassen.

C.II.1.1 Mehrdimensionale diagnostische Ansätze

Im folgenden sollen nun einige diagnostische Konzepte vorgestellt werden, die aus einem multimodalen Verständnis des Stotterns heraus entwickelt wurden und die klinisch zur Anwendung kommen, wenn die Diagnose Stottern gestellt wurde. Allen Ansätzen gemeinsam ist die Forderung nach einer eingehenden Diagnostik des Sprechflüssigkeitsverhaltens. Darüber hinaus werden je nach theoretischer Konzeption eine Reihe von psychologischen, physiologischen und linguistischen Einflußgrößen routinemäßig untersucht, für die regelrechte Testbatterien zusammengestellt werden (vgl. dazu Adams, 1984; Caruso, 1985; Riley & Riley, 1985). Die dabei erhobenen Daten werden zur Bestimmung der Ausgangslage und als Therapieverlaufs- und Kontrollmaße benutzt und dienen dazu, die inhaltlichen Schwerpunkte der Therapie festzulegen und Entscheidungen im Therapieprozeß zu steuern.

C.II.1.1.1 Diagnostik des Sprechflüssigkeitsverhaltens/ Stotterns

Für die Untersuchung des Stotterns in seinen quantitativen und qualitativen Dimensionen sind eine Vielzahl von Vorschlägen in Form von Diagnosebögen vorgelegt worden (Emerick & Hatten, 1979; Hood, 1978; van Riper, 1982; Wall & Myers, 1984; Williams, 1978). Die diagnostischen Ansätze für das Sprechverhalten von jungen stotternden Kindern überschneiden sich zum Teil mit den Vorgehensweisen, die für die differentialdiagnostische Unterscheidung zwischen Stottern und Entwicklungsunflüssigkeit und für die Verlaufsprognose herangezogen werden (vgl. Kap.C.I).

Von Emerick et al. (1979) wurde ein klinischer Beobachtungsbogen für das beginnende Stottern entwickelt (vgl. Abb.31), mit dem eine quantitative und qualitative Analyse der Sprechunflüs-

NAME: ....
GEBURTSDATUM: ....
BEOBACHTUNGSSITUATION: ....

BEOBACHT.NR.: ....
BEOBACHTER: ....

1. WIEDERHOLUNGEN: GANZE WÖRTER ☐   SILBEN ☐   LAUTE ☐

   A. HÄUFIGKEIT DER WIEDERHOLUNGEN
      -ANZAHL PRO WORT................................
      -ANZAHL PRO 100 WÖRTER..........................
   B. GESCHWINDIGKEIT DER WIEDERHOLUNGEN IM VERHÄLTNIS ZUM SONSTIGEN
      SPRECHTEMPO.....................................
   C. GESCHWINDIGKEITSKONSTANZ BEIM AUFTRETEN VON WIEDERHOLUNGEN.....
      ....
   D. KO-ARTIKULATION..................................
   E. HINWEISE FÜR SPANNUNGSANSTIEG....................
   F. WIE WERDEN DIE WIEDERHOLUNGEN BEENDET?...........

2. DEHNUNGEN: SILBEN ☐   VOKALE ☐   KONSONANTEN ☐
                ARTIKULATIONSSTELLUNG...................

   A. HÄUFIGKEIT VON DEHNUNGEN PRO 100 WÖRTER..........
   B. DAUER (IN SEKUNDEN) ....
   C. WECHSEL DER TONLAGE..............................
   D. BEENDIGUNG DER PHONATION.........................
   E. EINSATZ VON DEHNUNGEN ZUR BEENDIGUNG VON WIEDERHOLUNGEN.......
      ....
   F. HINWEISE FÜR SPANNUNGSANSTIEG....................
   G. UNANGEMESSENE ARTIKULATIONSBEWEGUNGEN............

3. REAKTION AUF KOMMUNIKATIVE STRESSOREN:

   STRESSOR   VERHALTEN DES KINDES
   A. ZUHÖRERVERLUST   ....
   B. ZEITDRUCK   ....
   C. UNTERBRECHUNGEN   ....
   D. KREUZVERHÖR

4. STÖRUNGSBEWUßTSEIN:
   A. BLICKKONTAKT.....................................
   B. ERRÖTEN..
   C. AUGENZWINKERN/HÄUFIGKEIT BEI
      FLÜSSIGEM SPRECHEN ☐   UNFLÜSS.SPRECHEN ☐
   D. MOTORISCHE BEGLEITSYMPTOMATIK....................
   E. REDEN ÜBER DAS SPRECHPROBLEM.....................
   F. VERHALTEN IM ANSCHLUß AN EINE SPRECHUNFLÜSSIGKEIT..........

5. WEITERE GESICHTSPUNKTE:
   A. ANZEICHEN FÜR FRUSTRATIONSERLEBEN................
   B. ANZEICHEN FÜR VERMEIDUNGSVERHALTEN...............
   C. STÖRUNG DER ATMUNG...............................
   D. GESICHTSZUCKUNGEN/MITBEWEGUNGEN DER EXTREMITÄTEN.
   E. ZITTERN..

6. SONSTIGE BEOBACHTUNGEN:
   ....
   ....
   ....

ABB.31 KLINISCHER BEOBACHTUNGSBOGEN BEIM BEGINNENDEN STOTTERN
(NACH EMERICK ET AL., 1979)

sigkeitstypen "Wiederholungen" und "Dehnungen" möglich ist und das Kind in seinen Reaktionen auf vom Untersucher induzierte kommunikative Stressoren beurteilt werden kann. Darüber hinaus werden Parameter untersucht, die eine Einschätzung des Störungsbewußtseins erlauben und motorische und psychische Begleiterscheinungen des Stotterns festhalten. Eine detailliertere und stärker quantifizierbare Beobachtungs- und Untersuchungssystematik stellt die "Matrix der Stotterverhaltensweisen" von Wall und Myers (1984) dar. Wie die Abbildung 32 zeigt, erfolgt eine Beschreibung des Stotterverhaltens mit Hilfe von drei quantitativen Gesamtindizes auf Silben-, Wort- und Zeitbasis, und es findet eine klinische Bewertung des Stotterns durch den Therapeuten und den Patienten selbst statt. Ferner werden mit Hilfe einer Rating-Skala das Vorliegen von Vermeidungsverhaltensweisen eingeschätzt und Beobachtungen aufgezeichnet, die eine Einschätzung des Stotterns im Auftreten und in der Verteilung hinsichtlich linguistischer Orte (z.B. wort- oder satzteilgebunden) ermöglichen. In einem zweiten Teil der Matrix sind 6 unterschiedliche Symptomklassen in ihrer quantitativen (Frequenz und Dauer) Ausprägung aufgeführt. Die Reaktionen des Kindes auf ein Stotterereignis und sein Verhalten bei der Erwartung des Stotterns sind Gegenstand des dritten Matrixbereiches.

Neben dem "Fluency Baseline Record" (Culp, 1984; vgl.Kap.C.I. 2.7) existiert ein weiteres standardisiertes und normiertes Verfahren zur Einschätzung des Schweregrades des Stotterns, das "Stuttering Severity Instrument for Children and Adults - Revised Edition (SSI)" (Riley, 1980). Ähnlich wie das "Stuttering Prediction Instrument" (Riley, 1984; s.Kap.C.I.2.8) beinhaltet die Anwendung des SSI ein dreistufiges Vorgehen: Befragung der Eltern, Erhebung einer Sprechprobe in einer Gesprächssituation und Analyse der Sprechunflüssigkeiten. Die Sprechprobe wird hinsichtlich der Gesamthäufigkeit des Stotterns, der Länge der drei schwersten Blockierungen und der beobachtbaren Begleitsymptomatik ausgewertet (vgl. Abb.33). Die erzielten Ge-

NAME:................................. THERAPEUT:...............................
ALTER:............... TÄTIGKEIT UND UNTERSUCHUNGSSITUATION......
DATUM:............... ....

ALLGEMEINE INFORMATIONEN:

1. **UMFANG DER SPRECHPROBE:** ANZAHL DER SILBEN ...... ANZAHL DER MORPHEME............
   ANZAHL DER WÖRTER ...... ANZAHL DER ÄUBERUNGEN..........

2. **DURCHSCHNITTL. ÄUBERUNGSLÄNGE IN MORPHEMEN** .... (FALLS ANGEBBAR)

3. **STOTTERVERHALTEN**

   A) %-SATZ GESTOTTERTER SILBEN: $\dfrac{\text{ANZAHL GESTOTT.SILBEN}}{\text{ANZAHL GESPR.SILBEN}} \times 100 =$ ....

   B) GESTOTTERTE SILBEN/MINUTE $\dfrac{\text{ANZAHL GESTOTT.SILBEN}}{\text{SPRECHZEIT IN MINUTEN}} =$ ....

   C) GESTOTT. WÖRTER/MINUTE $\dfrac{\text{ANZAHL DER GESTOTT.WÖRTER}}{\text{SPRECHZEIT IN MINUTEN}} =$ ....

   D) KLINISCHE BEWERTUNG DES STOTTERNS
   - GESAMTBEWERTUNG DES STOTTERNS AUF 7-PUNKTE-SKALA (0=KEIN STOTTERN BIS 7 = SEHR HOHES STOTTERN)
   - GESAMTBEWERTUNG DER EIGENEINSCHÄTZUNG DES STOTTERNS DURCH DEN PAT. AUF 7-PUNKTE-SKALA
   - GESAMTBEWERTUNG DES AUSMABES VON VERMEIDUNGSVERHALTENSWEISEN AUF 7-PUNKTE-SKALA
   - ORT DES AUFTRETENS UND VERTEILUNG DES STOTTERNS IN EINER ÄUBERUNG
     VORWIEGEND WORTGEBUNDEN ...... VORWIEGEND SATZTEILGEBUNDEN ....
     WORT- UND SATZTEILGEBUNDEN ....

ABB.32 MATRIX DER STOTTERVERHALTENSWEISEN (NACH WALL & MYERS, 1984)

II. ART DER STOTTERSYMPTOMATIK

1. %-SATZ DER LAUTWIEDERHOLUNGEN ...... DURCHSCHNITTL.ANZAHL VON LAUTWIEDER-
   HOLUNGEN PRO WORT..........

   SPANNWEITE DER LAUTWIEDERHOLUNGEN PRO WORT
   VON........BIS MAX.........

2. %-SATZ DER SILBENWIEDERHOLUNGEN ..... DURCHSCHNITTL.ANZAHL VON SILBENWIEDER-
   HOLUNGEN PRO WORT..........

   SPANNWEITE DER SILBENWIEDERHOLUNGEN POR WOR
   VON........BIS MAX..........

3. %-SATZ DER WORTWIEDERHOLUNGEN .... DURCHSCHNITTL.ANZAHL VON WORTWIEDER-
   HOLUNGEN PRO WORT..........

   SPANNWEITE DER WORTWIEDERHOLUNGEN PRO WORT
   VON ....BIS MAX..........

4. %-SATZ DER SATZWIEDERHOLUNGEN .... DURCHSCHNITTL.ANZAHL DER SATZWIEDERHOLUNGEN
   PRO WORT..........

   SPANNWEITE DER SATZWIEDERHOLUNGEN PRO WORT
   VON ....BIS MAX..........

5. %-SATZ VON LAUTDEHNUNGEN .... DURCHSCHNITTL.LÄNGE DER DEHNUNG ....

   SPANNWEITE DER DEHNUNGSDAUER: VON ....
   BIS MAX. ....

6. %-SATZ SPANNUNGSVOLLER PAUSEN UND LAUTLOSER BLOCKIERUNGEN (NICHT-HÖRBARE
   FIXIERUNG DER KEHLKOPF- ODER ARTIKULATIONSSTELLUNG) ....

III. BEGLEITSYMPTOMATIK

1. REAKTIONEN AUF DAS STOTTEREREIGNIS ....

    - UNTERBRECHUNG DER ATMUNG ....

    - VERÄNDERUNG VON VOKALEN ....

    - VERÄNDERUNG DER LAUTSTÄRKE ....

    - PHONATIONSSTOP ....

    - SCHWA - LAUT ....

    - MIMISCHE VERSPANNUNG UND VERKRAMPFUNG ....

    - FIXIERUNG DER ARTIKULATIONS-STELLUNG ....

    - GESAMTKÖRPER- UND EXTREMITÄTEN-BEWEGUNGEN

2. REAKTIONEN AUF DIE ERWARTUNG DES STOTTERNS

    - AUFSCHUBREAKTIONEN (ZUR VERZÖGERUNG DES SPRECHBEGINNS BEI EINEM GESTOTTERTEN WORT) ....

    - STARTER (ZUR ERLEICHTERUNG DES SPRECHBEGINNS BEI EINEM GESTOTTERTEN WORT) ....

    - VERMEIDUNGSVERHALTEN (VERHALTENSWEISEN, DIE DAZU HELFEN SOLLEN, DAS STOTTERN ZU VERMEIDEN):

    - ABBRECHEN DES SPRECHVERSUCHS ....

    - WORTSUBSTITUTION,-UMSTELLUNG,-UMSCHREIBUNG ....

    - ABBRUCH DES BLICKKONTAKTS ....

    - VERWENDUNG UNGEWÖHNLICHER SPRECHWEISEN (Z.B. SING-SANG O.Ä.) ....

    - TÄUSCHUNGS- UND VERSCHLEIERUNGSMANÖVER (Z.B. ANNAHME EINER FREMDEN SPRECHERROLLE ODER ART DES SPRECHENS) ....

NAME: GESCHLECHT: M W UNTERSUCHUNGSDATUM:
EINRICHTUNG: GEBURTSDATUM: LESEFERTIGKEIT: JA NEIN
UNTERSUCHER:

HÄUFIGKEIT

NORMEN FÜR LESER

1. HANDLUNGSAUFGABE		2. LESEAUFGABE	
PROZENTSATZ	ROHWERT	PROZENTSATZ	ROHWERT
1	2	1	2
2-3	3	2-3	4
4	4	4-5	5
5-6	5	6-9	6
7-9	6	10-16	7
10-14	7	17-26	8
15-28	8	27 UND MEHR	9
29 UND MEHR	9		

NORMEN FÜR NICHT-LESER

3. BILDBESCHREIBAUFGABE	
PROZENTSATZ	ROHWERT
1	4
2-3	6
4	8
5-6	10
7-9	12
10-14	14
15-28	16
29 UND MEHR	18

SUMME DER ROHWERTE AUS 1 + 2 ODER 3 ☐

DAUER

GESCHÄTZTE DAUER DER DREI LÄNGSTEN BLOCKIERUNGEN	
FLÜCHTIG	1
1/2 SEKUNDE	2
1 SEKUNDE	3
2-9 SEKUNDEN	4
10 SEKUNDEN	5
30-60 SEKUNDEN	6
MEHR ALS 60 SEKUNDEN	7

WERT FÜR DIE STOTTERDAUER ☐

MOTORISCHE BEGLEITPHÄNOMENE

BEDEUTUNGSSKALA: 0=NICHT VORH., 1=NICHT WAHRNEHMBAR, AUCH BEI STARKER KONZENTRATION DARAUF, 2=DEM UNBEFANGENEN BEOBACHTER KAUM AUFFALLEND, 3=AUFFALLEND, 4=SEHR AUFFALLEND, 5=EXTREM AUFFALLEND

GESAMTWERT FÜR DIE MOTORISCHEN BEGLEITPHÄNOMENE ☐

AUFFALLENDE LAUTE:	LAUTES ATMEN, PFEIFEN, SCHNÜFFELN, FLICKLAUTE	0 1 2 3 4 5
GRIMMASSIEREN:	MUNDAUFREIßEN, ZUNGE RAUSSTRECKEN, PRESSEN DER LIPPEN, ANSPANNEN DER KIEFERMUSKULATUR	0 1 2 3 4 5
KOPFBEWEGUNGEN:	ZURÜCK, VORWÄRTS, WEGDREHEN, SCHLECHTER BLICKKONTAKT, STÄNDIGES UMHERSCHAUEN	0 1 2 3 4 5
BEWEGUNGEN DER EXTREMITÄTEN:	ARM- UND HANDBEWEGUNGEN, HÄNDE VOR DEM GESICHT, RUMPFBEWEGUNGEN, BEINBEWEGUNGEN, FUßKLOPFEN	0 1 2 3 4 5

GESAMTWERT FÜR HÄUFIGKEIT, DAUER UND MOTORISCHE BEGLEITPHÄNOMENE ☐

NORMENTABELLE FÜR DEN STOTTERSCHWEREGRAD BEI KINDERN

ANWEISUNG: ZUR ERMITTLUNG DES STOTTERSCHWEREGRADES KREISEN SIE DEN ERZIELTEN GESAMTWERT DES PATIENTEN EIN

GESAMTWERT	PROZENTRANG	SCHWEREGRAD-KLASSIFIKATION
0-5	0-4	SEHR MILD
6-8	5-11	
9-13	12-23	MILD
14-15	24-40	
16-19	41-60	
20-23	61-77	MITTELSCHWER
24-27	78-89	
28-30	90-96	SCHWER
31-34	97-100	SEHR SCHWER

NORMENTABELLE FÜR DEN STOTTERSCHWEREGRAD BEI ERWACHSENEN

ANWEISUNG: ZUR ERMITTLUNG DES STOTTERSCHWEREGRADES KREISEN SIE DEN ERZIELTEN GESAMTWERT DES PATIENTEN EIN

GESAMTWERT	PROZENTRANG	SCHWEREGRAD-KLASSIFIKATION
0-16	0-4	SEHR MILD
17-19	5-11	MILD
20-21	12-23	
22-24	24-40	
25-27	41-60	MITTELSCHWER
28-30	61-77	
31-33	78-89	
34-36	90-96	SCHWER
37-45	97-100	SEHR SCHWER

ABB.33 STUTTERING SEVERITY INSTRUMENT (NACH RILEY, 1980)

samtwerte in den drei Untersuchungsbereichen ergeben einen Gesamtwert, der mit den Werten einer Vergleichspopulation von 109 stotternden Kindern verglichen werden kann. Aufgrund dieses Vergleichs wird der Schweregrad des Stotterns ermittelt. Der Schweregrad wird unterteilt in: sehr leicht, leicht, mittelschwer, schwer und sehr schwer.

In der "Cooper Personalized Fluency Control Therapy" (vgl. Kap.B.III.3.5) wird der Entscheidung über die Aufnahme einer Therapie eine sehr umfangreiche klinische Diagnostik des Stotterns vorangestellt. Neben der Einschätzung der Wahrscheinlichkeit eines chronischen Stotterverlaufs (vgl. dazu die Checkliste, Kap.C.I.2.5) werden Auftretenshäufigkeit des Stotterns in 6 unterschiedlichen Sprechsituationen, mittlere Dauer von Stottersymptomen sowie verschiedene Aspekte der Begleitsymptomatik ermittelt (vgl. Abb.34). Ergänzt werden diese Beobachtungen durch eine intensive Befragung der Eltern und Erzieher des Kindes. Damit sollen Situationsabhängigkeit und Konsistenz des Auftretens, Charakteristik des gestotterten und flüssigen Sprechens, soziale Bedeutung und Brisanz der Störung sowie bisherige Lösungsversuche und Hilfestellungen eingeschätzt werden. Die Ergebnisse aus den verschiedenen Untersuchungsbereichen werden in einem "Assessment Digest and Treatment Plan" zusammengefaßt, der die Entscheidungsgrundlage für die nachfolgende Therapie darstellt.

Die Nützlichkeit derartiger quantitativer und qualitativer Stottermaße und Beobachtungskategorien für die Therapieplanung und Therapiekontrolle ist nicht nur von ihrer testtheoretischen Absicherung (z.B. bezüglich ihrer Reliabilität) abhängig (vgl. zu diesem Fragenkomplex: Bopp & Schulze, 1975, S. 122 ff.; Caplan, 1983; Curlee, 1980; MacDonald Coyle & Mallard, 1979; Sherman, 1955; Starkweather, 1983, S.346 ff.; van Riper, 1982, S. 196 ff.), sondern auch ganz wesentlich von der Frage, ob die den Beobachtungen und Messungen zugrundeliegenden Sprech-

DURCHFÜHRUNGSANWEISUNG: MARKIEREN SIE BITTE JEDE DER UNTEN AUFGEFÜHRTEN VERHALTENSWEISEN, DIE DAS STOTTEREREIGNIS BEGLEITEN. DIE VERHALTENSWEISEN BRAUCHEN DABEI NICHT BEI JEDEM STOTTEREREIGNIS AUFZUTRETEN, SIE SOLLTEN JEDOCH IN ETWA CHARAKTERISTISCH FÜR DAS STOTTERN DES KINDES SEIN.

KÖRPERBEWEGUNGEN
___ RUMPF
___ BEIN
___ FUß
___ ARM
___ HAND/FINGER
___ KOPF

TOTAL ___

ATMUNG
___ ABNORM TIEFE EINATMUNG VOR DEM SPRECHEN
___ ABNORM SCHNELLE EINATMUNG
___ ABNORM FLACHE EINATMUNG VOR DEM SPRECHEN
___ PHONATIONSBEGINN BEI UNGENÜGEND ZUR VERFÜGUNG STEHENDER LUFT
___ DEUTLICHE HOCHATMUNG

TOTAL ___

GESICHT
___ STIRNRUNZELN
___ NASERÜMPFEN
___ NASENFLÜGEL AUFBLÄHEN
___ BEUNRUHIGUNG BEIM FEHLEN DES BLICKKONTAKTS
___ ABBRUCH DES BLICKKONTAKTS WÄHREND DES STOTTERNS
___ STARKE BEWEGUNG DER AUGENLIDER
___ ABNORME AUGENBRAUENBEWEGUNGEN
___ VERZÖGERTER AUGENLIDSCHLUß
___ UNGEWÖHNLICHE BEWEGUNG DES AUGAPFELS WÄHREND DES STOTTERNS

TOTAL ___

SPRACHE
___ EINFLECHTEN VON UNFLÜSSIGEN LAUTEN, WÖRTERN ODER SÄTZEN
___ AUSLASSEN VON SEMANTISCH UND GRAMMATIKALISCH KORREKTEN ÄUßERUNGEN
___ ERSETZEN VON LAUTEN, WÖRTERN, SÄTZEN
___ GEBÄRDENSPRACHE ANSTELLE EINER VERBALEN ÄUßERUNG
___ BENUTZEN DER SPRACHE, UM WEITERE ÄUßERUNGEN ZU VERMEIDEN (Z.B. "ICH WEIß NICHT") TOTAL ___

SPRECHVERHALTEN
___ ABNORME SPRECHSTIMMLAGE (WÄHREND FLÜSSIGER ÄUßERUNGEN)
___ ABNORME SPRECHSTIMMLAGE (WÄHREND DES AUFTRETENS VON STOTTERN)
___ ABNORMER STIMMKLANG (WÄHREND FLÜSSIGER ÄUßERUNGEN)
___ ABNORMER STIMMKLANG (WÄHREND DES AUFTRETENS VON STOTTERN)
___ ABNORME LAUTSTÄRKE (WÄHREND FLÜSSIGER ÄUßERUNGEN)
___ ABNORME LAUTSTÄRKE (WÄREND DES AUFTRETENS VON STOTTERN)
___ UNGEWÖHNLICHES SPRECHTEMPO
___ UNGEWÖHNLICHE SPRACHMELODIE

TOTAL ___

BEGLEITSYMPTOMATIK GESAMT: _____

SONSTIGE BEOBACHTUNGEN:

ABB.34 BEOBACHTUNGSBOGEN FÜR DIE BEGLEITSYMPTOMATIK DES STOTTERNS (NACH COOPER & COOPER, 1985) proben für das Kommunikationsverhalten und das Stottermuster eines Patienten repräsentativ sind. Costello und Ingham (1985) weisen darauf hin, daß in der Regel eine einmalig erhobene Sprechprobe im Untersuchungszimmer des Therapeuten unter dem Gesichtspunkt der Repräsentativität völlig unzureichend ist und ein Therapeut, der seine Therapieplanung auf eine derartig schmale diagnostische Basis stellt, mit unangenehmen Überraschungen rechnen muß, da die Variabilität des Stotterns extrem von zeitlichen, räumlichen und personellen Gegebenheiten abhängen kann. Für die Therapieplanung könnte das zur Folge haben, daß wichtige Aspekte des Stotterns eines Kindes unberücksichtigt blieben. Eine Einschätzung der Effektivität einer Behandlung ist ohne Kenntnis der natürlichen Variabilität des Stotterns nicht sinnvoll, da Veränderungen des Stottermusters als Folge einer Therapieintervention nicht von den Veränderungen unterschieden werden können, die Ausdruck der natürlichen Variabilität des Stotterns sind.

Für die Erhebung von Sprechproben schlagen Costello und Ingham (1985, S.303 ff.) für die Untersuchung von Kindern unter 7 Jahren folgende Mindestanforderungen vor:

1. Erhebung von zwei Sprechproben (jeweils 10 Minuten) innerhalb der Klinik bzw. im Therapiezimmer:
   - ein Elternteil in einer typischen Gesprächssituation mit dem Kind,
   - Therapeut im Gespräch mit dem Kind, in dessen Verlauf kommunikative Stressoren eingeführt werden.
   Die Aufzeichnung erfolgt per Video bzw. Tonband.

2. Erhebung einer Sprechprobe (10 Minuten) in 4 Standardsprechsituationen außerhalb von Klinik oder Therapiezimmer:
   - mit dem Therapeuten außerhalb des Therapieraumes,
   - zuhause mit dem anderen Elternteil oder mit einem dem Kind vertrauten Erwachsenen, den das Kind regelmäßig trifft,

- zuhause mit einem Geschwisterkind oder einem vertrauten Spielkameraden,
- im Kindergarten während einer dort häufig stattfindenden Spielaktivität.

Die Auswahl der Gesprächspartner des Kindes soll sich an der Wahrscheinlichkeit orientieren, mit der das stotternde Kind im Alltag mit der Person Kontakt hat; entsprechend sollen die ausgewählten Situationen für den Tagesablauf und den Lebensraum des Kindes typisch sein.

Eine weitere Forderung, die besonders für eine methodisch saubere Effektivitätseinschätzung von Bedeutung ist, besteht darin, diese Standardsprechsituationen wiederholt vorzugeben, und zwar zu 4 Meßzeitpunkten in einem Abstand von einer Woche, um die zeitliche Variabilität kontrollieren zu können. Die Ausgangslage des Kindes wird damit insgesamt also mit 8 Sprechproben in der Klinik und 16 Sprechproben außerhalb der Klinik über den Verlauf eines Monates beschrieben.

Für jede Standardsprechsituation sollte der Prozentsatz der gestotterten Silben, die Dauer des Stottermomentes, das Sprechtempo, die Artikulationsrate und die Länge der stotterfreien Äußerungen ermittelt werden. Darüber hinaus soll eine qualitative Einschätzung des flüssigen Sprechens vorgenommen werden. Um zusätzliche Informationen über die Sprechweise des stotternden Kindes in seiner natürlichen Umgebung zu bekommen, werden Bezugspersonen gebeten, Sprechprotokolle zu führen, in die über einen Zeitraum von 24 Stunden alle Sprechsituationen aufgenommen werden, wobei Zeitpunkt, Art und Anlaß des Gespräches sowie die beteiligten Personen festgehalten werden. Die Durchsicht der Sprechprotokolle ermöglicht es dem Therapeuten, eine Vorstellung über das Ausmaß und die Art der Sprechsituationen zu bekommen, in die das Kind normalerweise tagsüber verwickelt ist. Die Sprechprotokolle geben zusätzlich eine informative individuelle Basis für die Erstellung von Behandlungshierarchien und Transferschritten und Aufschluß darüber, ob sich die Sprech- und Interaktionssituation des Kindes im Laufe der Zeit verändern.

In welcher Weise qualitative Beobachtungen der Sprechweise und der Stottersymptomatik zur Entscheidung über Inhalte der Therapie herangezogen werden können, ist eine weitere Fragestellung in der diagnostischen Phase vor der Aufnahme einer Therapie. Eine Lösungsmöglichkeit enthält die Abbildung 35. Es handelt sich um einen Arbeitsbogen, der im "Cooper Personalized Fluency Control Therapy" Programm Verwendung findet (vgl. Kap.B.III.3.5). Die 20 Items beziehen sich auf verschiedene mit dem Stottern einhergehende Verhaltensweisen und dienen dem Therapeuten als Entscheidungshilfe, welche Sprechtechnik für einen Patienten am geeignetsten ist.

Eine andere Möglichkeit, aus dem Sprech- und Stotterverhalten Hinweise für therapeutisch günstige Ansatzpunkte abzuleiten, besteht darin, die Veränderbarkeit des Stotterns in Abhängigkeit von bestimmten experimentell herbeigeführten Bedingungen zu überprüfen. Costello und Ingham (1985) schlagen für Kinder 6 unterschiedliche Bedingungen vor, die in einem A-B-A-B-Umkehrdesign (vgl. dazu Barlow & Hersen, 1984; McReynold & Kearns, 1983; Shearer, 1982; Silverman, 1977) probeweise eingeführt werden. Das bedeutet, daß der Patient zuerst für die Zeitdauer von einer Minute in seiner gewohnten Weise sprechen soll, was der Grundratenperiode A entspricht. Danach wird die Testbedingung eingeführt, in der er dann für eine weitere Minute sprechen soll. Dies entspricht der B-Periode. Danach soll der Patient für eine weitere Minute zu seiner gewohnten Sprechweise zurückkehren (A-Bedingung) und dann erneut die B-Bedingung praktizieren. Der Therapeut zählt, während der Patient die A-B-A-B-Phasen durchläuft, die gesprochenen Silben und Stottermomente und kann dann hinsichtlich Sprechtempo und Stotter-

ANWEISUNG:	IM FOLGENDEN FINDEN SIE AUSSAGEN, DIE VERHALTENSWEISEN BESCHREIBEN, DIE HÄUFIG BEIM UNFLÜSSIGEN SPRECHEN VON STOTTERNDEN PERSONEN BEOBACHTBAR SIND. KENNZEICHNEN SIE BITTE DURCH EIN ZEICHEN DIE AUSSAGEN, DIE FÜR DAS STOTTERMUSTER IHRES KLIENTEN ZUTREFFEN. KENNZEICHNEN SIE EINE AUSSAGE AUCH DANN, WENN DAS BESCHRIEBENE VERHALTEN BEI IHREM KLIENTEN NUR GELEGENTLICH AUFTRITT.

☐ 1. DIE SPRECHUNFLÜSSIGKEITEN SIND DURCH DEUTLICHES "ANKÄMPFVERHALTEN" AUF KEHLKOPFNIVEAU GEKENNZEICHNET, DAS DEM ÄUßERUNGSBEGINN VORAUSGEHT.

☐ 2. DIE SPRECHUNFLÜSSIGKEIT IST HÄUFIG DURCH DEUTLICHE ARTIKULATIONSBEWEGUNGEN IM BEREICH DES HALSES, DER LIPPEN ODER ZUNGE GEKENNZEICHNET, DIE DER LAUTBILDUNG VORAUSGEHEN.

☐ 3. DIE SPRECHWEISE KLINGT MONOTON MIT ABNORMAL GERINGER VARIATION VON LAUTSTÄRKE ODER TONHÖHE.

☐ 4. DER BEGINN UND DIE BEENDIGUNG DER PRODUKTION VON SPRECHLAUTEN ERSCHEINT BEIM FORTLAUFENDEN SPRECHEN ABRUPT.

☐ 5. DAS ATEMMUSTER BEIM SPRECHEN ERSCHEINT MEHR CLAVIKULAR ODER THORCAL ALS ABDOMINAL.

☐ 6. DIE ARTIKULATIONSBEWEGUNGEN ERSCHEINEN ABNORM SCHNELL.

☐ 7. DIE GENERELLE STIMMLAGE ERSCHEINT, GEMESSEN AM INDIVIDUELLEN ALTER, GESCHLECHT UND DER GRÖßE, ZU HOCH ODER ZU NIEDRIG.

☐ 8. DIE STIMMQUALITÄT ERSCHEINT "RAUH", "HEISER" ODER "KRÄCHZEND".

☐ 9. DAS SPRECHTEMPO ERSCHEINT ALLGEMEIN ERHÖHT.

☐ 10. DIE SPRECHFLÜSSIGKEITEN SIND HÄUFIG CHARAKTERISIERT DURCH SCHNELLE UND WIEDERHOLTE ARTIKULATIONSBEWEGUNGEN IM HALS, AN DEN LIPPEN UND AN DER ZUNGE.

☐ 11. IN UNFLÜSSIGEN SPRECHPHASEN IST BEI DEN FLÜSSIG GESPROCHENEN SPRECHANTEILEN EIN ASYNCHRONES UND UNREGELMÄßIGES ATEMMUSTER ZU BEOBACHTEN.

☐ 12. DIE SPRECHUNFLÜSSIGKEITEN SIND HÄUFIG DURCH EINE FIXIERUNG DER ARTIKULATIONSSTELLUNGEN VON HALS, LIPPEN ODER ZUNGE GEKENNZEICHNET, DIE ZU EINEM VÖLLIGEN VERSCHLUß DES ANSATZROHRES FÜHREN.

☐ 13. DIE SPRECHUNFLÜSSIGKEITEN SCHEINEN HÄUFIG AUF KEHLKOPFNIVEAU ZU ENTSTEHEN UND GEHEN MIT DER UNFÄHIGKEIT EINHER, DIE PHONATION ZU BEGINNEN.

☐ 14. DIE EINATMUNG VOR SPRECHBEGINN ERSCHEINT ABNORM HASTIG.

☐ 15. DIE EINATMUNG VOR SPRECHBEGINN ERSCHEINT UNZUREICHEND.

☐ 16. DIE EINATMUNG VOR SPRECHBEGINN ERSCHEINT ABNORM VERZÖGERT.

☐ 17. DIE SPRECHWEISE ERSCHEINT HINSICHTLICH DER LAUTSTÄRKE ZAGHAFT.

☐ 18. DIE SPRECHUNFLÜSSIGKEITEN TRETEN VORWIEGEND AM ENDE DER AUSATMUNGSPHASE AUF - DER PATIENT ERSCHEINT "AUßER ATEM".

☐ 19. PAUSEN TRETEN ZWISCHEN DEM ABSCHLUß DER EINATMUNG UND DEM PHONATIONSBEGINN AUF.

☐ 20. DIE STIMMGEBUNG IST UNNATÜRLICH LAUT.

ANWEISUNG:	KREUZEN SIE BITTE DIE ZUTREFFENDEN KÄSTCHEN IM UNTEREN TEIL DES BLATTES AN, DIE ZU DEN OBEN AUFGEFÜHRTEN ITEMS GEHÖREN. WENN SIE DAMIT FERTIG SIND, KÖNNEN SIE ERKENNEN, WELCHE SPRECHHILFE FÜR IHREN KLIENTEN AM HILFREICHSTEN IST.

ÜBERTRAG DER ZUTREFFENDEN OBIGEN AUSSAGEN

SPRECHHILFEN

LANGSAMES SPRECHEN	6	9	10			
GESCHMEIDIGES SPRECHEN	4	8	12			
WEICHER STIMMEINSATZ	1	2	7	12	13	19
KONTROLLIERTE TIEFATMUNG	5	7	11	14	15	16	18
SILBENBETONTES SPRECHEN	3	11	12			
KONTROLLE DER SPRECHLAUTSTÄRKE	3	8	17	20		

<u>ABB.35</u> CHECKLISTE ZUR IDENTIFIZIERUNG INDIVIDUELL GEEIGNETER SPRECHHILFEN (NACH COOPER & COOPER, 1985)

häufigkeit einen Vergleich der Bedingung A mit der Bedingung B vornehmen. Auf diese Weise bekommt er erste vorläufige Hinweise, welche Effekte experimentell herbeigeführte Therapiebedingungen, von denen bekannt ist, daß sie das Stottern reduzieren können, im Falle seines Patienten zeigen. Die Beobachtungen und Messungen werden dann bei der Auswahl der Therapiemethoden (z.B. der Art der Sprechtechnik) berücksichtigt. Für Kinder schlagen Costello und Ingham folgende 6 Bedingungen vor:

1. <u>Instruktionskontrolle</u>: Nach der einminütigen Grundratenerhebung wird der Patient aufgefordert, so flüssig wie irgendmöglich zu sprechen, wobei keinerlei Hilfestellungen oder Hinweise gegeben werden, wie er das anstellen soll. Nach einer Minute soll er dann zu seiner gewohnten Sprechweise zurückkehren, um dann erneut eine Minute so flüssig wie möglich zu sprechen. Diese Probe soll einen Eindruck vermitteln, in welchem Ausmaß der Patient sein Stottern auf Aufffforderung durch Erhöhung der Konzentration reduzieren kann. Dem Therapeuten werden dadurch wertvolle Informationen über die Art und Effektivität der eigenen Hilfestellungsversuche des Kindes vermittelt, wobei die quantitative Veränderung des Stotterns und die qualitativen Veränderungen des Sprechmusters von Bedeutung sind.

2. <u>Reduktion des Sprechtempos</u>: Der vierminütigen A-B-A-B-Probe geht eine kurze Instruktions- und Übungsphase voraus, in der der Therapeut dem Kind das Modell einer deutlich verlangsamten Sprechgeschwindigkeit vorgibt (ca. halb so schnell wie die Sprechweise des Patienten), die solange geübt werden soll, bis sichergestellt ist, daß die Aufgabenstellung verstanden wird und ausgeführt werden kann. Für die B-Phase gibt der Therapeut die Instruktion, für die nachfolgende Minute mit der herabgesetzten Geschwindigkeit zu sprechen. Diese Probe läßt die Einschätzung zu, in welchem Ausmaß der Patient dazu in der Lage ist, seine Sprechgeschwindigkeit zu reduzieren und welche Auswirkungen das auf Stottermuster und Stotterhäufigkeit hat.

3. <u>Gedehntes Sprechmuster</u>: Der Therapeut gibt als Modell eine extrem gedehnte Sprechweise vor, wobei jede Silbe gedehnt wird. Die Stimmgebung bleibt über die phonetischen Übergänge hinaus bestehen und wird nur bei stimmlosen Lauten, bei Pausen zwischen den Sätzen und zur Atmung unterbrochen. Die Sprechgeschwindigkeit liegt bei ca. 70 Silben pro Minute. Nach einer Übungsphase, in der bei Schwierigkeiten, das Sprechmuster zu übernehmen, unterstützend auch ein DAF-Gerät eingesetzt werden kann, soll der Patient dann auf Instruktion hin das gedehnte Sprechmuster in den B-Phasen anwenden. Auch hier können dann die erhobenen Daten Auskunft darüber geben, wie gut der Patient sein Sprechmuster kontrollieren kann und ob die gedehnte Sprechweise zu einer Reduktion des Stotterns führt.

4. <u>Rhythmisches Sprechen</u>: Dabei wird beobachtet, wie sich das Stottern bei einer rhythmischen Sprechproduktion verändert. Die Rhythmisierung wird mit Hilfe eines Metronoms (ca. 90 Schläge pro Minute) oder auditiver Signale vorgenommen.

5. <u>Schattensprechen</u>: Während des Schattensprechens soll das Kind das Gesprochene des Therapeuten wiederholen. Der Therapeut demonstriert diese Aufgabe, indem er das, was das Kind spricht, schattenspricht und es dann auffordert, seine Wörter und kurzen Äußerungen zunehmend schneller und unmittelbarer zu wiederholen, so daß es schließlich das fortlaufende Sprechen des Therapeuten überlappt. Dieses wird geübt, bis das Kind dazu in der Lage ist. Dann wird die A-B-A-B-Anordnung durchgeführt, wobei die Anzahl der dabei gestotterten Silben und die Sprechgeschwindigkeit erhoben werden.

6. <u>Verbale Bestrafung</u>: Das Kind wird aufgefordert, über ein Thema seiner Wahl zu reden. In der B-Phase wird jedes Stottern kontingent mit "nein" oder "oh, oh" verbal bestraft.

Für Erwachsene schlagen Costello und Ingham noch weitere Aufgabenstellungen vor, die eine relativ hohe Selbstbeobachtungsfähigkeit, ein gutes Instruktionsverständnis und die Lesefähigkeit voraussetzen.

C.II.1.1.2 Diagnostik linguistischer, psychologischer und physiologischer Verhaltensklassen

Über die eingehende Untersuchung des Sprechflüssigkeitsverhaltens hinaus halten viele Autoren es für notwendig, routinemäßig noch andere Verhaltensdimensionen bei einem stotternden Kind systematisch zu untersuchen, um zu einer angemessenen Therapieindikationsentscheidung zu kommen. Caruso und Conture (1985) praktizieren z.B. einen diagnostischen Ansatz, der folgende Untersuchungsbereiche berücksichtigt: rezeptive und expressive Sprachleistungen, Phonation, Sprechstimmhöhe, Mundmotorik, Fein- und Grobmotorik und sozialer Entwicklungsstand. Darüber hinaus gehört eine Eltern-Kind-Interaktionsbeobachtung zum Standardvorgehen. Die Videoaufzeichnungen der Interaktionen werden hinsichtlich folgender Variablen systematisch ausgewertet: Äußerungsgeschwindigkeit (Tempo des Sprecher-Zuhörer-Wechsels), Länge und Komplexität der Äußerungen, Unterbrechen und Parallelsprechen, Art der sprachlichen Interaktion (z.B. Frageverhalten), Sprech- und Sprachstörungen und Besonderheiten der Eltern, Pausenverhalten der Eltern, emotional-affektive Beteiligung in der Interaktion.

Von Adams (1984) wird eine differentialdiagnostische Untersuchungsbatterie (vgl. Abb.36) zusammengestellt, die der Autor als Mindestforderung für die Diagnostik bei beginnendem Stottern vorschlägt. Im Rahmen dieses Konzeptes werden klinische und psychometrische Daten über verschiedene linguistische Teilleistungsbereiche erhoben und darüber hinaus auch Einschätzungen des Konzentrations- und Aufmerksamkeitsverhaltens, der auditiven Wahrnehmung, der Sprechmotorik, der Einstellungen gegenüber dem Stottern und der Eltern-Kind-Interaktion vorgenommen. Mit Hilfe dieser Informationen sollen die Inhalte des Rehabilitationsprogramms insgesamt festgelegt werden. Insbesondere sollen sie dem Therapeuten als Entscheidungshilfe bei der Frage dienen, ob die Therapie des stotternden Kindes direkt

1. BEOBACHTUNG DES KONZENTRATIONS- UND AUFMERKSAMKEITS-VERHALTENS

2. BEOBACHTUNG DES NIVEAUS DER VERBALEN UND NONVERBALEN AKTIVITÄTEN DES KINDES

3. BEOBACHTUNG VON PERSEVERATIONSTENDENZEN

4. PSYCHOMETRISCHE UNTERSUCHUNG DER AUDITIVEN MERKFÄHIGKEIT

5. PSYCHOMETRISCHE UNTERSUCHUNG DER AUDITIVEN DISKRIMINATIONS-LEISTUNGEN

6. VERBALER AUSDRUCK

7. ERHEBUNG EINES "SPEECH SAMPLES" ZUR ERMITTLUNG VON
   - MLU* UND GRAMMATIKALISCHER KOMPETENZ
   - WORTFINDUNGSFÄHIGKEIT; WORTSCHATZENTWICKLUNG; WORT-SCHATZGEBRAUCH

8. PSYCHOMETRISCHE UNTERSUCHUNG DER SPRACHLICHEN LEISTUNGS-FÄHIGKEIT

9. UNTERSUCHUNG DER SPRECHMOTORIK MIT AUFGABEN, DIE ENTHALTEN:
   - EINFACHE SILBENWIEDERHOLUNG
   - SILBEN-,SEQUENZWIEDERHOLUNG
   - ALTERNIERENDE LATERALISATION DER ZUNGE
   - ARTIKULATIONSANGEMESSENHEIT BEI ZUSAMMENHÄNGENDEN ÄUßERUNGEN
   - STABILITÄT DER PHONATION
   - MESSUNG DER VOT

10. ERHEBUNG EINER BIOGRAPHISCHEN ANAMNESE UND DER EINSTELLUNGEN DER ELTERN GEGENÜBER KIND UND STOTTERN

11. BEOBACHTUNG DER REAKTIONEN DES KINDES AUF SEIN STOTTERN

12. PROBEHANDELN MIT TECHNIKEN ZUR ERHÖHUNG DER SPRECHFLÜSSIG-KEIT BZW. EIGENE STRATEGIEN DES KINDES

13. UNTERSUCHUNG DER VERBALEN UND NONVERBALEN INTERAKTION ZWISCHEN ELTERN UND KIND

* MEAN LENGTH OF UTTERANCE (MITTLERE ÄUßERUNGSLÄNGE)

<u>ABB.36</u> ERFORDERLICHER MINIMALER INHALT EINER DIFFERENTIALDIAGNOSTI-SCHEN UNTERSUCHUNGSBATTERIE FÜR KINDER, DIE ALS BEGINNENDE STOTTERER DIAGNOSTIZIERT WORDEN SIND (NACH ADAMS, 1984).

oder indirekt erfolgen soll. Adams schlägt vor, die Entscheidung zwischen einer direkten und indirekten Therapie auf der Basis von 4 Informationseinheiten der Daten aus der Differentialdiagnostik zu treffen:

1. Ist sich das Kind seines Stotterns bewußt?
2. In welchem Ausmaß zeigt das Kind negative Reaktionen auf sein Problem?
3. Existieren anderere verkomplizierende Verhaltensprobleme?
4. Existieren Probleme in der Eltern-Kind-Beziehung?

Für die Indikation zur indirekten Therapie werden zwei flexibel zu handhabende Faustregeln vorgeschlagen. Wenn das Kind sich seines Stotterns wenig bewußt ist, es auf dieses noch keine negativen Reaktionen zeigt und keine Verhaltensprobleme vorliegen, wenn ferner die vermuteten Ursachen des Stotterns mit größter Wahrscheinlichkeit außerhalb des Sprachsystems des Kindes liegen, also bei eher externalen Bedingungen wie z.B. bei Störungen der Eltern-Kind-Beziehung oder bei psychologischen Problemen des Kindes oder seiner Eltern, dann ist eher eine indirekte Vorgehensweise vorzusehen, um die Wahrscheinlichkeit gering zu halten, daß sich die Aufmerksamkeit des Kindes auf den Sprechproduktionsprozeß und sein Stottern richtet.

Demgegenüber hält Adams eine direkte Therapie dann für indiziert, wenn das Kind sich seiner Störung bewußt ist oder ihr gegenüber negative Reaktionen zeigt. Darüber hinaus sollte eine unmittelbare therapeutische Arbeit mit dem Kind immer dann erfolgen, wenn es aufgrund der Diagnostik sehr wahrscheinlich ist, daß Störungen in bestimmten Teilleistungsbereichen (z.B. Gedächtnis, Sprache, auditive Wahrnehmung, Motorik) Einfluß auf das Stottern haben. Wenn ein solcher Zusammenhang gegeben ist, sollten die gestörten Funktionen unmittelbar behandelt werden. Adams geht davon aus, daß die Sprechflüssigkeit als Nebenprodukt einer solchen Intervention erhöht wird.

Die Entscheidungen über die Therapie- und Beratungsinhalte werden in der "Cooper Personalized Fluency Control Therapy - Revised" mit Hilfe einer umfangreichen Eingangsdiagnostik getroffen, deren Ergebnisse in einem Diagnostikbogen (vgl. Abb.37) zusammengefaßt und für die Planung der Interventionen direkt genutzt werden. Ähnlich wie bei der Frage, welche Sprechtechnik für einen Patienten angemessen ist (vgl.Kap.C.II.1.1.1), werden auch die Inhalte der Elternarbeit mit Hilfe einer Checkliste festgelegt. Die "Checkliste zur Erfassung der Einstellungen von Eltern gegenüber dem Stottern ihrer Kinder " (vgl. Abb.38) wird dazu benutzt, das Ausmaß ungünstiger Einstellungen bei den Eltern einzuschätzen und inhaltliche Anknüpfungspunkte und Schwerpunkte für die begleitende Bezugspersonenarbeit zu finden. Eine wiederholte Durchführung dieser Checkliste kann im Sinne einer Therapieverlaufskontrolle Aufschluß darüber geben, in welcher Hinsicht und in welchem Ausmaß sich ungünstige Einstellungen bei den Eltern verändert haben. Ähnliche Hilfsmittel stehen für die Einschätzung relevanter Einstellungsmerkmale des Kindes, seiner Motivation und Bereitschaft zur Aufnahme der Therapieteile, die die Einführung der Sprechtechniken vorsehen, zur Verfügung. Auf diese Weise wird versucht, die vielfältigen Entscheidungsprozesse vor Aufnahme und im Verlauf der Therapie möglichst eng an Beobachtungsdaten anzulehnen und für den Patienten und seine Bezugspersonen transparent zu machen.

Die differentialdiagnostische Vorgehensweise im Therapieansatz von Riley und Riley (1984, 1985) orientiert sich inhaltlich an den im "Component Model" (vgl. Kap.A.V) enthaltenen und für die Entstehung und Aufrechterhaltung des Stotterns als wichtig ermittelten Komponenten. Über die eingehende Untersuchung des Stotterns hinaus werden bei den Kindern, deren Stottern mit

1. CHRONIZITÄTSEINSCHÄTZUNG

2. BEFRAGUNG DER ELTERN

3. BEFRAGUNG DER ERZIEHER/LEHRER

4. STOTTERHÄUFIGKEIT

5. DAUER DER STOTTERMOMENTE

6. BEGLEITSYMPTOMATIK

7. EINSTELLUNGSINDIKATOREN FÜR DIE BEDEUTUNG DES STOTTERNS

8. SITUATIONSVERMEIDUNG

9. SCHWEREGRADEINSCHÄTZUNG DES KINDES

10. SCHWEREGRADEINSCHÄTZUNG DES THERAPEUTEN

ABB.37 "FLUENCY ASSESSMENT DIGEST AND TREATMENT PLAN - CHILDREN'S VERSION" DER COOPER PERSONALIZED FLUENCY CONTROL THERAPY- REVISED
(COOPER & COOPER, 1985)

NAME.. DATUM...............

VERMERKEN SIE BITTE FÜR JEDE AUSSAGE, OB SIE IHR ZUSTIMMEN ODER NICHT. ENTSCHEIDEN SIE SICH BITTE RASCH, WIE SIE ZU DER ÄUßERUNG STEHEN. FALLS SIE SICH EINMAL NICHT ENTSCHEIDEN KÖNNEN, OB SIE ZUSTIMMEN ODER NICHT, WÄHLEN SIE DIE ANTWORT, DIE FÜR IHRE MEINUNG AM EHESTEN ZUTRIFFT.

	STIMMT	STIMMT NICHT
1. ES GEHT MIR HÄUFIG SO, DAß ICH NICHT WEIß, WAS ICH WEGEN DES STOTTERNS MEINES KINDES TUN SOLL..	☐	☐
2. HÄUFIG GLAUBE ICH, DAß DAS STOTTERN WAHRSCHEINLICH WEGGINGE, WENN ICH ES NICHT BEACHTEN WÜRDE...	☐	☐
3. ICH BEZWEIFLE, DAß FÜR MEIN KIND EINE SPRACHTHERAPIE NOTWENDIG IST........	☐	☐
4. WENN ICH AN DAS STOTTERN MEINES KINDES DENKE, HABE ICH MANCHMAL DAS GEFÜHL, DAß ICH ES VERURSACHT HABEN KÖNNTE.............................	☐	☐
5. STOTTERN IST WAHRSCHEINLICH EIN PSYCHOLOGISCHES ODER EMOTIONALES PROBLEM...	☐	☐
6. STOTTERER SCHEINEN BESTIMMTE PERSÖNLICHKEITSZÜGE ZU HABEN...............	☐	☐
7. ICH GLAUBE, ES IST DAS BESTE, WENN ICH MIT MEINEM KIND NICHT ÜBER SEIN STOTTERN REDE..	☐	☐
8. ICH HALTE ES FÜR RICHTIG, WENN ELTERN IHR KIND VOR SPRECHSITUATIONEN BEWAHREN, IN DENEN ES STOTTERN KÖNNTE................................	☐	☐
9. ICH GLAUBE NICHT, DAß MEIN KIND JEMALS DAZU IN DER LAGE SEIN WIRD ZU REDEN, OHNE DAß STOTTERN EIN GROßES PROBLEM IST.......................	☐	☐
10. LEHRER SOLLTEN MEINEM KIND VOR DER KLASSE KEINE FRAGEN STELLEN, WENN SIE DAS GEFÜHL HABEN, DAß ES BEI DER ANTWORT STOTTERN KÖNNTE.........	☐	☐
11. MANCHMAL HABE ICH DAS GEFÜHL, DAß MEIN KIND DAS STOTTERN VERLIEREN KÖNNTE, WENN ES SICH ETWAS ANSTRENGEN WÜRDE...........................	☐	☐
12. ICH SOLLTE MEIN KIND AM BESTEN DAZU ANHALTEN, NUR SOLCHE DINGE ZU TUN, DIE WENIG SPRECHEN ERFORDERN..	☐	☐
13. ICH MACHE MIR WEGEN DES STOTTERNS MEINES KINDES GROßE SORGEN...........	☐	☐
14. MANCHMAL FRAGE ICH MICH, OB ANDERE KINDER WOHL DAS STOTTERN ÜBERNEHMEN, WENN SIE MIT MEINEM KIND SPIELEN....................................	☐	☐
15. WENN MEIN KIND SICH WEGEN SEINES STOTTERNS NICHT MEHR SORGEN WÜRDE, WÜRDE DAS STOTTERN WAHRSCHEINLICH AUFHÖREN............................	☐	☐
16. ICH HABE DEN EINDRUCK, DAß MEIN KIND MANCHMAL DAS STOTTERN BENUTZT, UM AUFMERKSAMKEIT ZU ERLANGEN...	☐	☐
17. ICH RECHNE DAMIT, DAß MEIN KIND IN DER SCHULE NICHT SO GUT VORANKOMMT, WEIL ES STOTTERT...	☐	☐
18. DAS STOTTERN MEINES KINDES HAT SICH IM VERLAUF DES VERGANGENEN JAHRES ZUNEHMEND VERSCHLECHTERT...	☐	☐
19. IM VERHÄLTNIS ZU ANDEREN STOTTERERN, DIE ICH KENNENGELERNT HABE, IST DAS STOTTERN MEINES KINDES SCHLIMM..................................	☐	☐
20. ICH FINDE, ICH SOLLTE MEIN KIND AUF IRGENDEINE WEISE BESTRAFEN, SOBALD ES STOTTERT...	☐	☐
21. OFFEN GESAGT, IST ES MIR PEINLICH, WENN ICH MEIN KIND IN DER ÖFFENTLICHKEIT STOTTERN HÖRE...	☐	☐
22. ICH FÜRCHTE, DAß ALLES NUR NOCH SCHLIMMER WÜRDE, WENN ICH MIT MEINEM KIND ÜBER SEINE GEFÜHLE IM ZUSAMMENHANG MIT DEM STOTTERN SPRECHEN WÜRDE...	☐	☐
23. ES GIBT FÜR MICH KAUM ZWEIFEL, DAß MEIN KIND WEGEN SEINES STOTTERNS EMOTIONAL ANDERS IST ALS ANDERE KINDER................................	☐	☐
24. ICH HABE FESTGESTELLT, DAß ES HILFT, WENN ICH MEINEM KIND SAGE, DAß ES MIT DEM SPRECHEN AUFHÖREN UND NEU BEGINNEN SOLL, WENN ES STOTTERT......	☐	☐
25. ICH GLAUBE NICHT, DAß MEINE GEFÜHLE ODER VERHALTENSWEISEN IRGENDEINEN EINFLUß AUF DAS STOTTERN MEINES KINDES HABEN...........................	☐	☐
SUMME	☐	☐

ABB.38 CHECKLISTE ZUR ERFASSUNG DER EINSTELLUNGEN VON ELTERN GEGENÜBER DEM STOTTERN IHRER KINDER (NACH COOPER & COOPER, 1985)

großer Wahrscheinlichkeit einen chronischen Verlauf angenommen hat, zusätzlich folgende Bereiche untersucht: Hörfähigkeit, auditive Verarbeitung, Aufmerksamkeitsverhalten, expressive Sprachleistungen, mundmotorische Koordinationsleistung und verschiedene für das Stottern bedeutsame Verhaltensweisen und Einstellungen. Die Diagnostik in den neun Komponentenbereichen des Modells wird dabei zum Teil mit psychometrischen Verfahren vorgenommen (z.B. Untertests des psycholinguistischen Entwicklungstests oder Items der "Burks' Behavior Rating Scales. Preschool and Kindergarden Edition - BBRS"; Burks, 1969), größtenteils jedoch mit Hilfe von gezielten klinischen Beurteilungen. Für jede einzelne Komponente werden mehrere inhaltliche Kriterien vorgegeben, die in ihrer Ausprägung auf einer 5-Punkte-Skala klinisch beurteilt werden oder für die, wenn es sich um psychometrische Tests handelt, die Testwerte ermittelt werden, die dann auf der Basis von Standardabweichungen nach einer Skalentransformation (z-Skala) interpretativ an die Ratingskala angeglichen werden. Die Ratings bzw. Testwerte der einzelnen Kriterien für eine Komponente können dann zu einem Gesamtwert zusammengefaßt werden, der als das Maß interpretiert werden kann, mit dem ein Kind in einer Komponente Probleme hat.

Für die Untersuchung des Aufmerksamkeitsverhaltens wird eine klinische Einschätzung der Aufmerksamkeitsspanne, der Ablenkbarkeit und Impulsivität vorgenommen, ferner werden die Items aus der BBRS berücksichtigt, die Aufmerksamkeitsverhalten und Impulskontrolle betreffen. Die Komponente "Auditive Verarbeitung" wird untersucht, indem die PET-Untertests "Auditives Kurzzeitgedächtnis", "Laute Verbinden", "Wörter Ergänzen" oder andere psychometrische Verfahren zur Untersuchung auditiver Wahrnehmungsbereiche durchgeführt werden und eine klinische Beurteilung darüber erfolgt, inwieweit die Reaktionen des Kindes verzögert erscheinen, inwieweit es Eigenkorrekturen vornehmen kann und ob es zusätzliche Instruktionen und Hilfestellungen bei der Aufgabenbearbeitung benötigt. Die expressiven Sprachleistungen werden mit Hilfe verschiedener standardisierter Sprachtests (z.B. Carrow Elicited Language Inventory, Test of Oral Language, Bankson Language Screening Test) untersucht, ferner wird eine Analyse der Spontansprache auf der Basis von 50 Äußerungen vorgenommen, wobei die Vollständigkeit und Komplexität der Satzbildung, die Wortstellung innerhalb des Satzes und Wortfindungsprobleme sowie die Fähigkeit, auf ein vorgegebenes Stichwort Sätze zu bilden, untersucht werden.

Die Einschätzung der mundmotorischen Koordination wird mit Hilfe von Aufgaben vorgenommen, die die Zungenbeweglichkeit, die Verständlichkeit und die Speichelkontrolle überprüfen. Eine andere Aufgabenreihe, die eine schnelle Wiedergabe von bestimmten Silben erfordert, dient ebenfalls zur Einschätzung der mundmotorischen Koordination. In einer Vorübung lernt das Kind die Silben bzw. Silbenfolgen /pa, pata, taka/ kennen. Für 5jährige und ältere Kinder wird die Silbenfolge auf /pataka/ erweitert. Wenn sichergestellt ist, daß das Kind die Silben selbständig und korrekt sprechen kann, soll es diese Silbensets 10mal hintereinander so schnell wie möglich wiederholen. In der Bewertung werden die Genauigkeit der Konsonantenaussprache, die Gleichmäßigkeit der Leistung während der 10 Durchgänge, die Sprechfehler (z.B. Vertauschen von stimmhaften und stimmlosen Lauten) und das Ausmaß der Genauigkeit, mit der die Silbensets über die Zeit korrekt wiedergegeben werden, berücksichtigt. Die quantitative Leistung eines Kindes kann zudem mit den Durchschnittswerten von Kindern im Alter von 3 bis 8 Jahren verglichen werden, für die bzgl. der Zeit, in der die Silben bzw. Silbenfolgen 10mal hintereinander gesprochen werden, Normen vorliegen.

Das Anspruchsniveau des Kindes wird mit Hilfe von 5 Skalen der BBRS (Leidensdruck, Ängstlichkeit, Selbstanklage, Abhängigkeit, Ich-Schwäche) und mit Hilfe von klinischen Einschätzungen von Perfektionismus und Frustrationstoleranz untersucht. Ferner werden aus den Berichten der Eltern Hypothesen darüber gebildet, inwieweit das Kind sein Stottern manipulativ einsetzt, um z.B. Aufmerksamkeit auf sich zu ziehen oder bestimmte Privilegien eingeräumt zu bekommen. In ähnlicher Weise werden, ergänzt durch Beobachtungen des Therapeuten, eine Einschätzung der Umgebung des Kindes hinsichtlich kommunikativer Stressoren vorgenommen, die Erwartungshaltung der Eltern untersucht und die Bedeutung, die das Stottern des Kindes für die psychische Gesamtsituation der Eltern hat, eingeschätzt. Das Ergebnis der so betriebenen Diagnostik wird unmittelbar in den Therapieansatz für das Kind überführt. Wenn ein Kind in einem oder in mehreren Bereichen Probleme aufweist, werden diese auch in der Therapie berücksichtigt, wobei Riley und Riley Vorstellungen über die Indikationsstellung entwickelt haben, was die Reihenfolge der zu bearbeitenden relevanten Teilbereiche betrifft (vgl. Kap.B.III.3.4).

C.II.2 Zusammenfassung und Diskussion

Die vorgestellten Konzepte, die bei diagnostiziertem Stottern zur Anwendung kommen, versuchen, eine möglichst genaue und umfassende Erfassung und Beschreibung des Stotterverhaltens vorzunehmen und darüber hinaus die Bedingungen zu erkennen, die dem Stottern individuell zugrunde liegen bzw. es aufrechterhalten können.

Entsprechend der jeweiligen theoretischen Position, werden dabei organisch-physiologische, linguistische und psychosoziale Variablen systematisch auf ihre Bedeutung für das Stottern untersucht. Bei vielen Ansätzen wird das Bemühen deutlich, die Diagnostik so zu betreiben, daß unmittelbare Handlungsanweisungen für die Therapie des Kindes abgeleitet bzw. die Ergebnisse der Diagnostik zumindest als Entscheidungshilfe bei Indikationsfragestellungen und für die individuelle Planung der Behandlung herangezogen werden können. Der Anspruch einer möglichst therapieorientierten Diagnostik und die verwendeten Testbatterien ähneln unseres Erachtens sehr den neuropsychologischen Untersuchungsmethoden und -konzepten, die für Kinder mit minimaler cerebraler Dysfunktion verwendet werden (vgl. dazu Berger, 1977; Hellbrügge, 1981; Rie & Rie, 1980; Remschmidt & Schmidt, 1981), und den Konzepten der Förderdiagnostik bei Lern-, Verhaltens- und Entwicklungsproblemen (vgl. dazu Bommert & Hockel, 1981; Bundschuh, 1985; Kornmann et al., 1983). Inwieweit der betriebene diagnostische Aufwand angemessen ist und die Ergebnisse tatsächlich indikationsleitend verwendet werden können, muß durch differentielle Evaluationsstudien beantwortet werden, die allerdings noch ausstehen.

D. LITERATUR

Adams, M.R. Vocal tract dynamics in fluency and stuttering: A review and interpretation of past research. In: L.M. Webster, L.C. Furst (eds.) Vocal tract dynamics and dysfluency, New York, Speech and Hearing Institute 1974, S. 10-28.

Adams, M.R. Letter to the editor. Journal of Speech and Hearing Disorders, 1975, 40, 136.

Adams, M.R. A clinical strategy for differentiating the normally nonfluent child and the incipient stutterer. Journal of Fluency Disorders, 1977, 2, 141-148.

Adams, M.R. Stuttering theory, research, therapy: The present and future. Journal of Fluency Disorders, 1978, 3, 139-147.

Adams, M.R. The young stutterer: Diagnosis, treatment and assessment of progress. Seminars in Speech, Language and Hearing, 1980, 4, 289-298.

Adams, M.R. The differential assessment and direct treatment of stuttering. In: J. Costello (ed.): Speech disorders in children. San Diego 1984, S. 261-290.

Adams, M.R. The speech physiology of stutterers: Present status. Seminars in Speech and Language, 1985, 6, 177-190.

Adams, M.R., Freeman, F.J., Conture, E.G. Laryngeal dynamics of stutterers. In: R.F. Curlee, W.H. Perkins (eds.) Nature and treatment of stuttering: New directons. London, Taylor & Francis 1985.

Adams, M.R., Hayden, P. The ability of stutterers and nonstutterers to initiate and terminate phonation during production of an isolated vowel. Journal of Speech and Hearing Research, 1976, 19, 290-296.

Agnello, J., Wingate, M. Acoustical and physiological aspects of stuttered speech. Paper presented at the Annual Convention of the American Speech and Hearing Association, San Francisco 1972.

Agnello, J., Wingate, M., Wendell, M. Voice onset and voice termination times of children and adult stutterers. Paper presented at the Annual Convention of the Acoustical Society of America, St. Louis 1974.

Ainsworth, S.H. If your child stutters. Memphis, Speech Foundation 1978.

Altrows, I.F., Bryden, M.P. Temporal factors in the effects of masking noise on fluency of stutterers. Journal of Communication Disorders, 1977, 10, 315-329.

Andrews, G., Craig, A., Feyer, A.-M., Hoddinott, S., Howie, P., Neilson, M. Stuttering: A review of research findings and theory circa 1982. Journal of Speech and Hearing Disorders, 1983, 48, 226-246.

Andrews, G., Harris, M. The syndrome of stuttering. (Clinics in developmental medicine, No. 17) London, Spastics Society Medical Education and Information Unit in association with Heinemann Medical Books 1964.

Andrews, G., Quinn, P.T., Sorby, W.A. Stuttering: An investigation into cerebral dominance for speech. Journal of Neurology, Neurosurgery & Psychiatry, 1972, 35, 414-418.

ASHA Committee on Prevention of Speech, Language and Hearing Problems (1982). Definitions of the word 'prevention' as it relates to communicative disorders. ASHA, 1982, 24, 425-431.

Bailey, A.A.G., Bailey, W.R. Stuttering in children: Impasse or passage. Workshop presented at Middle Tennessee State University, Murphreesboro 1979.

Bailey, A.A.G., Bailey, W.R. Managing the environment of the stutterer. Journal of Childhood Communication Disorders, 1982, 6, 26-39.

Barlow, D.H., Hersen, M. Single case experimental designs. Strategies for studying behavioral change. 2nd Edition, New York 1984.

Becker, K.-P., W.Elstner (Hrsg.) Störungen des Redeflusses. Berlin, Volk und Wissen 1980.

Becker, K.-P., Wlasssowa, N.A., Asatiani, N.M., Beljakowa,L.I., Hey, W. Stottern. Berlin, Volk und Gesundheit 1977.

Bellak, L., Bellak, S.S. The childrens's apperceptions test, C.A.T. Göttingen 1949.

Berecz, J.M. Cognitive conditioning therapy in the treatment of stuttering. Journal of Communication Disorders, 1976, 9, 3o1- 315.

Berger, E. (Hrsg.) Minimale cerebrale Dysfunktion bei Kindern. Kritischer Literaturüberblick. Bern, Huber 1977.

Bernstein, N.E. Are there constraints on childhood disfluency? Journal of Fluency Disorders, 1981, 6, 341-350.

Berry, M. Developmental history of stuttering children. Journal of Pediatrics, 1938, 12, 209-217.

Berry, M., Eisenson, J. Speech Disorders. New York, Appleton-Century-Crofts 1956.

Blaesing, L. A multidisciplinary approach to individualized treatment of stuttering. Journal of Fluency Disorders, 1982, 7, 203-218.

Blood, G.W., Seider, R. The concomitant problems of young stutterers. Journal of Speech and Hearing Disorders, 1981, 46, 31-33.

Bloodstein, O. The development of stuttering: II. Developmental phases. Journal of Speech and Hearing Disorders, 1960, 25, 366-376.

Bloodstein, O. The rules of early stuttering. Journal of Speech and Hearing Disorders, 1974, 39, 379-394.

Bloodstein, O. A handbook of stuttering. Revised edition. Chicago, National Easter Seal Society for Crippled Children and Adults 1975.

Bloodstein, O. Stuttering as tension and fragmentation. In: J. Eisenson (ed.) Stuttering: A second symposium. New York, Harper & Row 1975.

Bloodstein, O. A handbook of stuttering. 3rd Edition. Chicago, National Easter Seal Society 1981.

Bloodstein, O., Gantwerk, B.F. Grammatical function in relation to stuttering in young children. Journal of Speech and Hearing Research, 1967, 10, 786-789.

Bloodstein, O., Grossman, M. Early stutterings: Some aspects of their form and distribution. Journal of Speech and Hearing Research, 1981, 24, 298-302.

Bluemel, C. The riddle of stuttering. Danville, Ill., Interstate Publishing 1957.

Boberg, E. (ed.) Maintenance of fluency. New York, Elsevier 1981.

Boberg, E., Yeudall, L.T., Schopflocher, D., Bo-Lassen, P. The effect of an intensive behavioral program on the distribution of EEG alpha power in stutterers during the processing of verbal and visuospatial information. Journal of Fluency Disorders, 1983, 8, 245-263.

Bommert, H., M. Hockel (Hrsg.) Therapie- orientierte Diagnostik. Stuttgart, Kohlhammer 1981.

Bopp, W., Schulze, H. Einbeziehung von Eltern als Kotherapeuten in die Verhaltensmodifikation des Stotterns bei Grundschülern. In: W. Wendlandt (Hrsg.): Verhaltenstherapeutische Gruppenprogramme in der pädagogischen Praxis. Düsseldorf, Schwann 1979, S. 97-126.

Bopp, W., Schulze, H. Therapie des Stotterns bei Kindern unter Anwendung positiver Verstärkungstechniken und Einbeziehung von Eltern als Kotherapeuten. Unveröffentlichte Diplomarbeit im Fachgebiet Psychologie der Technischen Hochschule Darmstadt 1975.

Borden, G.J. An interpretation of research on feedback interruption in speech. Brain and Language, 1979, 7, 307-319.

Borden, G.J., Harris, K.S. Speech science primer: Physiology, acoustics and perception of speech. Baltimore, Williams & Wilkins 1980.

Brady, J.P., Berson, J. Stuttering, dichotic listening, and cerebral dominance. Archives of General Psychiatry, 1975, 32, 1449-1452.

Brehm-Gräser, L. Familie in Tieren. 2. Auflage, München, Rheinhardt 1970.

Brookshire, B., White, F. Language based intervention for early stuttering. ASHA, 1977, 19, 655 (Abstract).

Brown, S. The influence of grammatical function on the incidence of stuttering. Journal of Speech Disorders, 1937, 2, 207-215.

Brown, S. Stuttering with relation to word accent and word position. Journal of Abnormal Social Psychology, 1938, 33, 112-120.

Brown, S. The loci of stuttering in the speech sequence. Journal of Speech Disorders, 1945, 10, 181-192.

Brown, S.F., Hull, H.C. A study of some social attitudes of a group of 59 stutterers. Journal of Speech Disorders, 1942, 7, 323-324.

Bucher, M., Bortz, M., Anderson, D. The verbal and nonverbal communicative abilities of pre-adolescent stutterers. South African Journal of Communication Disorders, 1984, 31, 22-27.

Bundschuh, K, Dimensionen der Förderdiagnostik bei Kindern mit Lern-, Verhaltens- und Entwicklungsproblemen. München, Reinhardt 1985.

Burks, H. Burks behavior rating scales. Los Angeles, Western Psychological Services 1969.

Caplan, G. Principles of preventive psychiatry. New York, Basic Books 1964.

Caplan, L. Some comments on aspects of the methodology for the measurement of stuttering. South African Journal of Communication Diorders, 1983, 30, 30-33.

Caruso, A., Conture, E. Diagnosis of children who stutter: Past present and future. Plenary Symposium at the Oxford Dysfluency Conference, Oxford University, Oxford 1985.

Chapmann, R. Current issues in the treatment of stammering. International Rehabilitation Medicine, 1984, 6, 143-147.

Christopher, G.K. Prosodic evaluation of fluent aspects of stuttering. Dissertation Abstracts International 1978, 39 (1-B), 182.

Cimorell-Strong, J.M., Gilbert, H.R., Frick, J.V. Dichotic speech perception: A comparison between stuttering and nonstuttering children. Journal of Fluency Disorders, 1983, 8, 77-91.

Cluß, P. Funktionelle Entspannung in der Kinderarztpraxis. In: M. Fuchs (Hrsg.): Funktionelle Entspannung in der Kinderpsychotherapie. München, Basel 1985, S. 137-143.

Colburn, N., Mysak, E. Developmental disfluency and emerging grammar. II. Co-occurrence of disfluency with specified semantic-syntactic structures. Journal of Speech and Hearing Research, 1982, 25, 421-427.

Commodore, R.W., Cooper, E.B. Communicative stress and stuttering frequency during normal, whispered, and articulation-without-phonation speech modes. Journal of Fluency Disorders, 1978, 3, 1-12.

Conture, E.G. Some effects of noice on the speaking behavior of stutterers. Journal of Speech and Hearing Research, 1974, 17, 714-723.

Conture, E.G. Youngsters who stutter: Diagnosis, parent counseling and referral. Developmental and Behavioral Pediatrics, 1982, 3, 163-169.

Conture, E.G. Stuttering. Englewood Cliffs, Prentice Hall 1982.

Conture, E.G., Schwartz, H.D., Brewer, D.W. Laryngeal behavior during stuttering: A further study. Journal of Speech and Hearing Research, 1985, 28, 233-240.

Cooper, E.B. Controversies about stuttering therapy. Journal of Fluency Disorders, 1977, 2, 75-86.

Cooper, E.B. Intervention procedures for the young stutterer. In: H.H. Gregory (ed.): Controversies about stuttering therapy. Baltimore, University Park Press 1979, S. 63-96.

Cooper, E.B. Understanding Stuttering. Informations for parents. 1979.

Cooper, E.B. Personalized fluency control therapy: A status report. In: M. Peins (ed.): Contemporary approaches in stuttering therapy. Boston, Toronto 1984, S. 1-37.

Cooper, E.B. The Cooper Personalized Fluency Control Therapy-Revised (PFC-R). Workshop at the Oxford Dysfluency Conference, Oxford University, Oxford 1985.

Cooper, E.B., Cooper, C.S. Cooper Personalized Fluency Control-Therapy-Revised. Allen, DLM Teaching Resources 1985.

Coriat, I.H. Stammering as a psychoneurosis. Journal of Abnormal Psychology, 1915, 9, 417-430.

Costello, J.M. Operant conditioning and the treatment of stuttering. Seminars in Speech, Language and Hearing, 1980, 1, 311-325.

Costello, J.M. Current behavioral treatments for children. In: D. Prins, R.J. Ingham (eds.): Treatment of stuttering in early childhood. Methods and issues. San Diego, College Hill 1983, S. 69-112.

Costello, J.M. (ed.): Speech disorders in children. San Diego, College Hill 1984.

Costello, J.M. Treatment of the young chronic stutterer: Managing fluency. In: R.F. Curlee & W.H. Perkins (eds.): Nature and treatment of stuttering. New directions. London, Taylor & Francis 1985, S. 375-396.

Costello, J.M., Ingham, R.J. Assessment strategies for stuttering. In: R.F. Curlee & W.H. Perkins (eds.): Nature and treatment of stuttering. New directions. London, Taylor & Francis 1985, S. 303-334.

Cross, D.E., Luper, H.L. Voice reaction time of stuttering and nonstuttering children and adults. Journal of Fluency Disorders, 1979, 4, 59-77.

Cross, D.E., Luper, H.L. Relation between finger reaction time and voice reaction time in stuttering and nonstuttering children and adults Journal of Speech and Hearing Research, 1983, 26, 356-361.

Cross, T.G. Mother's speech adjustments and child language learning: Some methodological considerations. Language Sciences, 1979, 1, 3-25.

Cullinan, W.L., Springer, M.T. Voice initiation and termination times in stuttering and nonstuttering children. Journal of Speech and Hearing Research, 1980, 23, 344-361.

Culp, D.M. The preschool fluency development program: Assessment and treatment. In: M. Peins (ed.): Contemporary approaches in stuttering therapy. Boston, Toronto 1984, S. 39-72.

Curlee, R.F. A case selection strategy for young disfluent children. Seminars in Speech, Language and Hearing, 1980, 1, 277-287.

Curlee, R.F. Training students to work with stutterers. Seminars in Speech and Language, 1985, 6, 132-14o.

Curlee, R.F., Perkins, W.H. (eds.): Nature and treatment of stuttering. New directions. London, Taylor & Francis 1985.

Curry, F.K.W., Gregory, H.H. The performance of stutterers on dichotic listening tasks thougth to reflect cerebral dominance. Journal of Speech and Hearing Research, 1969, 12, 73-82.

Dalton, P. (ed.): Approaches to the treatment of stuttering. London, Croom Helm 1983.

Daly, D.A. Treatment of the young chronic stutterer: Managing stuttering. In: R.F. Curlee & W.H. Perkins (eds.): Nature and treatment of stuttering: New directions. London, Taylor & Francis 1985, S. 357-374.

Davenport, R.W. Dichotic listening in four severity levels of stuttering. Paper presented at the Annual Convention of the American Speech and Hearing Association, Atlanta 1979.

Davis, D.M. The relation of repetitions in the speech of young children to certain measures of language maturity and situational factors: Part II, part III. Journal of Speech Disorders, 1940, 5, 235-246.

Deegener, G. Anamnese und Biographie im Kindes- und Jugendalter. Weinheim, Beltz 1984.

Deuse, A. Stottern bei Kindern, Jugendlichen und Erwachsenen. Köln, Pahl-Rugenstein 1984.

Dührssen, A. Psychogene Erkrankungen bei Kindern und Jugendlichen. Eine Einführung in die allgemeine und spezielle Neurosenlehre. 4. Auflage, Göttingen 1962.

Eisenson, J. Stuttering as an expression of inefficient language development. In: L.J. Raphael, C.B. Raphael, M.R. Valdovinos (eds.): Language and cognition. Essays in honor of Arthur J. Bronstein. New York, Plenum Press 1984, S. 59-72.

Emerick, L.L., Hatten, J.T. Diagnosis and evaluation in speech pathology. Second edition. Englewood Cliffs, Prentice Hall 1979.

Fibiger, S. Quantitative electromyographic evaluation of stuttering severity by means of describing the course of muscle activity in the lip-articulatory muscles in connection with labial stop consonants. Proceedings XVII Congress of Logopedics and Phoniatrics. Interlaken 1977, S. 1-14.

Fiedler, P.A., Standop, R. Stottern. Wege zu einer integrativen Theorie und Behandlung. München, Urban & Schwarzenberg 1978.

Fietkau, H.-J. Einige Überlegungen zur Definition und Meßbarkeit von Therapieerfolg. Zeitschrift für Klinische Psychologie, 1976, 24, 221-225.

Fischer, J.W. Was leisten verhaltensmodifikatorische Elterntrainings. Psychologie in Erziehung und Unterricht, 1979, 26, 1o2-1o6.

Fletcher, J.M. The problem of stuttering: A diagnosis and a plan of treatment. New York, Longmans 1928.

Ford, S., Luper, H. Aerodynamic, phonatory, and labial EMG patterns during fluent and stuttered speech. Paper presented at the American Speech and Hearing Association Convention. Washington, D.C. 1975.

Forehand, R., Atkeson, B.M. Generality of treatment effects with parents as therapists: A review of assessment and implementation procedures. Behavior Therapy, 1977, 8. 575-593.

Forehand, R., Middlebrook, J., Rogers, T., Steffe, M. Dropping out of parent training. Behavior Research and Therapy, 1983, 21, 663-668.

Fowlie, G.M., Cooper, E.B. Traits attributed to stuttering and nonstuttering children by their mothers. Journal of Fluency Disorders, 1978, 3, 233-246.

Freeman, F.J. The stuttering larynx: An electromyographic study of laryngeal muscle activity accompanying stuttering. Unpublished doctoral dissertation, City University of New York 1977.

Freeman, F.J., Ushijima, T. Laryngeal muscle activity during stuttering. Journal of Speech and Hearing Research, 1978, 21, 538-562.

Garfield, S.L. Psychotherapie. Ein eklektischer Ansatz. Basel, Weinheim, Beltz 1982.

Ginsberg, H., Opper, S. Piagets Theorie der geistigen Entwicklung. Stuttgart, Klett 1975.

Glasner, P.J. Personality characteristics and emotional problems in stutterers under the age of five. Journal of Speech and Hearing Disorders, 1949, 14, 135-138.

Godtfring, O. Unsere stotternden und stammelnden Kinder. Kiel, Cordes 1906.

Goldberg, S.A. Behavioral cognitive stuttering therapy. Tigard, Oreg., C.C. Publications 1981.

Goodstein, L.D., Dahlstrom, W.G. MMPI differences between parents of stuttering and nonstuttering children. Journal of Consulting Psychology, 1956, 20, 365-370.

Gordon, P. The effects of syntactic complexity and sentence production task on speech disfluencies of three-, five-, and seven-year-old children. Dissertation Abstracts International, 1985, 46 (B), 134-135.

Gottwald, S.R., Starkweather, C.W. Stuttering prevention: A clinical method. Temple University 1984.

Grawe, K. Indikation in der Psychotherapie. In: L. Pongratz (Hrsg.) Handbuch der klinischen Psychologie. Klinische Psychologie, Bd. II. Göttingen, Hogrefe 1978, S. 1849-1884.

Gregory, H.H. Stuttering: Differential evaluation and therapy. Indianapolis, Bobbs-Merrill Educational Publishing 1978.

Gregory, H.H. (ed.): Controversies about stuttering therapy. Baltimore, University Park Press 1979.

Gregory, H.H. Integration: Present status and prospects for the future. In: Speech Foundation of America (ed.): Stuttering therapy: Prevention and intervention with children. Memphis 1984, S. 130-148.

Gregory, H.H. Prevention of stuttering: Management of early stages. In: R.F. Curlee, W.H. Perkins (eds.): Nature and treatment of stuttering: New directions. London, Taylor & Francis 1985, S. 335-356.

Gregory, H.H., Hill, D. Stuttering therapy for children. Seminars in Speech, Language and Hearing, 1980, 1, 351-363.

Greitemeyer, D. Die Berücksichtigung sozialer Einflußfaktoren bei der Diagnose der Familieninteraktion. In: E.J. Brunner (Hrsg.): Interaktion in der Familie. Berlin, Springer 1984, S. 59-87.

Grimm, H. Vergleichende kategoriale Analyse sprachlicher Handlungsmuster in Mutter-Kind-Dyaden. In: D. Boueke & W. Klein (Hrsg.): Untersuchungen zur Dialogfähigkeit von Kindern. Tübingen, Narr 1983, S. 249-268.

Guitar, B. Fluency shaping with young stutterers. Journal of Childhood Communication Disorders, 1982, 6, 50-59.

Guitar, B. The indirect treatment of stuttering. In: J. Costello (ed.): Speech disorders in children. San Diego, College Hill 1984, S. 291-312.

Guitar, B., Peters, T.J. Stuttering: An integration of contemporary therapies. Memphis 1980.

Hanley, J.M. The effects of fluency enhancement on articulation in stutterers: A cineradiographic investigation. Dissertation Abstracts International, 1981, 42 (B), 158.

Hanley, J.M. Speech motor processes and stuttering in children; a theoretical and clinical perspective. In: Speech Foundation of America (ed.): Stuttering therapy: Prevention and intervention with children. Memphis 1984, S. 63-90.

Hannley, M., Dorman, M.F. Some observations on auditory function and stuttering. Journal of Fluency Disorders, 1982, 7, 93-108.

Hayden, P.A., Jordahl, N., Adams, M.R. Stutterers' voice initiation times during conditions of novel stimulation. Journal of Fluency Disorders, 1982, 7, 1-7.

Hayhow, R. The assessment of stuttering and the evaluation of treatment. In: P. Dalton (ed.): Approaches to the treatment of stuttering. London, Croom Helm 1983, S. 15-46.

Healey, E.C., Gutkin, B. Analysis of stutterers' voice onset times and fundamental frequency contours during fluency. Journal of Speech and Hearing Research, 1984, 27, 219-225.

Hedge, M.N. Stuttering, neuroticism, and extraversion. Behaviour Research and Therapy, 1972, 10, 395-397.

Heidemann-Tagmann, B., Motsch, H.-J. Stottern im Kindes- und Erwachsenenalter. In: W. Pascher, H. Bauer (Hrsg.): Differentialdiagnose von Sprach-, Stimm- und Hörstörungen. Stuttgart, Thieme 1984.

Hellbrügge, T. Klinische Sozialpädiatrie. Ein Lehrbuch der Entwicklungs- Rehabilitation im Kindesalter. Berlin, Springer 1981.

Hillman, R.E., Gilbert, H.R. Voice onset time for voiceless stop consonants in the fluent reading of stutterers and nonstutterers. Journal of the Acoustic Society of America, 1977, 61, 610-611.

Hood, S.B. The assessment of fluency disorders. In: S. Singh, J. Lynch (eds.): Diagnostic procedures in hearing, language and speech. Baltimore, University Park Press 1978, S. 529-632.

Horii, Y. Phonatory initiation, termination and vocal frequency change reaction times of stutterers. Journal of Fluency Disorders, 1984, 9, 115-124.

Horlick, R.S., Miller, M.H. A comparative personality study of a group of stutterers and hard of hearing patients. Journal of General Psychology, 1960, 63, 259-266.

Howie, P.M. Intrapair similarity in frequency of disfluency in monozygotic and dizygotic twin pairs containing stutterers. Behavior Genetics, 1981, 11, 227-238.

Hutchinson, J.M. Aerodynamic patterns of stuttered speech. In: L.M. Webster, L.C. Furst (eds.): Vocal tract dynamics and dysfluency. New York, Speech and Hearing Institute 1975, S. 71-110.

Hutchinson, J.M., Navarre, B.M. The effect of metronome pacing on selected aerodynamic patterns of stuttered speech: Some preliminary observations. Journal of Fluency Disorders, 1977, 2, 189-206.

Ingham, R.J. Stuttering and behavior therapy: Current status and experimental foundations. San Diego, College Hill 1984.

Ingham, R.J. Stuttering treatment outcome evaluation: Closing the credibility gap. Seminars in Speech and Language, 1985, 6, 1o5-123.

Ingham, R.J., Costello, J.M. Stuttering treatment outcome evaluation. In: J. Costello (ed.): Speech Disorders in Children. San Diego, College Hill 1984, S. 313-346.

Jehle, P., Randoll, D. Elternberatung bei Kindern mit beginnendem Stottern - Entwicklung und Erprobung eines Beratungsprogramms. Zeitschrift für erziehungs- und sozialwissenschaftliche Forschung, 1984, 1, 140-167.

Jehle, P., Schweppe, D. Verhaltenstheoretische Stottertherapie: Das "Monterey-Programm für flüssiges Sprechen" von Ryan/van Kirk. Die Sprachheilarbeit, 1982, 27, 21-25.

Johannsen, H.S., Victor, C. Visual information processing in the left and right hemispheres during unilateral tachistoscopic stimulation of stutterers. Journal of Fluency Disorders (im Druck).

Johnson, D.J. Myklebust, H.R. Lernschwächen. Ihre Formen und ihre Behandlung. Stuttgart, Hippokrates 1969.

Johnson, L.J. Facilitating parental involvement in therapy of the disfluent child. Seminars in Speech, Language and Hearing, 1980, 1, 301-309.

Johnson, W. A study of the onset and development of stuttering. Journal of Speech Disorders, 1942, 7, 251-257.

Johnson, W. People in quandaries. The semantics of personal adjustment. New York, Harper 1946.

Johnson, W. An open letter to the mother of a stuttering child. Journal of Speech and Hearing Disorders, 1949, 14, 3-8.

Johnson, W. A study of the onset and development of stuttering. In: W. Johnson, R.R. Leutenegger (eds.): Stuttering in children and adults. Minneapolis, University of Minnesota Press 1955, S. 37-73.

Johnson, W. The onset of stuttering. Minneapolis, University of Minnesota Press 1959.

Jones, R.K. Observations on stammering after localized cerebral injury. Journal of Neurology, Neurosurgery and Psychiatry, 1966, 29, 192-195.

Kemper, F. Klientenzentrierte Kinderspieltherapie bei sprach- und sprechgestörten Kindern. In: J. Benecken (Hrsg.): Kinderspieltherapie. Fallstudien. Stuttgart 1982, S. 38-73.

Kidd. K.K. Genetic models of stuttering. Journal of Fluency Disorders, 1980, 5, 187-201.

Kidd, K.K. Recent progress in the genetics of stuttering. In: C.L. Ludlow, J.A. Cooper (eds.): Genetic aspects of speech and language disorders. Paris, Academic Press 1983, S. 197-213.

Kidd, K.K. Stuttering as a genetic disorders. In: R.F. Curlee, W.H. Perkins (eds.): Nature and treatment of stuttering: New directions. London, Taylor & Francis 1985.

Klevans, D.R., Lynch, G.P. Group training in communication skills for adults who stutter: A suggested program. Journal of Fluency Disorders, 1977, 2, 11-20.

Kline, M., Starkweather, C.W. Receptive and expressive language performance in young stutterers. ASHA, 1979, 21, 797 (Abstract).

Klingholz, F., Martin, F. Zum Entstehungsmechanismus des Vocal Fry (VF). Sprache Stimme Gehör, 1983, 7, 16-21.

Kornmann, R., Meister, H., Schlee, J. (Hrsg.) Förderungsdiagnostik. Konzepte und Realisationsmöglichkeiten. Heidelberg, Schindele 1983.

Krause, R. Sprache und Affekt. Das Stottern und seine Behandlung. Stuttgart, Kohlhammer 1981.

Lanyon, R.I., Goldsworthy, R.J., Lanyon, B.P. Dimensions of stuttering and relationship to psychopathology. Journal of Fluency Disorders, 1978, 3, 103-113.

Lassen, N.A., Ingvar, D.H., Skinhoj, E. Brain function and blood flow. Scientific American, 1978, 239, 62-71.

Lay, T. Stuttering: Training the therapists. Journal of Fluency Disorders, 1982, 7, 63-69.

Lee, B.S. Effects of delayed speech feedback. Journal of the Acoustic Society of America, 1950, 22, 824-826.

Leith, W.R. Handbook of stuttering therapy for the school clinician. San Diego 1984.

Lerner, R.M., G.B. Spanier (eds.) Child influencies on marital and family interaction. New York, Academic Press 1978.

Lewis, J. An aerodynamic study of "artificial" fluency in stutterers. Unpublished Ph.D. dissertation, Purdue University, West Lafayette 1975.

Lewis, J.I., Ingham, R.J., Gervens, A. Voice initiation and termination times in stutterers and normal speakers. Paper presented at the American Speech and Hearing Association Convention, Atlanta 1979.

Liebetrau, R.M., Daly, D.A. Auditory processing and perceptual abilities of "organic" and "functional" stutterers. Journal of Fluency Disorders, 1981, 6, 219-231.

Ludwig, G. Technologische und ethische Implikationen von Therapiezielen. In: M. Zielke (Hrsg.) Diagnostik in der Psychologie. Stuttgart, Kohlhammer 1982, S. 12-41.

Luessenhop, A.J., Boggs, J.S., Laborwit, L.J., Walle, E.L. Cerebral dominance in stutterers determined by Wada testing. Neurology, 1973, 23, 1190-1192.

Luper, H.L. (ed.): Intervention with young stutterer.
Journal of Childhood Communication Disorders, 1982, 6, No.1
(Special Issue).

Luper, H.L., Cross, D.E. Finger reaction time of stuttering and
nonstuttering children and adults. Paper presented at the
American Speech and Hearing Association Convention, San Francisco 1978.

Luper, H.L., Mulder, R.L. Stuttering: Therapy for children.
Englewood Cliffs, Prentice Hall 1964.

MacDonald Coyle, M., Mallard, A.R. Word-by-word analysis of
observer agreement utilizing audio and audiovisual techniques.
Journal of Fluency Disorders, 1979, 4, 23-28.

Mackay, D.G. Metamorphosis of a critical interval: Age-linked
changes in the delay in auditory feedback that produces maximal disruption of speech. Journal of the Acoustic Society of
America, 1968, 43, 811-821.

Manns, M. Probleme des Mediatorentrainings. Referat gehalten
auf der von BDP/ PH Berlin veranstalteten Tagung Verhaltensmodifikation in der Schulpsychologischen Praxis. 28.9.- 1.1o.1976.

Marge, M. The prevention of communication disorders. ASHA, 1984,
26, 29-37.

Martin, R.R., Kuhl, P., Haroldson, S.K. An experimental treatment of two preschool stuttering children. Journal of Speech
and Hearing Research, 1972, 15, 743-752.

Maxwell, D.L. Cognitive and behavioral self control strategies:
Applications for the clinical management of adult stutterers.
Journal of Fluency Disorders, 1982, 7, 4o3-432.

McDearmon, J.R. Primary stuttering at the onset of stuttering:
A reexamination of data. Journal of Speech and Hearing Research, 1968, 11, 631-637.

McDonald, E. Articulation testing and treatment. Pittsburg 1964.

McReynolds, L.V., Kearns, K.P. Single-subject experimental designs in communicative disorders. Baltimore, University Park
Press 1983.

Metz, D.E., Onufrak, J.A., Ogburn, R.S. An acoustical analysis
of stutterer's speech prior to and at the termination of speech therapy. Journal of Fluency Disorders, 1979, 4, 249-254.

Meyers, S.C. Stuttering/disfluency as a variable of mother-child
interaction. Dallas, University of Texas at Dallas 1983.

Meyers, S.C., Freeman, F.J. Are mothers of stutterers different? An investigation of social- communicative interaction. Journal of Fluency Disorders, 1985, 1o, 193-2o9.

Minsel, W.-R. Praxis der Gesprächspsychotherapie, Grundlagen, Forschung, Auswertung. Wien 1974.

Molt, L.F., Guilford, A.M. Auditory processing and anxiety in stutterers. Journal of Fluency Disorders, 1979, 4, 255-267.

Moore, W.H. Bilateral tachistoscopic word perception of stutterers and normal subjects. Brain and Language, 1976, 3, 434-442.

Moore, W.H., Jr. Hemispheric alpha asymmetries during an electromyographic biofeedback procedure for stuttering. A single subject experimental design. Journal of Fluency Disorders, 1984, 9, 143-162.

Moore, W.H., Jr. Central nervous system characteristics of stutterers. In: R.F. Curlee, W.H. Perkins (eds.): Nature and treatment of stuttering: New directions. London, Taylor & Francis 1985.

Moore, W.H., Craven, D.C., Faber, M.M. Hemispheric alpha asymmetries of words with positive, negative and neutral arousal values preceding tasks of recall and recognition: Electrophysiological and behavioral results from stuttering males and nonstuttering males and females. Brain and Language, 1982, 17, 211-224.

Moore, W.H., Haynes, W.O. Alpha hemispheric asymmetry and stuttering: Some support for a segmentation dysfunction hypothesis. Journal of Speech and Hearing Research, 1980, 23, 229-247.

Moore, W.H., Lang, M.K. Alpha asymmetry over the right and left hemispheres of stutterers and control subjects preceding massed oral readings: A preliminary investigation. Perceptual & Motor Skills, 1977, 44, 223-230.

Morley, M. The development and disorders of speech in children. Baltimore, Williams & Wilkins 1967.

Motsch, H.J. Was können Stottertherapien leisten? Der Sprachheilpädagoge, 198o, Heft 3, 52-62.

Motsch, H.J. Stottern. In: H. Aschenbrenner, K. Rieder (Hrsg.) Sprachheilpädagogische Praxis. Wien 1983, S. 88-134.

Muma, J.R. Syntax of preschool fluent and disfluent speech: A transformational analysis. Journal of Speech and Hearing Research, 1971, 14, 428-441.

Murphy, A.T. (ed.): Stuttering: Its prevention. Memphis 1962.

Murphy, M., Baumgartner, J.M. Voice initiation and termination time in stuttering and nonstuttering children. Journal of Fluency Disorders, 1981, 6, 257-264.

Murray, H.A. Thematic apperception test. T.A.T. Manual. Cambridge, Harvard University Press 1971.

Murray, H.L., Reed, C.G. Language abilities of preschool stuttering children. Journal of Fluency Disorders, 1977, 2, 171-176.

Myers, F.L., Wall, M.J. Issues to consider in the differential diagnosis of normal childhood nonfluencies and stuttering. Journal of Fluency Disorders, 1981, 6, 189-195.

Myers, F.L., Wall, M.J. Toward an integrated approach to early childhood stuttering. Journal of Fluency Disorders, 1982, 7, 47-54.

Nelson, L. Language formulation related to disfluency and stuttering. Paper presented at the Conference on Evaluation of Disfluency, Prevention of Stuttering, and Management of Fluency Problems in Children. Evanston, Ill., Northwestern University 1982.

Nittrouer, S., Cheney, C. Operant techniques used in stuttering therapy. A review. Journal of Fluency Disorders, 1984, 9, 169-190.

Orgass, B. Neuropsychologie - Gegenstand und Methoden. In: K. Poeck (Hrsg.): Klinische Neuropsychologie. Stuttgart, Thieme 1982.

Orton, S.T. Studies on stuttering. Archive of Neurology and Psychiatry, 1927, 18, 671-672.

Orton, S.T. A physiological theory of reading disability and stuttering in children. New England Journal of Medicine, 1929, 199, 1046-1052.

Panelli, Ch.A., McFarlane, St.C., Shipley, K.G. Implications of evaluating and intervening with incipient stutterers. Journal of Fluency Disorders, 1978, 3, 41-50.

Peins, M. (ed.): Contemporary approaches in stuttering therapy. Boston, Toronto, Little, Brown & Co 1984.

Perkins, W.H. Implications of scientific research for treatment of stuttering. A lecture. Journal of Fluency Disorders, 1981, 6, 155-162.

Perkins, W.H. From psychoanalysis to discoordination. In: H.H. Gregory (ed.): Controversies about stuttering therapy. Baltimore, University Park Press 1979, S. 97-128.

Perkins, W.H. (ed.): Stuttering disorders. Current therapy of
communication disorders. New York 1984.

Perkins, W.H., Rudas, J., Johnson, L., Bell, J. Stuttering:
Discoordination of phonation with articulation and respiration.
Journal of Speech and Hearing Research, 1976, 19, 509-522.

Perrin, K.L., Eisenson, J. An examination of ear preference for
speech and nonspeech stimuli in a stuttering population.
Paper persented at the Annual Convention of the American Speech
and Hearing Association, New York 1970.

Peters, H.F.M., Boves, L. Timing of aerodynamic and laryngeal
functions in stuttering. In: H.F.M. Peters, W. Hulstyn (eds.):
Speech motor dynamics in stuttering. Wien, Springer 1986 (in
press).

Pinsky, S.D., McAdam, D.W. Electroencephalographic and dichotic
indices of cerebral laterality in stutterers. Brain and Language,
1980, 11, 374-397.

Pizzat, F.J. A personality study of college stutterers. Speech
Monographs, 1951, 18, 240-241 (Abstract).

Platt, L., Basili, A. Jaw tremor during stuttering block: An
electromyographic study. Journal of Communication Disorders,
1973, 6, 102-109.

Ponsford, R.E., Brown, W.S., Marsh, J.T., Travis, L.E.
Proceedings: Evoked potential correlates of cerebral dominance
for speech perception in stutterers and non-stutterers.
Electroencephalography and Clinical Neurophysiology, 1975, 39,
434.

Pratt, J.E. Comparisons of linguistic perception and production
in preschool stutterers and non-stutterers. Dissertation Abstracts International, 1973/74, 34 (2-B), 913.

Prins, D. Personality, stuttering severity and age. Journal
of Speech and Hearing Research, 1972, 15, 148-154.

Prins, D. Continuity, fragmentation, and tension: Hypotheses
applied to evaluation and intervention with preschool disfluent children. In: D. Prins, R.J. Ingham (eds.): Treatment of
stuttering in early childhood. Methods and issues. San Diego,
College Hill 1983, S. 41-42.

Prins, D., Ingham, R.J. (eds.): Treatment of stuttering in early
childhood. Methods and issues. San Diego, College Hill 1983.

Quarrington, B., Seligman, J., Kosower, E. Goal setting behavior of parents of beginning stutterers and parents of nonstuttering children. Journal of Speech and Hearing Research, 1969, 12, 435-442.

Quinn, P.T. Stuttering: Cerebral dominance and the dichotic word test. Medical Journal of Australia, 1972, 2, 639-643.

Ragsdale, J.D., Ashby, J.K. Speech language pathologists' connotations of stuttering. Journal of Speech and Hearing Research, 1982, 25, 75-8o.

Randoll, D. Direkte Intervention bei 3-9jährigen stotternden Kindern. Die Sprachheilarbeit 1985, 30, 62-67.

Reich, A., Till, J., Goldsmith, H. Laryngeal and manual reaction times of stuttering and nonstuttering adults. Journal of Speech and Hearing Research, 1981, 24, 192-196.

Remschmidt, H., M.Schmidt (Hrsg.) Neuropsychologie des Kindesalters. Stuttgart, Enke 1981.

Rie, H.E., E.D. Rie (eds.) Handbook of minimal brain dysfunction. A critical view. New York, Wiley 198o.

Rieber, R.W., Wollock, J. The historical roots of the theory and therapy of stuttering. Journal of Communication Disorders, 1977, 1o, 3-24.

Riley, G.D. Stuttering Severity Instrument. Tigard, Oregon, C.C. Publications 1980.

Riley, G.D. Stuttering Prediction Instrument For Young Children. Tigard, Oregon, C.C. Publications 1984.

Riley, G.D., Riley, J. A component model for diagnosis and treating children who stutter. Journal of Fluency Disorders, 1979, 4, 279-293.

Riley, G.D., Riley, J. Evaluating stuttering problems in children. Journal of Childhood Communication Disorders, 1982, 6, 15-25.

Riley, G.D., Riley, J. Evaluation as a basis for intervention. In: D. Prins, R.J. Ingham (eds.): Treatment of stuttering in early childhood. Methods and issues. San Diego, College Hill 1983, S. 43-68.

Riley, G.D., Riley, J. A component model for treating stuttering in children. In: M. Peins (ed.): Contemporary approaches in stuttering therapy. Boston, Toronto, Little, Brown & Co 1984, S. 123-172.

Riley, G.D., Riley, J. Diagnosis and treatment of stuttering in children. A series of lectures at Medizinische Hochschule Hannover. August 2 and 3, 1985.

Riley, G.D., Riley, J. Oral Motor Assessment and Treatment. Improving syllable production. Tigard, Oregon, C.C. Publications 1986.

Rosenfield, D.B., Goodglass, H. Dichotic testing of cerebral dominance in stutterers. Brain and Language, 1980, 11, 170-180.

Roth, W.L. Praxisorientierte Evaluationsmethodologie- Trends in der Einzelfallversuchsplanung. Zeitschrift für Klinische Psychologie, 1985, 14, 113-129.

Rothe, K.C. Das Entwicklungsstottern als sprachneurotischer Prozeß. Zeitschrift für pädagogische Psychologie, experimentelle Pädagogik und jugendkundliche Forschung, 1929, 30, 565-569.

Rustin, L. The management of the primary school stammerer with parental involvement. Nothern Ireland Speech Language Forum, 1982, 8, 15-19.

Rustin, L. Early intervention in the treatment of stuttering. Nothern Ireland Speech Language Forum, 1982, 8, 7-14.

Rustin, L., Cook, F. Intervention procedures for the disfluent child. In: P. Dalton (ed.): Approaches to the treatment of stuttering. London, Croom Helm 1983, S. 47-75.

Rustin, L., Sturges, M. The management of the young stammering child with parental involvement. Workshop at the Oxford Dysfluency Conference, Oxford, Oxford University 1985.

Ryan, B.P. Operant procedures applied to stuttering therapy for children. Journal of Speech and Hearing Disorders, 1971, 36, 264-289.

Ryan, B.P. Programmed therapy for stuttering in children and adults. Springfield, Ill., C.C. Thomas 1974.

Ryan, B.P. Stuttering in preschool children. A comparison and longitudinal study. Paper presented at the ASHA Convention, Februar 1984.

Ryan, B.P., van Kirk, B.A. Monterey Sprechtrainingsprogramm. Palo Alto 1982.

Ryan, B. Training the professional. Seminars in Speech and Language, 1985, 6, 145-167.

Sachs, M.W. Zur Ätiologie des Stotterns. Klinische Wochenschrift, 1924, 36, 113-115.

Sajwaj, T. Difficulties in the use of behavioral techniques by parents in changing child behavior: Guides to success. The Journal of Nervous and Mental Disease, 1973, 156, 395-4o3.

Sapon- Shevin, M. Ethical issues in parent training programs.
Journal of Special Education, 1982, 16, 341-357.

Schmidt, L.R., Keßler, B.H. Anamnese. Methodische Probleme,
Erhebungsstrategien und Schemata. Weinheim, Beltz 1976.

Schweppe, D., Jehle, P. Das Monterey-Sprechtrainingsprogramm in
der Praxis. Die Sprachheilarbeit, 1985, 30, 217-224.

Schulze, H. Bedeutung von Elternvariablen in theoretischen und
therapeutischen Konzepten des Stotterns bei Kindern. Vortrag
gehalten auf dem 7. Arbeitstreffen der Therapeuten Stotternder.
Rethorn, 21. - 25.11.1984. Forschungsbericht Nr.2, Ulm,
Phoniatrische Ambulanz 1984.

Schwartz, H.D. Subgrouping young stutterers: A behavioral/
physiological perspective. Dissertation Abstracts International,
1985, 46, 493 B-494 B.

Selmar, J.W. The early identification and treatment of children
with problems of non-fluency. Bulletin of the College of Speech
Therapists, Februar 1981, S. 7-9.

Semel, E. Sound Order Sense. A developmental program in auditory
perception. Chicago, Follett Educational Corporation 1970.

Shames, G.H., Egolf, D.B. Operant conditioning and the management
of stuttering. Englewood Cliffs, Prentice Hall 1976.

Shames, G.H., Florance, C.L. Stutter-free speech: A goal for
therapy. Columbus, Charles E. Merrill 1980.

Shapiro, A. An electromyographic analysis of the fluent and
dysfluent utterances of several types of stutterers. Journal
of Fluency Disorders, 1980, 5, 203-231.

Shapiro, A., DeCicco, B.A. The relationship between normal
dysfluency and stuttering: An old question revisited. Journal of Fluency Disorders, 1982, 7, 109-121.

Shaw, C.K., Shrum, W.F. The effects of response-contingent
reward on the connected speech of children who stutter.
Journal of Speech and Hearing Disorders, 1972, 37, 75-88.

Shearer, W.M. Research procedures in speech, language, and
hearing. Baltimore, London, Williams and Wilkins 1982.

Sheehan, J.G. (ed.) Stuttering: Research and Therapy.
New York, Harper & Row 1970.

Sheehan, J.G. Current issues on stuttering and recovery.
In: H.H. Gregory (ed.): Controversies about stuttering
therapy. Baltimore, University Park Press 1979, S. 175-208.

Sheehan, J.G. Problems in the evaluation of progress and outcome. Seminars in Speech, Language and Hearing, 1980, 1, 389-401.

Sherman, D. Reliability and utility of individual ratings of severity of audible characteristics of stutterings. Journal of Speech and Hearing Disorders, 1955, 20, 11-16.

Shine, R.E. Direct management of the beginning stutterer. Seminars in Speech, Language and Hearing, 1980, 1, 339-350.

Shine, R.E. Assessment and fluency training with the young stutterer. In: M. Peins (ed.): Contemporary approaches in stuttering therapy. Boston, Mass., Little Brown 1984, S.173-216.

Shine, R.E. Systematic Fluency Training for Young Children. Revised Edition. Tigard, C.C. Publications 1985.

Siegel, G.M., Fehst, C.A., Garber, S.R., Pick, H.L. Delayed auditory feedback with children. Journal of Speech and Hearing Research, 1980, 23, 802-813.

Siegel, G.M., Pick, H.L.jr., Garber, S.R. Auditory feedback and speech development. Advances in Child Development and Behavior, 1984, 18, 49-79.

Silverman, F.H. Research design in speech pathology and audiology. Englewood Cliffs, Prentice Hall 1977.

Silverman, F.H., Williams, D.E. Loci of disfluencies in the speech of stutterers. Perceptual & Motor Skills, 1967, 24, 1085-1086.

Sommers, R.K., Brady, W.A. Moore, W.H. Dichotic ear preferences of stuttering children and adults. Perceptual & Motor Skills, 1975, 41, 931-938.

Speech Foundation of America (ed.): Stuttering therapy: Prevention and intervention with children. Memphis 1984.

Staabs, G.v. Stotterheilung durch Wiederholung der einzelnen kindlichen Entwicklungsphasen im Erlebnis einer Scenotest-Spieltherapie. Psyche, 1951, 688-706.

Stang, H. Das beginnende Stottern- Diagnose und Behandlungsansätze. Die Sprachheilarbeit, 1982, 27, 271-277.

Stang, H. Problemorientierte Behandlung erwachsener Stotternder. In: G. Kattenbeck, L. Springer (Hrsg.) Stottern und Stimme. Interdisziplinäre Reihe zur Theorie und Praxis der Logopädie, Band II, 2. Auflage. München, Tudv Verlagsgesellschaft 1985, S. lo1-123.

Starkweather, C.W. Speech fluency and its development in normal children. In: N.J. Lass (ed.): Speech and language: Advances in basic research and practice, Vol. 4. New York 1980.

Starkweather, C.W. A multiprocess behavioral approach to stuttering therapy. Seminars in Speech, Language and Hearing, 1980, 1, 327-338.

Starkweather, C.W. Stuttering and laryngeal behavior: A review. ASHA Monographs, No.21. Rockville, American Speech and Hearing Association 1982.

Starkweather, C.W. Stuttering in children: An overview. Journal of Childhood Communication Disorders, 1982, 6, 5-14.

Starkweather, C.W. Speech and Language. Principles and processes of behavioral change. Englewood Cliffs, Prentice Hall 1983.

Starkweather, C.W., Franklin, S., Smigo, T.S. Vocal and finger reaction times in stutterers and nonstutterers: Differences and correlations. Journal of Speech and Hearing Research, 1984, 27, 193-196.

Starkweather, C.W., Hirschman, P., Tannenbaum, R.S. Latency of vocalization: Stutterers versus nonstutterers. Journal of Speech and Hearing Research, 1976, 19, 481-492.

Starkweather, C.W., Myers, M. Duration of subsegments within the intervocalic interval in stutterers and nonstutterers. Journal of Fluency Disorders, 1979, 4, 205-214.

Stier, E. Untersuchung über Linkshändigkeit und die funktionellen Differenzen der Hirnhälften. Jena, Fischer 1911.

Stocker, B. The Stocker Probe Technique for diagnosis and treatment of stuttering in young children. Revised Edition, Tulsa, Modern Education Corporation 1980.

Stocker, B., Parker, E. The relationship between auditory recall and dysfluency in young children. Journal of Fluency Disorders, 1977, 2, 177-187.

Stournaras, E.F. A multicausal circular components model for the diagnosis and treatment of stuttering. Paper presented at the Oxford Dysfluency Conference, Oxford, Oxford University 1985.

Stromsta, C. A spectographic study of dysfluencies labeled as stuttering by parents. De Therapia Vocis et Loquellae, 1965, 1, 317-320.

Suhrweier, H. Störungsbewußtsein bei Stotterern. Die Sonderschule, 1971, Heft 5, 288-300.

Tausch, R. Gesprächspsychotherapie. Göttingen 1978.

Tharp, R.G., Wetzel, R.J. Verhaltensänderungen im gegebenen Sozialfeld. München, Urban & Schwarzenberg 1975.

Till, J.A. Reich, A., Dickey, S., Seiber, J. Phonatory and manual reaction times of stuttering and nonstuttering children. Journal of Speech and Hearing Research, 1983, 26, 171-180.

Tomatis, A. L'oreille et le langage. Paris, Editions du Seuil 1963.

Travis, L.E. Speech pathology. Englewood Cliffs, N.Y., Prentice Hall 1931.

Uchtenhagen, A. Intervention und Prävention. In: K. Gerlicher (Hrsg.): Prävention. Göttingen 1980, S. 9-26.

Van Riper, C. The nature of stuttering. Englewood Cliffs, Prentice Hall 1971.

Van Riper, C. The treatment of stuttering. Englewood Cliffs, Prentice Hall 1973.

Van Riper, C. The public school specialist in stuttering. ASHA, 1977, 19, 467-469.

Van Riper, C. The nature of stuttering. Englewood Cliffs, Prentice Hall 1982.

Victor, C., Johannsen, H.S. Untersuchung zur zerebralen Dominanz für Sprache bei Stotterern mittels Tachistoskopie. Sprache Stimme Gehör, 1984, 8, 74-77.

Wada, J., Rasmussen, T. Intracarotid injection of sodium amytal for the lateralization of cerebral speech dominance. Journal of Neurosurgery, 1960, 17, 266-282.

Wall, M.J. Language-based therapies for the young stutterer. Journal of Childhood Communication Disorders, 1982, 6, 40-49.

Wall, M.J., Myers, F.L. Clinical management of childhood stuttering. Baltimore, University Park Press 1984.

Walle, E. The prevention of stuttering: I. Identifying the danger signs (a film). Memphis, Speech Foundation of America 1974.

Walle, E. The prevention of stuttering: II. Parent counseling and elimination of the problem (a film). Memphis, Speech Foundation of America 1975.

Walle, E. The prevention of stuttering: III. Ssstuttering and your child. Is it me? Is it you (a film). Memphis, Speech Foundation of America 1977.

Watson, B.C. Alfonso, P.J. Foreperiod and stuttering severity effects on acoustic laryngeal reaction time. Journal of Fluency Disorders, 1983, 8, 183-205.

Webster, L.M. A clinical note on psychotherapy for stuttering. Journal of Fluency Disorders, 1977, 2, 253-255.

Webster, R.L. Empirical considerations regarding suttering therapy. In: H.H. Gregory (ed.): Controversies about stuttering therapy. Baltimore, University Park Press 1979, S. 209-240.

Wendell, M. A study of voice onset time and voice termination in stuttering and nonstuttering children. Unpublished Master's thesis, University of Cincinnati 1973.

Wendlandt, W. Resozialisierung erwachsener Stotternder. Berlin, Marhold 1975.

Wendlandt, W. Verhaltenstherapeutisches Sprechtrainingsprogramm für stotternde Kinder und Jugendliche. Berlin, Marhold 1979.

Wendlandt, W. Verhaltenstherapie des Stotterns, Weinheim, Beltz 1980.

Wendlandt, W. Zum Beispiel Stottern. Stolperdrähte, Sackgassen und Lichtblicke im Therapiealltag. München, Pfeiffer 1984.

West, R. An agnostic's speculations about stuttering. In: J. Eisenson (ed.): Stuttering: A symposium. New York, Harper & Row 1958.

Westby, C.E. Language performance of stuttering and nonstuttering children. Journal of Communication Disorders, 1974, 12, 133-145.

Westby, C.E. Language performance of stuttering and nonstuttering children. ASHA, 1975, 17, 613 (Abstract).

Whitaker, H., Whitaker, H. Studies in neurolinguistics, 1. New York, Academic Press 1975.

Whitaker, H., Whitaker, H. Studies in neurolinguistics, 2. New York, Academic Press 1976.

Whitaker, H., Whitaker, H. Studies in neurolinguistics, 3. New York, Academic Press 1977.

Wiig, E.H., Semel, E.M. Language assessment and intervention for the learning disabled. Columbus, C.E. Merrill 1980.

Williams, D.E. Differential diagnosis of disorders of fluency.
In: F.L. Darley, D.C. Spriestersbach (eds.): Diagnostic methods
in speech pathology. Second Edition, New York 1978, S. 409-438.

Williams, D.E. Prevention of stuttering. In: W.H. Perkins (ed.):
Current therapy of communication disorders: Stuttering disorders.
New York, Thieme 1984, S. 21-27.

Williams, D.E., Silverman, F.H. Note concerning articulation of
school-age stutterers. Perceptual & Motor Skills, 1968, 27,
713-714.

Williams, D.E., Silverman, F.H., Kools, J.A. Disfluency behavior
of elementary-school stutterers and non-stutterers: Loci of instances of disfluency. Journal of Speech and Hearing Research,
1969, 12, 308-318.

Wingate, M.E. Evaluation and stuttering: Part. I. Speech characteristics of young children. Journal of Speech and Hearing Disorders,
1962, 27, 106-115.

Wingate, M.E. Evaluation and stuttering: Part. II. Environmental
stress and critical appraisal of speech. Journal of Speech and
Hearing Disorders, 1962, 27, 244-257.

Wingate, M.E. Evaluation and stuttering: Part III. Identification
of stuttering and the use of a label. Journal of Speech and
Hearing Disorders, 1962, 27, 368-377.

Wingate, M.E. Prosody in stuttering adaptation. Journal of
Speech and Hearing Research, 1966, 9, 550-556.

Wingate, M.E. The fear of stuttering. ASHA, 1971, 13, 3-5.

Wingate, M.E. Stuttering theory and treatment. New York,
Irvington Publishers 1976.

Wingate, M.E. The relationship of theory to therapy in stuttering.
In: R.W. Rieber (ed.): The problem of stuttering: Theory and
therapy. New York, American Elsevier 1977, S. 37-44.

Wingate, M.E. The loci of stuttering: grammar or prosody?
Journal of Communication Disorders, 1979, 12, 283-290.

Wingate, M.E. Stuttering events and linguistic stress.
Journal of Fluency Disorders, 1984, 9, 295-300.

Wittling, W., Booth, J. Stottern. In: W. Wittling (Hrsg.):
Handbuch der klinischen Psychologie. Band 5: Therapie gestörten Verhaltens. Hamburg 1980, S. 85-138.

Wood, F., Stump, D., McKeehan, A., Sheldon, S., Proctor, J. Patterns of regional cerebral blood flow during attempted reading aloud by stutterers both on and off haloperidol medication: Evidence for inadequate left frontal activation during stuttering. Brain and Language, 1980, 9, 141-144.

Wyatt, G.L. Mother-child relationship and stuttering in children. Dissertation Abstracts, 1958, 19, 881-882.

Yairi, E. The onset of stuttering in two- and three-year-old children: A preliminary report. Journal of Speech and Hearing Disorders, 1983, 48, 171-177.

Yairi, E., Lewis, B. Disfluencies at the onset of stuttering. Journal of Speech and Hearing Research, 1984, 27, 154-159.

Yoshioka, H., Loefquist, A. Laryngeal involvement in stuttering. A glottographic observation using a reaction time paradigm. Folia Phoniatrica, 1981, 33, 348-357.

Zebrowski, P.M., Conture, E.G., Cudahy, E.A. Acoustic analysis of young stutterers' fluency: A preliminary observation. Journal of Fluency Disorders, 1985, 10, 173-192.

Zenner, A.A., Ritterman, S.I. Bowen, S.K., Gronhovd, K.D. Measurement and comparison of anxiety levels of parents of stuttering, articulatory defective, and normal-speaking children. Journal of Fluency Disorders, 1978, 3, 273-283.

Zimmermann, G. Articulatory dynamics of fluent utterances of stutterers and nonstutterers. Journal of Speech and Hearing Research, 1980, 23, 95-107.

Zimmermann, G. Stuttering: A disorder of movement. Journal of Speech and Hearing Research, 1980, 23, 122-136.

Zimmermann, G. Articulatory dynamics of stutterers. In: R.F. Curlee, W.H. Perkins (eds.): Nature and treatment of stuttering: New directions. London, Taylor & Francis 1985.

Zimmermann, G.N., Knott, J.R. Slow potentials of the brain related to speech processing in normal speakers and stutterers. Electroencephalography and Clinical Neurophysiology, 1974, 36, 47-51.

Zwitman, D.H. The disfluent child. Baltimore, University Park Press 1978.